JN096244

保健体育科教育法

教育実習に向けて

大畑昌己・清野宏樹
［編著］

ミネルヴァ書房

はじめに

　私たちは生まれてすぐの運動欲求にはじまり，諸活動の好奇心を満たしながらその楽しさを体得してきた。そして，家庭や地域をはじめ多くは学校体育の中で共に協働する楽しさや喜びを体験し，心身ともに気持ちのいい汗をかきながら充足感を得てきた。また，相手と勝敗を争うことにより自我の目覚めや自己主張が出現し，運動による自己肯定感ややりがいを見つけてきた。さらには自己の限界への挑戦や仲間との強い信頼関係を構築してチームとして相手と対峙することで，スポーツの競技性にも親しんできた。そして，それらを通じて心身が鍛えられ，さらには人間性の向上や人格の完成を目指す方向へ導かれてきた。体育やスポーツから受けた恩恵や縁あって巡り合った恩師との出会いから，保健体育科教師として身を立て社会貢献しようと皆さんは努力している。

　この歩みの裏には，運動やスポーツに携わる契機が必ず存在する。人との出会いや言葉かけ，日常生活の置かれている環境の中で，巡り会い触れ合った時の一瞬の心をときめかせる感性が働く。健康と安全に留意し，子どもたちの心に火をつけときめかせるきっかけを学校教育の最前線で行うのが，体育・保健体育科教員の役割であり使命である。これからは運動やスポーツを通じて得た多くの楽しさや経験と有形無形の財産の上に，新しいスポーツ科学の面白さや知識，技術を学び，次代を担う子どもたちを育てていかなければならない。

　運動を習得するためには習慣（慣れ）が必要であり時間を要する。同様に，教師としての体育・保健体育授業や生活指導も熟練が必要である。すべてに完璧な授業などはありえない。焦ることなく，自らの教育者としての信念を磨き構築させながら，豊富で新しい知識と変化に富んだ指導の在り方を学びながら，求められている教育の一端を与えられた各学校現場で活躍して欲しいと切に願っている。

　体育やスポーツの本質を知り，そこに問いを求め，自分自身の身近な日常生活と運動，そして健康とのかかわりはもとより，学校体育の範囲から長期的や

社会的なスパンに視野を広げてスポーツを捉え，観て知るスポーツ，生涯スポーツ，支えるスポーツ，地域貢献としての関わるスポーツやその環境づくりなどにその幅を広げ，スポーツ愛好者の拡大に貢献できる体育教師が求められている。また，スポーツをするチャンスに恵まれない人たちも多く存在する。スポーツができる幸せを嚙みしめながら，様々な社会的状況の中で，文化としてのスポーツの楽しさと健康で豊かな生活を求める価値を高めていかなければならない。

　本書は大学の教員養成課程で学ぶ学生を対象に，体育・保健体育科教育を基本として小学校や特別支援学校（学級），道徳や総合的な学習，生徒指導などにも範囲を広げ，副免にも対応できるように構成した。教職免許を取得するためには必須の教育課程となっている教育実習も視野に入れ，その準備や心構えも説いている。また，小中高の学校現場で長く教鞭を振るい経験豊富な先生方の視点を多く取り入れた。

　まず学習指導要領を紐解き，保健体育科教育のこれまでの流れから現在求められている目標と評価に着目し，保健体育教師としての在り方を示した。次に現場の課題や状況を加えながら，体育の各領域と保健について指導の要点をまとめた。具体的な指導教材はこれからの若い教師の感性と工夫でこれまでの枠を破り，より科学的な実践方法を開発，刷新し，また変化の激しい社会情勢に敏感に対応し，児童生徒と向き合ってほしい。最後に体育・保健体育科教師として求められている集団行動を解説し，また学校体育以外の視点からスポーツが文化として発展している現状をまとめた。

　主体的・対話的で深い学び（アクティブ・ラーニング）がこれからの教育の一つのポイントである。教育としての生徒が主役の人づくりや不変の教育哲学を学び感じとり，不変のものを受け入れる寛容さと，変えられるものは変えていく勇気を持ち合わせ，一人でも多くの現場で活躍する強く優しく逞しい青年教師が育つことを願ってやまない。

2023年12月吉日

編著者　大畑昌己・清野宏樹

目　次

はじめに

第Ⅰ部

保健体育科の授業づくり

第1章

学習指導要領の解説

　保健体育科教員を目指すものは保健体育科教育法の授業を通して，学習指導要領の理解は必須であり，これを知らずして生徒の前に立つことは許されない。また，模擬授業の指導案を書くことも必須である。学習指導要領は教員の教科書であり，教育全体の目標などを網羅する「総則」と，それを基に各教科のさらなる詳細な教育課程を示す「保健体育科編」が中学校と高等学校にそれぞれ存在する。本章では，学習指導要領の制度的側面を戦後の日本の歴史から紐解き，時代とともに移り変わる社会の流れに沿って，変遷を繰り返してきたことをはじめとし，現在の学校教育の基盤となる考え方や目標，内容の取扱いなどについて解説する。

1　学習指導要領の制度的側面

　学習指導要領は学校教育における教育課程（カリキュラム）の基準を教科ごとに示したものであり，教科の目標や内容，内容の取り扱いを含んでいる。国（文部科学省）が「日本国憲法」，第3章「国民の権利及び義務」の中で，第26条第1項「すべて国民は，法律の定めるところにより，その能力に応じて，ひとしく教育を受ける権利を有する」とされ，すべての国民の教育を受ける権利を保障し，第2項「すべて国民は，法律の定めるところにより，その保護する子女に普通教育を受けさせる義務を負ふ。義務教育はこれを無償とする」に示す通り，"教育を受けさせる義務"とよばれ，勤労（第27条）と納税（第30条）と併せて国民の三大義務の一つとされている。

　ここでいう普通教育とは，全国民共通の一般的・基礎的，かつ国民に必要とされる教育で，職業的・専門的ではない教育を指す。日本では，初等教育（幼稚園・小学校），中等教育（中学校・高等学校）として行われるものを指し，それらは学習指導要領に基づく教育課程となっている。また，義務教育については

義務教育期間9年間（小学校・中学校）を指し，普通教育は高等学校でも行われるため，義務教育と普通教育は異なる。

　それを受けて「教育基本法」にて教育の基本的な目的と方針，教育のあり方を示すとともに普遍的な国家の願いとして謳っている。戦後1947（昭和22）年に制定された教育基本法が半世紀を経過して2006年に改訂された。科学技術の進歩や情報化，国際化，少子高齢化など国の教育をめぐる状況は大きく変化しているとともに，様々な課題が生じていることを背景に，国民一人ひとりが豊かな人生を実現し，我が国が一層の発展を遂げ，国際社会の平和と発展に貢献できるよう求めている。これまでの教育基本法の普遍的な理念は大切にしながら，今日求められる教育の目的や理念，教育の実施に関する基本を定めるとともに，国及び地方公共団体の責務を明らかにし，教育振興基本計画を定めることなどに規定した。その第1条，教育の目的で「教育は人格の完成を目指し，平和で民主的な国家及び社会の形成者として必要な資質を備えた心身ともに健康な国民の育成を期して行わなければならない」とされ，第4条の教育の機会均等では，「すべて国民は，ひとしく，その能力に応じた教育を受ける機会を与えられなければならず，人種，信条，性別，社会的身分，経済的地位又は門地によって，教育上差別されない」とされ，次項に障害のある者への支援と経済的困窮者への奨学支援措置が示されている。

　「教育振興基本計画」は教育基本法第17条に示され，政府が策定する教育に関する総合的な計画である。5年ごとに見直されることになり，第4期（2023-2027年）では，2040年以降の社会を見据えた持続可能な社会の創り手の育成と，日本社会に根差したウエルビーイングの向上という2つのコンセプトを元に，詳細な計画が示され，各自治体にも独自の基本計画を設けるよう求めている。また，この計画は国会に報告し公表しなければならない。

　学習指導要領を教員養成校で学ぶことは必須であるが，その上でどのようにこれからの教育が進むのか，その目標や内容，評価等の方針を確認することは教員として行わなければならない勉強である。

　さらに「学校教育法」により学校の規定や，教育機関における教育目的や目標が示されている。それを詳細に「学習指導要領」で，生徒の人間としての調和のとれた育成を目指し，地域や学校の実態及び生徒の心身の発達の段階や特

性を考慮して適切な教育課程を編成し，これらに掲げる目標を達成するよう教育を行うものと示されている。また，下位法として学校教育法施行規則がある。

　以上の流れから，教育は日本国憲法という日本の最高法規より下るもので，法的根拠が明確であることを深く認識し，教員としての教科書となる学習指導要領の理解とその目標を達成するために次代を担う生徒の心身ともに健全な育成を行わなければならないのである。

2　学習指導要領の歴史的変遷

　学習指導要領は法による拘束力を持つ中で，一定の教育水準を確保するため，時代の変化に対応しつつ様々な変遷をたどりながら発展してきた。そして日本の教育は世界をリードしてきた。おおよそ10年を目安に改定が実施され，以下は簡単にその変遷を時代背景と教育キーワードでたどりながらまとめた。戦後日本の時代の流れが理解でき，先人が教育の現状を把握し苦悩しながら改訂を進めてきたことがわかる。

　　　1945年（昭和20年）終戦

(1)1947年（昭和22年）→教育基本法・学校教育法の成立，アメリカの経験主義，学
　　80歳代　　　　　　　習指導要領の試案，学力の低下

(2)1958年（昭和33年）→系統性，地域差の解消，基礎学力の充実，道徳の新設，経
　　70歳代　　　　　　　済主義的内容への批判

(3)1968年（昭和43年）→質・量ともにピーク（詰め込み），現代化，高度化（個
　　60歳代　　　　　　　性・特性・能力），学力格差

(4)1977年（昭和52年）→ゆとり教育，落ちこぼれ対策，内容の精選，学力の低下
　　50歳代

(5)1989年（平成元年）→新学力観，個性を重視し個性に応じた指導，問題解決能力，
　　40歳代　　　　　　　社会に対応した教育，指導から支援へ，考える生活（生活
　　　　　　　　　　　　科の新設）

(6)1998年（平成10年）→生きる力の育成，自ら学び考える，生涯学習，週5日制の
　　30歳代　　　　　　　導入，総合的な学習の創設，情報科の新設（高等学校）

(7)2008年（平成20年）→言語活動の充実，外国語の導入（小5・6年），体験活動，
　　20歳代　　　　　　　思考力・判断力・表現力の育成，教育基本法改正

---

(8)2016年（平成28年） これからの世代	→主体的・対話的で深い学び，アクティブ・ラーニング，カリキュラム・マネジメント，開かれた教育課程，ICT の活用（GIGA スクール構想），令和の日本型学校教育

　学力の比較については，国際学力調査が近年では世界規模で行われている。大きくは「TIMSS（ティムズ）」と「PISA（ピサ）」の2つの調査があり，世界の子どもたちの学力を計る指針として注目を浴びている。「TIMSS」は国際数学・理科教育動向調査といわれ，国際教育到達度評価学会（IEA）が実施している調査である。1964年に数学が，1970年には理科の調査を開始し，現在は4年ごとに同時に実施されている。小学校で50の国と地域，中学校で40の国と地域が参加している（2015年調査）。対象は小学校4年生と中学校2年生である。「PISA」は生徒の学習到達度調査という名称で，OECD（経済開発協力機構）が実施し，2000年からはじまり3年に一度行われている。79の国と地域が参加し（2018年調査），義務教育終了時点の調査を行っている。問題解決能力や協同問題解決能力，グローバル・コンピテンスといった新しい分野の調査やコンピューターを用いた科学的な調査を行っている。

　PISA では，「キー・コンピテンシー」（様々な問題を解決していく力を調査する独自の能力指数）に基づく教科の知識に留まらない資質や能力を測定してきた。よって，学力の概念は特定の教科の内容に関する知識の習得度だけでなく，それ以外の強化などの横断的，総合的な資質・能力の習得度を含めるものに拡大してきている。

　これらの国際学力調査は，日本の教育政策にも大きな影響を及ぼしており，学習指導要領に反映されている。2016年の中央教育審議会の答申により，前年の PISA 調査で読解力が低下していることを受けて「確かな読解力を育むこと」などを取り上げ，これから求められる資質・能力としての協同問題解決能力向上のため，2016年改訂の学習指導要領では「主体的・対話的で深い学び」（アクティブ・ラーニング）の充実などが盛り込まれた。

　学習指導要領は教育活動の大筋の基本を示したもので，最終的には地域行政や一般市民，生徒の実情に合わせて，各学校長のリーダーシップの元で現場における個々の教師の創意工夫で支えられてきた。今後も生徒と直接的に関わる

※各リテラシーが初めて中心分野となった回（読解力は2000年、数学的リテラシーは2003年、科学的リテラシーは2006年）のOECD平均500点を基準値として、得点を換算。数学的リテラシー、科学的リテラシーは経年比較可能な調査回以降の結果を掲載。中心分野の年はマークを大きくしている。
※2015年調査はコンピュータ使用型調査への移行に伴い、尺度化・得点化の方法の変更等があったため、2012年と2015年の間には波線を表示している。

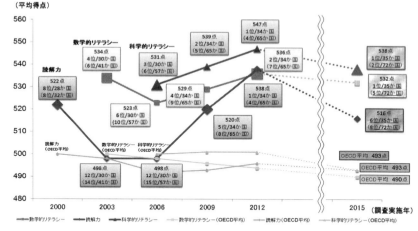

図1-1　平均得点及び順位の推移

出所：国立教育政策研究所 OECD 生徒の学習到達度調査（PISA2015）より。

　私たち教師の立ち位置は変わらない。よって，ミクロな範疇を預かる現場の教員は，縁あって巡り会った生徒たちに夢を語り，心に火をつける役割を担っている。また，生徒たちとともに，次の時代を創生しているといえる。改めて，教員は社会の中心人物であり，社会の実情に対応し，人をつくるかけがえのない仕事であり，国や地域を支える使命をも持っていることを胸に刻みたい。

3　保健体育科からみる変遷と今後の方向性

　2021年の中央教育審議会答申「令和の日本型教育の構築を目指して」において，新時代の義務教育から高等学校教育の在り方として，日本のどの地域に生まれ育っても，"知・徳・体"のバランスのとれた質の高い義務教育を受けられるようにすることが国の責務と基本的な考え方に示されている。生涯を通じて心身ともに健康な生活を送るために健康リテラシーなどの資質・能力を育成する方策をもとに，これまでに残された課題である「運動経験の二極化」と子どもたちの「体力の低下」の解決に継続して取り組まなければならない。1985

年をピークに体力の低下がみられ，以降もその傾向が顕著に現れ，1つの基準
や目安となっている年である。また，「生涯にわたって運動に親しむ」資質や
能力の育成も大きな課題とされる。

　この3つの課題は，様々な社会情勢の変化で子どもたちを取り巻く環境が変
わったことが1つの要因ではあるが，まず体力の低下の視点から「体力」とは
何かを明確にしたい。体力とは生きる力として基盤となる要素であり，人間の
諸活動の源とも言い換えられる。身体的な健康維持や増進はもとより，意欲や
気力といった精神面の充実も大きく関わっている。行動体力（A行動を起こす
体力：筋力・瞬発力など，B行動を持続する体力：筋持久力・全身持久力，C行動を調
整する体力：敏捷性・平衡性・巧緻性・柔軟性など）と防衛体力（生存や生活するた
めの基礎的能力：恒常性・適応性・免疫力など）に分類されるが，生徒のこれら体
力の何が低下しているのか見極めて計画を立てなければならない。一朝一夕に
は体力の向上を望むことは難しいが，いかに社会が変化しようと，自ら課題を
見つけ学び，主体的に考え判断することで，長く継続して行動に移せる力（よ
りよく問題を解決する資質や能力）と，自分を律しつつ他者との協調を図り，思
いやる気持ちや感動する心（豊かな人間性）を高め，体を動かすことの楽しさ
とその必要性を理解させ，たくましく生きるための知識や継続した手段から体
力の向上と健康に寄与することのできる生徒の育成が私たちに与えられた課題
である。

　生きる力を高めるその概念は，不易な言葉である「知・徳・体」の三位一体
の考え方から，

　　①　幅広い知識と教養（知＝学力）
　　②　豊かな情操と道徳心（徳＝心）
　　③　健やかな体（体）　　　　　　　　　　　〈教育基本法第2条第1号〉
を身につけること。これを受けて確かな学力を習得するため，

　　①　基礎的な知識・技能の習得
　　②　思考力・判断力・表現力などの育成
　　③　学習意欲の養成　　　　　　　　　　　〈学校教育法第30条第2項〉
が必要であると謳っている。（小中高すべてに該当）

　以上の法により示された基本方針から，学習指導要領による保健体育科教育

の新しい方向として以下の4点に集約される。

① 発達の段階のまとまりを考慮し，小・中・高を見通した指導内容の体系化が図られた。

② 指導内容の確実な定着を図る観点から，指導内容の明確化と学校段階の接続を踏まえて領域の取り上げ方の弾力化が図られた。

③ 体力の向上を重視し「体つくり運動」の充実と，学校教育活動全体や実生活に活かせることをねらいとされた。

④ 基礎的な知識の確実な定着を図るため，領域の構成を見直し，各領域に共通する内容の精査が図られた。

その他，保健体育に関連するキーワードを4つ挙げておく。

① 道徳教育：社会性・人間性・行動力・コミュニケーション力・良好な対人関係の構築・個性の理解（障がい者教育・ジェンダー平等など）

② 食育：生きる基盤・生命維持・ストレスとの兼ね合い・栄養学

③ 就業体験：進路を見据えた授業展開・インターンシップ・ボランティア

④ 指導方法としてのアクティブ・ラーニング：ディスカッション・ブレインストーミング（集団思考・集団発想法・課題抽出）・グループワーク・ロールプレイング（役割演技法）・実習・課題解決学習

生涯学習の観点から，保健体育の授業を通じて，何を知っているのか（知識），その知っていること，学んだことを使って思考・判断し，どのように社会と関わるのか（活用）が求められている。

4　体育の目標と内容

体育の目標の歴史を紐解くと，戦前の「身体の教育」と「精神の教育」という心身二元論の考え方で，男子を中心に身体を強健にするための鍛錬が社会的な役割となっており，運動は体操であった。戦後「運動による教育」に変化し，運動を媒介として人間形成を行う場となっていった。運動の主流はスポーツへと移行し，運動やスポーツの指導による社会的な態度を養成することが主となり，人間性を高める全人教育を達成するための手段となっていった。現在は

小学校			中学校		高等学校		
1・2年	3・4年	5・6年	1・2年	3年	1年	2年	3年以降
各種の運動の基礎を培う時期		多くの領域の学習を体験する時期		少なくとも一つの運動やスポーツを継続できるようにする時期			
体つくり運動		体つくり運動		体つくり運動			
器械・器具を使っての運動遊び	器械運動	器械運動	器械運動	器械運動		器械運動	
走・跳の運動遊び	走・跳の運動	陸上運動	陸上競技	陸上競技		陸上競技	
水遊び	浮く・泳ぐ運動	水泳	水泳	水泳		水泳	
表現・リズム遊び	表現運動	表現運動	ダンス	ダンス		ダンス	
ゲーム	ゲーム	ボール運動	球技	球技		球技	
			武道	武道		武道	
			体育理論		体育理論		
	保健領域		保健分野		科目保健		

図1-2　4年間ごとの領域の体系化

「運動の教育」として，体育の目標から運動そのものの楽しさや心地よさ，各種のスポーツ種目へ果敢に挑戦し，技の習得や自己の目標を達成する楽しさや喜び，ルールを工夫するなどして勝敗を競う楽しさや喜びを味わうことが学習の目標とされた。その結果として，体力の向上が図られ，誰もが体育に関する技能を身につけ人間形成に資することになるのである。具体的には，小学校から高等学校までの12年間を一貫して，生涯にわたる豊かなスポーツライフの基盤づくりを目指し，運動に内在する価値に着目して，心と体を一体のものとして捉える心身一元論の立場から体育教育が成されている。

　1960年代の改訂により，体育の内容は教科としての体育の目標を達成するために生徒が学ぶ事柄であり，授業で取り上げられる「運動」と「知識」に大別される。そこから，10年ごとの学習指導要領改訂により内容の精選を行い，現在の中学校と高等学校の8領域に区分され，ねらいがより明確になった（図

1－2）。

　体育のカリキュラムで他の教科との違いである特徴は，心身の成長が著しい時期の座学とは異なる体育分野や科目体育であるため，小学校から高等学校までの12年間を校種による分類と併せて，2年ごとの別の枠組みとして編成されていることである。成長段階に応じた細分化により，求める資質・能力である三観点について，知識及び技能のスモールステップによる習得だけでなく，習得のための個人と集団による思考・判断・表現を求め，将来に渡り末永く体育やスポーツに対する関わり方を視野に入れた教育課程となっている。他教科との差別化においてもこの視点を有効に活用し，小中高の垣根を外した交流や研鑽が求められてこよう。

　領域は発達段階によって名称が変わるが，中学校・高等学校では「体つくり運動」「器械運動」「陸上競技」「水泳」「球技」「武道」「ダンス」「体育理論」の8領域である。中学校から「武道」と「体育理論」が加わり，領域や各種目から選択が可能となった。武道とダンスは必修化され男女共修で行うことも可能となった。「体つくり運動」と「体育理論」の領域は必修で配当時間も示されている。

　次に保健体育科の領域ごとに新旧の学習指導要領から比較し，今回の具体的な変更点をおさえておく。

　主体的な他者との交流により，他者のこだわりや認識の違いを感受し，自分自身の再検討に用いたり，他者の考えとの調和が図れるかを考えたり工夫したりすることが，「主体的・対話的で深い学び」の解釈と言える。最終的には「習得・活用・探究」という学習プロセスの中で，将来につながる「深い学び」の過程が実現できているかという授業改善の3つの視点が示された。その新しい学力観・学習観において，すべての教科に共通する育成すべき資質・能力の柱として，次の3つの学力の要素を上げている。(1)何を理解し，何ができるか（「知識・技能の習得」），(2)理解していることやできることをどう使うか（「思考力・判断力・表現力等」の育成），(3)どのように社会や世界と関わり，よりよい人生を送るか（「学びに向かう力・人間性等」の涵養）が示された。

　体育については，「発達の段階を踏まえ学習したことを実生活や実社会に生かす。系統性のある指導ができるように示す必要がある」ことが示された。保

健では「保健の基礎的な内容について，小学校や中学校，高等学校を通じて系統性のある指導ができるように示す必要がある」と明記され，学習の積み上げとしての段階的，系統的な指導を目指している。さらに，中学校保健体育科の「内容及び内容の取扱いの改善」については，体育分野と保健分野（ともに中学校）の関連を図った指導の充実として，「生涯にわたって健康を保持増進し，豊かなスポーツライフを実現する資質・能力の育成を重視する観点から，健康な生活と運動やスポーツとの関わりを深く理解したり，心と体が密接につながっていることを実感したりできるようにすること」が示され，体育分野と保健分野の一層の関連を図る工夫の例が新たに明記された（文部科学省，2017）。また，以下は中学校の学習指導要領における，保健体育科の領域ごとに細かく改訂されている変更追加した箇所を列記しておくので参考にして欲しい。

(1)　体つくり運動

・名称の変更で，「体ほぐしの運動」はそのまま引き継がれているが，第1学年及び第2学年の「体力を高める運動」は「体の動きを高める運動」に，第3学年の「体力を高める運動」は「実生活に生かす運動の計画」へ，内容の変更はない。

・「運動」では，「手軽な運動を行い，心と体との関係や心身の状態に気付き，仲間と積極的に関わり合うこと」という表現に変更された。

・「体ほぐしの運動」では，「手軽な運動を行い，心と体は互いに影響し変化することや心身の状態に気付き，仲間と自主的に関わりあうこと」という表現に変更された。

　これらは，運動することや仲間と交流することの楽しさや嬉しさを味わわせるとともに，他の運動を効率的・効果的に実践していくうえでの基礎体力を養うことは変わっていない。つまり課題である「体力の低下」への対応策と言える。また，体つくり運動は生涯につながる発展性を期待される上でも重要な領域である。

(2)　器械運動

・思考・判断・表現で，「自己の課題を発見し，合理的な解決に向けて運動の取り組み方を工夫すること」と「自己の考えたことを他者に伝えること」が表記され変更となった。課題発見・解決の過程の中で思考・判断・表現を行うこ

とができることが重要とされ，これからの時代に求められる資質・能力（キー・コンピテンシー）の育成を狙っていると言える。

・主体的に学習に取り組む態度で，「仲間の学習を援助しようとすること」や「互いに助け合い教え合おうとすること」，「一人一人の違いに応じた課題や挑戦を認めようとすること」などの文言が表記され，「主体的・対話的で深い学び」いわゆるアクティブ・ラーニングの視点が盛り込まれていることがわかる。

(3)　陸上競技

・扱う種目に変更はないが，短距離走・リレーでは「バトンの受渡しでタイミングを合わせること」と加わり，リレーのバトンの受渡しを重視している。

・思考・判断・表現と主体的に学習に取り組む態度に関しては，器械運動と同様の変更がなされている。

　陸上競技は個人種目の内容が多い単元であるが，個人の課題を仲間と関わり合いながら学んでいく「主体的・対話的で深い学び」，いわゆるアクティブ・ラーニングの視点が盛り込まれていることがわかる。

(4)　水泳

・思考・判断・表現では，「泳法などの自己の課題を発見し，合理的な解決に向けて運動の取り組み方を工夫するとともに，自己の考えたことを他者に伝えること」が追加された。水泳は自身で動きを確認することができないため，動作が習得できているかどうか，他者（教師や仲間など）による確認作業が必要となる。自分のイメージと実際の動作の違いが大きい場合に，どうしたら自分の技術がより向上するのか，他者の技術が向上するのかを考えさせることが重要となる。

・主体的に学習に取り組む態度で，「ルールやマナーを守ろうとすること，分担した役割を果たそうとすること，一人一人の違いに応じた課題や挑戦を認めようとすることなどや，水泳の事故防止に関する心得を遵守するなど健康・安全に気を配ること」に変更されている。

・第3学年の思考・判断・表現で，「泳法などの自己や仲間の課題を発見し，合理的な解決に向けて運動の取り組み方を工夫するとともに，自己の考えたことを他者に伝えること」が追加された。

・同じく第3学年の主体的に学習に取り組む態度で，「水泳に自主的に取り組

むとともに，勝敗などを冷静に受け止め，ルールやマナーを大切にしようとすること，自己の責任を果たそうとすること」，「一人一人の違いに応じた課題や挑戦を大切にしようとすることなどや，水泳の事故防止に関する心得を遵守するなど健康・安全を確保すること」が追加された。

(5)　球技

・内容に大きな変更点はない。生涯にわたって運動を楽しみ，親しむ資質・能力を育成する観点から，攻防を展開する際に共通してみられるボール操作などに関する動きとボールを持たないときの動きについての課題に着目し，3つの型の特性や魅力に応じて展開する。

(6)　武道

・1989年に格技から武道に名称変更され，日本固有の伝統文化である武道を国際的視点に立ち活躍できる人材育成を目指すという考え方から，引き続き全生徒必修で継続している。内容は武道の特性や伝統的な考え方などの理解を求めた上で，「基本動作や基本となる技を用いて簡易な攻防を展開すること」という表現になり，基礎基本をより重視となった。

・第3学年の技能で，「得意技を身に付ける」という表記が削除された。

・内容の取扱いで，これまでは柔道・剣道・相撲の他に「地域や学校の実態に応じて，なぎなたなどの武道についても履修させることができる」としていたが，「柔道・剣道・相撲・空手道・なぎなた・弓道・合気道・少林寺拳法・銃剣道など」と明記している点は大きな変更である。

(7)　ダンス

・3つの種類の変更はないが内容で，(1)に「ダンスの特性や由来，表現の仕方，その運動に関連して高まる体力を理解すること」が加えられ，(2)に「表現などの自己の課題を発見し，合理的な解決に向けて運動の取り組みを工夫するとともに，自己や仲間の考えたことを仲間に伝えること」が追記され，(3)に「学びに向かう力・人間力等」として「仲間の学習を援助しようとすること，交流などの話し合いに参加しようとすること，一人一人の違いに応じた表現や役割を認めようとすること」と加筆された。

・「よさを認め合おうとすること」という記述が削除され，「一人一人の違いに応じた表現や役割を認めようとすること」と変更された。

　ダンスも武道と同じく必修化され注目を浴びている領域である。ダンスの流行は以前のフォークダンスから，最近では創作ダンスへ，さらに今後は多様なダンスの発展が著しく教育現場での学習にも影響があると予測される。生徒の興味や教師の経験の有無によりダンスの学習内容が偏らないよう教員は研鑽を積むことが求められる。

学習の課題

① 「体力の低下」が現代の子どもたちの課題とされていますが，「体力」とは何を指すのでしょうか。

② 教育において必須で不易な言葉である「知育・徳育・体育」という3つの柱となる言葉があります。現在の子どもたちにとって，あなたが考える3つの言葉の指導上の優先順位を理由とともに述べてください。

③ 「心身一元論」という言葉を，保健体育科における指導上，どのような場面で感じますか。

④ 近年，各競技のトップ選手が大会や試合を通じて，インタビューなどで話す言葉に「楽しんできます」と言われます。体育の授業を通じての楽しみと比較して，あなたはどのように捉えますか。

⑤ 体育とスポーツの違いは何ですか。

広く学ぶための文献紹介

○岡出美則・友添秀則・岩田靖編（2021）『体育科教育学入門　［三訂版］』大修館書店

　髙橋建夫氏編集代表の前著に加え，新たな時代の要請に合わせた体育科教育を学習指導要領改訂と整合し充実させた良著である。

○白旗和也・岡出美則・今関豊一編（2021）『中学校・高等学校体育科教育法』建帛社

　体育科教員を養成するための教科書であり，学習指導要領の改訂の主旨と新しい学習観や指導観であるアクティブ・ラーニングの視点を重視した良著である。

引用・参考文献

中央教育審議会（2008）『21世紀を展望した我が国の教育の在り方について』。

中央教育審議会（2021）『令和の日本型学校教育の構築を目指して』。

梶田叡一（2022）『人間教育の道　40の提言』金子書房。

木宮敬信・大矢隆二・黒岩一夫・大胡田茂夫・森啓彰・伊石晋司・佐口直人・澤入光広・松本恵子（2017）「次期学習指導要領に向けたこれからの保健体育科の方向性」『常葉大学教育学部紀要』第38号，185-204頁。

厚生労働省（2023）「e-ヘルスネット　健康用語辞典」https://www.e-healthnet.mhlw.go.jp/information/dictionary（2023年3月31日閲覧）。

国立教育政策研究所編（2017）『TIMSS2015　算数・数学教育／理科教育の国際比較』明石書店。

国立教育政策研究所編（2019）『生きるための知識と技能7　OECD生徒の学習到達度調査（PISA）2018年調査国際結果報告書』明石書店。

文部科学省（2017）『中学校学習指導要領（平成29年告示）解説　保健体育編』。

文部科学省（2018）『高等学校学習指導要領（平成30年告示）解説　保健体育編』。

文部科学省「国際学力調査（PISA，TIMSS）」https://www.mext.go.jp/a_menu/shotou/gakuryoku-chousa/sonota/1344324.htm（2023年3月31日閲覧）。

大畑昌己（2017）『保健体育指導法（中学校・高等学校)』ERP。

髙橋健夫・岡出美則・友添秀則・岩田靖編（2010）『新版　体育科教育学入門』大修館書店。

小学校体育科の領域構成と内容

1年	2年	3年	4年	5年	6年
【体つくりの運動遊び】		【体つくり運動】			
体ほぐしの運動遊び	体ほぐしの運動遊び	体ほぐしの運動	体ほぐしの運動	体ほぐしの運動	体ほぐしの運動
多様な動きをつくる運動遊び	多様な動きをつくる運動遊び	多様な動きをつくる運動	多様な動きをつくる運動	体の動きを高める運動	体の動きを高める運動
【器械・器具を使っての運動遊び】		【器械運動】			
固定施設を使った運動遊び					
マットを使った運動遊び		マット運動		マット運動	
鉄棒を使った運動遊び		鉄棒運動		鉄棒運動	
跳び箱を使った運動遊び		跳び箱運動		跳び箱運動	
【走・跳の運動遊び】		【走・跳の運動】		【陸上運動】	
走の運動遊び		かけっこ・リレー		短距離走・リレー	
		小型ハードル走		ハードル走	
跳の運動遊び		幅跳び		走り幅跳び	
		高跳び		走り高跳び	
【水遊び】		【水泳運動】			
水の中を移動する運動遊び		浮いて進む運動		クロール	
もぐる・浮く運動遊び		もぐる・浮く運動		平泳ぎ	
				安全確保につながる運動	
【ゲーム】				【ボール運動】	
ボールゲーム鬼遊び		ゴール型ゲーム		ゴール型	
		ネット型ゲーム		ネット型	
		ベースボール型ゲーム		ベースボール型	
【表現リズム遊び】		【表現運動】			
表現遊び		表現		表現	
リズム遊び		リズムダンス			
				フォークダンス	
		【保健】			
		健康な生活	体の発育・発達	心の健康／けがの防止	病気の予防

出所：文部科学省（2019）より。

中学校保健体育科　体育分野の領域及び内容の取扱い

領域及び領域の内容	1年	2年	内容の取扱い	領域及び領域の内容	3年	内容の取扱い
【A　体つくり運動】 ア　体ほぐしの運動 イ　体の動きを高める運動	必修	必修	ア，イ　必修（各学年7単位時間以上）	【A　体つくり運動】 ア　体ほぐしの運動 イ　実生活に生かす運動の計画	必修	ア，イ　必修（7単位時間以上）
【B　器械運動】 ア　マット運動 イ　鉄棒運動 ウ　平均台運動 エ　跳び箱運動		必修	2年間でアを含む②選択	【B　器械運動】 ア　マット運動 イ　鉄棒運動 ウ　平均台運動 エ　跳び箱運動	B，C，D，G，から①以上選択	ア～エから選択
【C　陸上競技】 ア　短距離走・リレー，長距離走又はハードル走 イ　走り幅跳び又は走り高跳び		必修	2年間でア及びイのそれぞれの中から選択	【C　陸上競技】 ア　短距離走・リレー，長距離走又はハードル走 イ　走り幅跳び又は走り高跳び		ア及びイのそれぞれの中から選択
【D　水泳】 ア　クロール イ　平泳ぎ ウ　背泳ぎ エ　バタフライ		必修	2年間でア又はイを含む②選択	【D　水泳】 ア　クロール イ　平泳ぎ ウ　背泳ぎ エ　バタフライ オ　複数の泳法で泳ぐ又はリレー		ア～オから選択
【E　球技】 ア　ゴール型 イ　ネット型 ウ　ベースボール型		必修	2年間でア～ウの全てを選択	【E　球技】 ア　ゴール型 イ　ネット型 ウ　ベースボール型	E，F，から①以上選択	ア～ウから②選択
【F　武道】 ア　柔道 イ　剣道 ウ　相撲		必修	2年間でア～ウから選択	【F　武道】 ア　柔道 イ　剣道 ウ　相撲		ア～ウから選択
【G　ダンス】 ア　創作ダンス イ　フォークダンス ウ　現代的なリズムのダンス		必修	2年間でア～ウから選択	【G　ダンス】 ア　創作ダンス イ　フォークダンス ウ　現代的なリズムのダンス	B，C，D，G，から①以上選択	ア～ウから選択
【H　体育理論】 (1)　運動やスポーツの多様性 (2)　運動やスポーツの意義や効果と学び方や安全な行い方	必修	必修	(1)第1学年必修，(2)第2学年必修（各学年3単位時間以上）	【H　体育理論】 (1)文化としてのスポーツの意義	必修	(1)第3学年必修（3単位時間以上）

保健分野の領域及び内容の取扱い

1年	2年	3年	内容の取扱い
(1)　健康な生活と疾病の予防 (2)　心身の機能の発達と心の健康	(1)　健康な生活と疾病の予防 (3)　傷害の予防	(1)　健康な生活と疾病の予防 (4)　健康と環境	(1)各学年必修，(2)第1学年，(3)第2学年，(4)第3学年必修（3年間で48時間程度）

出所：文部科学省（2019）より。

高等学校保健体育科「体育」の領域及び内容の取扱い

領域及び領域の内容	内容の取扱い			
	入学年次	その次の年次	それ以降の年次	各領域の取扱い
A　体つくり運動	必修	必修	必修	ア，イ　必修（各年次7〜10単位時間程度）
ア　体ほぐしの運動				
イ　実生活に生かす運動の計画				
B　器械運動	B，C，D，G から①以上選択	B，C，D，E，F，G から②以上選択	B，C，D，E，F，G から②以上選択	ア〜エから選択
ア　マット運動				
イ　鉄棒運動				
ウ　平均台運動				
エ　跳び箱運動				
C　陸上競技				ア〜ウに示す運動から選択
ア　短距離走・リレー，長距離走，ハードル走				
イ　走り幅跳び，走り高跳び，三段跳び				
ウ　砲丸投げ，やり投げ				
D　水泳				ア〜オから選択
ア　クロール				
イ　平泳ぎ				
ウ　背泳ぎ				
エ　バタフライ				
オ　複数の泳法で長く泳ぐ又はリレー				
E　球技	E，F から①以上選択			入学年次では，ア〜ウから②選択その次の年次以降では，ア〜ウから選択
ア　ゴール型				
イ　ネット型				
ウ　ベースボール型				
F　武道				ア又はイのいずれか選択
ア　柔道				
イ　剣道				
G　ダンス	B，C，D，G から①以上選択			ア〜ウから選択
ア　創作ダンス				
イ　フォークダンス				
ウ　現代的なリズムのダンス				
H　体育理論	必修	必修	必修	(1)は入学年次，(2)はその次の年次，(3)はそれ以降の年次で必修（各年次6単位時間以上）
(1)スポーツの文化的特性や現代のスポーツの発展				
(2)運動やスポーツの効果的な学習の仕方				
(3)豊かなスポーツライフの設計の仕方				

「保健」の内容及び内容の取扱い

内容	入学年次	その次の年次	それ以降の年次	内容の取扱い
(1)現代社会と健康	必修			(1)〜(4)を入学年次及びその次の年次
(2)安全な社会生活				
(3)生涯を通じる健康				
(4)健康を支える環境づくり				

出所：文部科学省（2019）より。

体育科・保健体育科の領域及び内容の取扱い等

学校種別	小学校				中学校			高等学校		
教科名	体　育				保健体育			保健体育		
学年	1・2	3・4	5・6		1	2	3	1※	2※	3※
領域及び内容の取扱い等	体つくりの運動遊び	体つくり運動		A　体つくり運動	○	○	○	○	○	○
	器械・器具を使っての運動遊び	器械運動		B　器械運動（種目選択）			○	BCDGから①以上選択	BCDGから①以上選択	BCDEFGから②以上選択	BCDEFGから②以上選択
	走・跳の運動遊び	走・跳の運動	陸上運動	C　陸上競技（種目選択）			○				
	水遊び	水泳運動		D　水泳（種目選択）			○				
	ゲーム		ボール運動	E　球技（型選択）			○	EFから①以上選択	EFから①以上選択		
				F　武道（種目選択）			○				
	表現リズム遊び	表現運動		G　ダンス（種目選択）			○	BCDGから①以上選択	BCDGから①以上選択		
				H　体育理論	○	○	○	○	○	○
	保　健			保　健	(1),(2)	(1),(3)	(1),(4)	(1)現代社会と健康,(2)安全な社会生活,(3)生涯を通じる健康,(4)健康を支える環境づくり		

(注)　1　小学校の各運動領域及び保健は必修。中学校，高等学校は，○印の領域等必修
　　　　2　高等学校の学年の1※，2※，3※は，それぞれ「入学年次」，「その次の年次」及び「それ以降の年次」を指す。
　　　　3　保健の中学校(1)から(4)は，「(1)健康な生活と疾病の予防」，「(2)心身の機能の発達と心の健康」，「(3)傷害の防止」，「(4)健康と環境」を指す。
出所：文部科学省（2019）より。

第 2 章

評価について

　"評価"と聞いて何を連想するであろうか。人は生まれた瞬間から一生を終えるまで常に評価を受けながら生きていく。人は評価するものであり，されるものである。それが生きていくということでもある。よって，人に評価されることと人を評価するという両面がともに存在している。その評価によっては自分と他人の感情や生き方にまで影響が及ぶ。常にわが身に置き換えてみることが人としての生き方にもつながってくる。小・中・高と学期末に渡される成績通知表や通信簿に一喜一憂してきた経験がだれにもあるであろう。学校教育現場では学習指導要領に準拠した目標に生徒の資質能力の育成が成されたかを評価することが必要になる。また，教員においても生徒からの目はもとより，保護者や地域社会，同僚や上司からの目など所属する組織集団ごとに多くの目で見られ評価を受けていることを改めて認識すべきである。また，評価の種類も多種にわたる。この章では，教員として評価の難しさと奥深さを知り，学習指導要領の変遷に伴う評価の視点を整理していく。

1　学習指導要領改訂に伴う評価の歴史的変遷

　前章で学習指導要領の変遷について述べた。目標や内容の改善に伴い，評価の観点についても研究がおこなわれてきた。学習指導要領改訂の2，3年後に指導要録の改善通知がなされることで，学習評価についての見直しや提言が行われている。よって，改訂の年代には含みがあることを念頭におき学習評価の変遷を指導要録の改訂とともに解説していく。

---

①1948（S23）1949年から学籍簿が指導要録と改名変更された。
　　　　　　評価の客観性を重視し，**正規分布による相対評価**（集団に準拠する評価）を導入し，比率は「5」7％，「4」24％，「3」38％，「2」24％，

「1」7％であった。課題として，教師の主観を排除したが，<u>受験戦争を助長する</u>ものであることや，<u>生徒の努力が報われない</u>という批判からその弊害が指摘された。

② 1961（S36）学習指導要領の教科目標や学年目標に照らした 5 段階評価になる。評定としては絶対評価を加味した 5 段階相対評価となる。

③ 1971（S46）**絶対評価を加味した相対評価**を実施し，配分比率は正規分布でなくてもよいとした。機械的な割り振りは制限された。

④ 1980（S55）**観点別学習状況の評価**が導入された。「関心・態度」が評価項目に位置づけされた。課題として，教師の単なる主観としての評価とならないよう，<u>何を関心とし，何を意欲的な態度と捉えるか難しさ</u>が残った。絶対評価を加味した相対評価は継続した。

⑤ 1991（H 3 ）新しい学力観の提示があり，学習の在り方と学力の内容に転換が求められ，**観点別学習状況の評価**が重視された。自ら学ぶ意欲や思考力・判断力の育成に重点が置かれた。**4 観点【①関心・欲・態度，②思考・判断，③技能・表現（または技能），④知識・理解】**による評価が提示された。知識の習得を中心とした認知面の評価から情意面の評価である「1 関心・意欲・態度」が重視され，学習の在り方が変換した。課題として，<u>評価の客観性</u>と<u>評価の公正性</u>と<u>公平性</u>が問題視された。

⑥ 2001（H13）学習指導要領の内容を評価基準とする**目標に準拠した評価**（いわゆる**絶対評価**）を位置づけた。4 観点は継続した。「生きる力」の育成を目指し，教育内容の精選と併せて総合的な学習の時間を創設した背景をもとに絶対評価を一層重視し，観点別学習状況の評価に加え，総合所見及び指導上参考となる諸事項の項目で**個人内評価**をさらに充実させた。指導と評価の一体化の視点から，**指導に活かす評価**を充実するよう PDCA を求めた。観点別学習状況の評価は A・B・C の 3 段階で観点ごとに評価した。評定については中学校と高等学校では 5 段階評価とし，所見では個性を生かす教育の視点から個人の長所や学習の進歩状況を積極的に評価することとした。

⑦ 2010（H22）学習指導要領に定める目標に準拠した評価として実施することを明確に示した。絶対評価という言葉を削除した。学力の重要な 3 要素を以下に示した。

(1)　基礎的・基本的な知識及び技能

(2)　思考力・判断力・表現力等

> (3)　主体的に学習に取り組む態度（学習意欲）
> それを基に，観点別学習状況の評価を以下の4観点とした。
> ア　関心・意欲・態度　　　　イ　思考・判断・表現
> ウ　技能　　　　　　　　　　エ　知識・理解
> 概ね，(1)はウとエ，(2)はイ，(3)はアにおいて，評価の関係性を整理し，言語活動を中心とした表現の評価が付加された。学習評価は学習指導要領の目標の実現状況を把握し，教師が指導の改善に活かすものであり，学校の教育活動全体の改善を図ることが重要であることを再確認した。また，学校などの創意工夫を活かす現場主義を重視した学習評価の改善を行う中で，**PDCAサイクルの確立**で個に応じた指導や指導計画，授業改善に活かすことで評価による今後の方向性を示した。評価の実施者として，個々の生徒の評価に関する**妥当性と信頼性**などを高め説明責任を果たし，保護者への理解の促進と共有を図り，教育効果の増進を図ることが示された。生きる力の理念は引き継ぐ。また，自己評価や相互評価は生徒の学習活動の一環であることが確認された。

　以上のように，学習指導要領の改訂による評価の観点については，時代や社会のニーズを適切につかみながら学習指導要領の趣旨に即し，詳細な研究や検討を重ねてきたことがわかる。その変遷をおさえることは大切な生徒を評価し，教師自身の指導力向上のためにおさえておかなければならない。

2　学習（授業）評価について

学習評価とは，大きく以下の3つに分類される。
　①生徒が授業を通した学習指導によって得られた結果が，指導目標に到達しているかどうかをみること。　　　　　　（生徒の学習達成度と学習改善）
　②教師が授業を通じた学習指導により生徒に生じた変化を目標に照らして判定し，その後の学習指導の改善を図ること。

（教員の指導目標の達成度と授業指導改善）
　③指導要録や成績通知表の基礎資料として作成すること。　（評価票の作成）
教師は授業をするだけでない。また，①と②の一連の過程において生徒の学

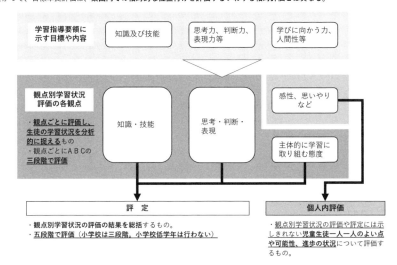

各教科における評価の基本構造

・各教科における評価は、**学習指導要領に示す各教科の目標や内容に照らして学習状況を評価するもの**（**目標準拠評価**）
・したがって、目標準拠評価は、集団内での相対的な位置付けを評価するいわゆる相対評価とは異なる。

図2-1　各教科における評価の基本構造

出所：文部科学省（2020）より。

習による習得状況はもとより，教師自身の指導のプログラムの改善と再評価を行わなければならない。言い換えれば，生徒と教師自身の双方からの視点を持つことである。2000年以降には子どもの人権の立場から意見表明権が見直され，生徒による授業評価も活発に行われるようになってきた。これらの意見や省察により，教師のPDCAサイクルによる計画的，主体的な取り組みを活性化し，教師自身の人間力の向上を含めた研鑽を図らなければならない。そして，よりよい授業，より良い学校の構築を目指し教育界のさらなる進化を目指す必要がある。

　指導（目標への取り組み）と評価が一体化するということは，指導計画の段階（シラバスの作成）で評価につながるよう考慮しなければならない。そして，③は指導要録や進路に関わる高等学校へ提出する内申書は公文書として残る書類である。一人ひとりの人間を評価する重要な任務があり，生徒の進路を含め将来を決定する資料や数字となることをしっかりと認識し，真剣に取り組まなけ

ればならない。

　1998年の学習指導要領改訂では「生きる力」を育成するための“新しい学習観と学力観”が提示され，それに付随して評価観の改善が図られ注目を集めている。これからの教師の大きなテーマとして評価についての概略を学ぶ必要がある。学習指導要領に示されている各領域内における目標についての3観点が直接評価につながるためには，全体としての年間指導計画の作成から単元計画，及び時間計画の立案（＝指導案，時案，時間計画などともいわれるが，ここでは指導案で統一する）などの部分的で詳細な流れにつなげて，評価がそれぞれの計画と照合しながら立てられなければならない。また，指導案では単元計画とその評価の中で記録に残す全生徒の評価（総括的評価）と指導に活かす必要に応じた評価（形成的評価）を示すことになった。かつ，本時案の中では評価の方法も明示する。次に1時限ごとの授業計画である指導案作成上の評価を中心に解説する。

3　各領域の目標における3観点とその評価

　新しい学習観と学力観をめざした学習指導要領の改訂以降は，学習評価について複雑さが増し，単純な相対評価や絶対評価との違いだけでなく，目標の到達度を評価しながらも3つの観点別学習状況の評価をすることで評価項目が増え，さらには個人内評価で一人ひとりの良さを見つけ評価を加えるようになり，教員の負担も大きくなった。

　体育では種々の運動の特性から教員はその運動ができた，できないという技能面の可否にとらわれてしまう傾向がある。技能習得という1つの評価観点ではあるが，以下の目標に準拠した絶対評価と，個人内評価も加味しながら観点別に3段階で評価し，これを元に「評定（5段階）」に総括していく。

(1)　知識・技能

　運動の成り立ちなど基礎的事項を理解し，多様な楽しみ方を身につけ自らの生活に導ける知識を得ているか，また運動技能の構造や技能習得のための知識を身につけたか，運動の特性を学び，知識を高めているかを評価する。

　自己の能力と運動の特性に応じた運動実践により，学習課題が解決している

かを評価する。また，体つくり運動においては「知識・技能」ではなく「知識・運動」と記す。

(2)　思考・判断・表現

　(1)の知識・技能を活用して課題を解決するために必要な思考力や判断力，表現力などを身につけているかを評価する。自分の能力や集団の能力を考慮し，新しい科学的情報を積極的に取り入れながら，運動特性に応じた課題解決を目指して正しく効率的な運動の方法を考え，自分の動作を客観的に見比べたり他者と比較することで正しい動作を見極めたり，それを言葉で伝達したり，動きとして発表したりしているかを評価する。従前の学習指導要領で重視してきた観点であり，「主体的・対話的で深い学び」の視点から教師側の授業改善を通じて生徒が思考する，判断する，表現する場面設定をした上で，指導や評価を行うことが求められる。これまでのペーパーテストだけでなく，論述問題や課題レポートの作成，グループワークによる話し合いの内容，発表会や制作物による評価等を活用し，総合的な評価方法の工夫とバランスのよい評価規準の設定が必要になる。

(3)　主体的に学習に取り組む態度

　これまでの評価の観点であった"関心・意欲・態度"となっていた評価観点が今改訂では，主体的に学習に取り組む態度と言葉が変更された。髙橋(2013)は関心や意欲という情意的な観点と態度を切り離して考えている。(2)と同様に「主体的・対話的で深い学び」の視点を重視しながら，関心・意欲については教師の観察によりある程度正確に評価することができ，関心・意欲の高い学習集団では情意的な望ましい行動が生まれ，雰囲気や勢いに関与し学習効率も高まる。授業構成にも関係するが，態度については事前に学習のルールや約束事（学習規律）を設けることで評価規準が自ずと完成し，生徒にそれを伝達し理解させておくことで，学習に相応しい行動や態度について評価の正当性が担保されることになる。

　今回の改訂でこの観点の評価を図2-2に示すようなイメージが示された。2つの側面を態度の因子とした。(1)や(2)を身につけたりすることに向けた粘り強い取り組みを行うとすることと，その中で自らの学習を調整しようとすることの両面から評価を求められることになった。具体的な評価の方法としては，

25

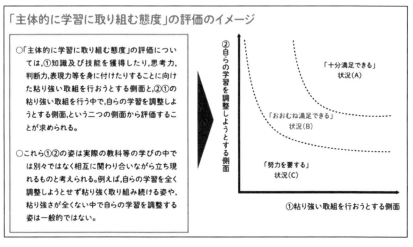

図2-2　指導と評価の一体化

出所：文部科学省（2020）より。

ノートやリフレクションシートなどによる記述や授業中の発言，教師による行動観察などが挙げられる。また，生徒自身の自己評価や相互評価なども一つの参考資料として用いることも可能である。

4　単元計画，指導案からみた評価

　指導計画を作成するにあたっての効果的な授業とは，生徒が良質の時間を費やしていること，生徒の実態に即した挑戦性のある課題が設定されていること，生徒の理解度が重視されていること，生徒と教師との間にコミュニケーションが上手に営まれていることなどが挙げられる。それに対して教師は援助できる技能を持ち，授業により期待される成果に即して意図的かつ計画的に生徒に働きかけていくことが双方からの望ましい授業といえる。

　そこで，指導計画では，「何を」「いつ」「どのくらい配当するか」が計画の主たる項目となる。限られた時間配当の中で，これらの3観点は評価の妥当性を高めるためになり，指導の流れに合わせて評価との関連性も考慮しながら計画を立てることが可能となる。

　単元とは，意味のある一つのまとまりをもった学習内容の基本単位のことであり，体育においては一般に運動種目によるまとまりを領域と示す。保健では中高ともに4つの内容のまとまりとして示されている。そのまとまりの中で，学習指導をどのように進めようとするかを示したものが単元計画であり，それをさらに1単位時間（時限）ごとの学習指導や評価がどのように展開されるかを示したものが指導案である。

　指導案は，さらに具体的な①学習活動，②学習内容，③教師の働きかけ，④予想される生徒の反応，⑤指導上の留意点，⑥評価規準や評価方法を示し，一般的には，日時や場所，学年や学級，男女それぞれの生徒数，生徒の実態，単元名，単元目標，本時の位置とねらいなどを記載する。大事なことは"目標―指導―評価"の明確な一元化である。「身につけたいことは何か（目標）」「身につけるためにどのような工夫をするのか（指導）」「指導したことが身についたか（評価）」が指導案を見れば誰もがわかるようにすることが重要である。また，指導案については決められた書式はないが，以上のことが順序良く配列され，内容が明確であることが望ましい。

5　その他の評価について

　保健体育の授業特性に応じた評価に関連して，授業観察の観点と優先順位について述べておく。「学校における体育・健康に関する指導」（学習指導要領総則第1款第3項）に示されているように，「安全」というキーワードが指導上大きな意味を持っている。生徒の発達段階を考慮することや体力の向上と食育の推進を関連して考慮すること，心身の健康の保持増進に関与して考慮すること，生涯を通じて健康に安全で活力ある生活を送る基礎を培うこと，という文章から読み取ることができる。教室を離れて体を使って教育に及ぶ体育の授業は，種目を通じて単に怪我をしないというのではなく，個人の内面となる目に見えにくい精神状態，所属する組織集団や施設，用具といった環境面，学校の教育活動全体からの配慮を含めて第一義的に生徒の安全の確保に努めなければならない。まずは「安全に学習活動（運動）をしているか」，次に「指示した課題に従事しているか」，3番目に「対応すべき生徒の観察」となる。よって，

教師の働きかけは安全性の確保の次に課題の再提示，説明の仕方の修正，個の指導支援という順になっていく。生徒自らが運動技能と併せて身につけたい安全に対する理解や気遣いは，評価観点における知識，思考や判断，態度の評価として，生涯にわたって安全に継続的に運動やスポーツを行うために身につけたい必須要素である。

　特徴ある体育の各領域すべての技能を客観的に評価することはたいへん難しい。生徒にわかりやすい到達目標である目安やものさしを設定することが大切である。目標―指導（内容の吟味）―評価を誰が見てもわかるよう明確に示す必要がある。見えにくい生徒の育成段階を評価するポートフォリオの作成などにも挑戦し，どのレベルにおいても生徒の達成感が得られる指標作りに挑戦して欲しい。これからの次代を担う体育教師の課題である。若い感性の鋭さに期待したい。

　生徒の変化を写し出す指標として体育と保健も併せて，3観点すべてに活用できる段階的評価方法を紹介する。単元の指導時間が短い場合は難しいが，たいへん取り組みやすい方法であり，教育実習生や新任地での授業に活かせるものである。まずは，授業前や導入期の生徒の学習意欲や単元への興味関心を知る「診断的評価」を先に行う。次に授業の進行に合わせて習得されていく個々の到達目標の過程を知る「形成的評価」を行う。これはそれぞれの小目標に応じて複数回行うことができる。また，この段階の指標を通じて教師は指導方法の修正や生徒のつまずきの回復にあてることが可能となる。そして最終的に授業終了時点で成果をみる「総括的評価」で総合的に評価する。座学で例えれば小テストを繰り返すような形態であり，これにより生徒も教師もより学習内容の習熟が明確になっていく。

　評価は客観性と公平性に基づき目標に準拠した評価でなければならない。教師の評価に対する認識の深さは授業を変え，生徒を変革していく手段であり本質であるといえる。人間は生まれた瞬間から評価を受けはじめ，生きる中で常に自分と他人を比較や評価をしているものである。教師だからといった上から目線で生徒を蔑むのではなく，評価を自覚することによって教師としての専門性を高める過程の1つであることを認識したい。教師が授業改善を求められている中で日々改善に取り組むことで指導力を磨き，生徒が進歩や向上したいと

いう思いの裏には評価行為が存在することを忘れてはならない。

　教師側の評価についての内容が多くなったが，生徒が常に教師から受動的な立場で評価に接するのではなく，生徒自身や生徒同士の評価（自己評価，相互評価）もあることを知り参考にすると良い。また，近年は生徒から見た教師の授業評価として，教師自身や教授方法について生徒が評価をする事例も目立ってきている。生徒自身にも評価の意味や本質を教えるチャンスであり，教師が自分の授業を直接的に生徒から意見を収集することは良い指標となるはずである。

学習の課題

① 「評価」という言葉を聞いて何を連想しますか。
② 「観点別学習状況の評価」で，AAC，ACCの生徒の評定はどう評価しますか。
③ 「指導要録」とは何か，説明してください。
④ 主観的な評価と客観的な評価の違いを説明してください。
⑤ 「評定」とは何か，説明してください。

広く学ぶための文献紹介

○梶田叡一（2020）『教育評価を学ぶ──いま問われる「評価」の本質』文溪堂

　教育界に関する視点だけでなく，生きる上での評価の本質とは何かを問い，子どもの巣立ちに向けた段階的な学校評価としてわかりやすく解説し，学習指導要領の内面的な変容の重要性も含んだ万人が読む必要のある高著。深い専門性の中に人間教育の視点を併せ，筆者の人間性の奥深さが感じられる。

○佐藤豊編（2021）『中学校保健体育：新3観点の学習評価　完全ガイドブック』

　体育と保健両面の学習指導案作成にも直結する具体的な評価の観点の考え方や実例が網羅されている。

○文部科学省（2020）『「指導と評価の一体化」のための学習評価に関する参考資料　中学校編』

　教員を目指すものであれば，学習指導要領と併せて準備したい評価に特化し

た文部科学省からの指針。

引用・参考文献

文部科学省（2015）「指導要録の改訂と学習評価の変遷」https://www.mext.go.jp/b_menu/shingi/chousa/shotou/111/shiryo/__icsFiles/afieldfile/2015/08/19/1360907_8.pdf（2023年10月１日閲覧）。

文部科学省（2017）『中学校学習指導要領（平成29年告示）解説　保健体育編』。

文部科学省（2018）『高等学校学習指導要領（平成30年告示）解説　保健体育編』。

文部科学省（2020）『「指導と評価の一体化」のための学習評価に関する参考資料』［中学校　保健体育］。

大畑昌己（2017）『保健体育指導法（中学校・高等学校）』ERP。

白旗和也・岡出美則・今関豊一編（2021）『中学校・高等学校　体育科教育法』建帛社。

髙橋健夫・岡出美則・友添秀則・岩田靖編（2010）『新版　体育科教育学入門』大修館書店。

第 3 章

小学校の体育授業づくり

　体育とスポーツの考え方の違いについて認識し，さらに複数形の Sports と単数形の Sport における意味の違いについて学び，その上で本題に入る。焦点は，目の前の〈子どもと運動の関係〉から実態を捉え，運動の面白さ＝運動の特性を考えていくことである。また，運動の特性には，「効果的特性」や「構造的特性」，「機能的特性」の 3 つから成り立っていることを学ぶ。次いで，学習指導要領上の運動の特性の捉え方から具体的に①体つくり運動，②器械運動，③陸上運動，④水泳運動，⑤ボール運動，⑥表現運動，⑦保健の 7 つの構成があることを学ぶ。そして，運動の楽しさと技能には関係性があり，いろいろな運動の捉え方もあることを知り，小学校の体育授業づくりの基本的な考え方を理解することをめざす。

1　体育とスポーツの考え方とその違い

　多くの人がこの違いについて述べてきたが，分かりやすいもので整理すると，体育とは，樋口（1994）は，「体育は，教育として教える側，学習する側，教材等の変数の関係において成立する一つの機能であり，或る大きな前提，目標の上になされる意図的行為である」とした。また，島崎（1998）は，「体育は教育の一機能分野・領域を占める教育現象である」として，西山（2006）は，「正規の授業時間枠で行われれば『体育』と呼ばれ」，また「体を健康に育てるために成長期の子どもに社会が義務づけた活動である」とした。そして，友添（2020a）は，「体育は人間形成という一定の教育目標を達成するために，指導者（教師）が生徒（学習者）を対象に，スポーツや運動教材を用いて行われる働きかけを行う機能概念であるということができる」とした。最後に，菊（2016）は，「体育は教育としてスポーツを扱うもの」としている。つまり，「教育としてスポーツがある場合」であるとした。

　従って，体育とは，スポーツを人間形成の柱に教育のひとつの重要な教科を担う内容として行われることによって，機能的な概念になるといえる。

　次に，スポーツとは，樋口（1994）は「スポーツは，教育とは本質的に関わりなく作り出された遊戯性，組織性，競争性，身体性を特性とする文化的産物である」とした。また，島崎（1998）は，「スポーツは一般的生活文化事象である」として，西山（2006）は「『課外』の時間枠で行われれば『スポーツ』と呼ばれる」。さらに，「原則としては『やめたくなったらいつでもやめていい』という個人の自由が確保されている」とした。そして，友添（2020a）は，「スポーツは長い時間軸をかけて人類が創造してきた文化の総体であり，ルール，用具，一定の身体操作様式，行為基準，技術体系などから構成される実態概念である」とした。最後に，菊（2016）は，「スポーツは文化であり，社会のなかに存在するもの」としている。つまり，「社会のなかに文化としてスポーツがある場合」であるとした。

　従って，スポーツとは人間が生み出した文化であり，社会に存在するものであり行うことによって有機的になる概念であるといえる。

2　複数形の Sports と単数形の Sport における意味合いと相違

　スポーツを考える上でさらに必要なことは，複数形の Sports と単数形の Sport は意味合いが異なることをおさえることである。菊（2016）によれば Sports は，1つひとつの競技そのものを指す。種目は英語で event といい，まさに競技のイベントとして捉える。また，日本人がいう“スポーツ”は，一般的にこちらが多いという。一方 Sport は，全競技種目が共通してもっているスポーツの文化的な特性を内包するものを指す（菊，2016）という。

　そのためトップアスリートは競技種目のスキルが高いだけでなく，社会から1人の人間としても評価されることが求められるのは，スポーツに文化的な価値が含まれるからである。そう考えると，Sports と Sport との違いを，アスリート自身がきちんと区別している必要がある（菊，2016）。

　従って，スポーツを言葉や源義から考えることで，日常生活のあり方や倫理や道徳観といった教養を育むことの重要性が認識できるであろう。

3　子どもと運動の関係から体育の授業づくりを考える

　体育の授業づくりとは,「子どもと運動の関係」から考えることである。それは,小学1年生で行う「かけっこ」と小学6年生で行う「陸上運動」とでは学習内容が違うのと一緒である。つまり,対象となる子どもの実態に即して,入りやすい運動をその関係性の中で吟味したり良く考えたりすることである。それを,佐伯(2008)はプレイとして,「遊び方と遊びの間における意味生成の時空間に立ち現れる経験に他ならない。そうであれば,遊び手は文化を遊びのための資源として利用しながらそれを意味のあるように再生産することになる。つまり,遊びにおいて主体は,その文化に拠りながら,同時に当該文化をプレイ経験のために創造的に再構成することなる」と述べている。それは,運動と子どもの間にあるからこその運動空間であり意味の立ち現れる有意義な時間であり,経験に他ならないと換言する。具体的には,子どもは人類の培ってきた運動(スポーツ)という文化を体育の学習のための元としてプレイすることで当事者にとっての意味あることを積み重ねていくことを述べている。つまり,運動において主体は,そのスポーツ(文化)に拠りながら,同時にその運動をプレイ経験のために創造していく構成の積み重ねであると換言することもできる。

　今度は話を体育という教科として考えてみると,「体育は人間と運動の関係を問題にする教育」(鈴木,2009)といえる。その人間とは,対象となる発達年齢の子どもたちであり,その実態に即した運動内容(例えば,スポーツ種目や学習指導要領上では運動の領域)ということができる。こうした様々な運動について共通して捉えていくと次のように説明できる。体育の中で行う運動の学習内容の領域は,小学校では,①体つくり運動,②器械運動,③陸上運動,④水泳運動,⑤ボール運動,⑥表現運動,⑦保健の7つから構成される。

　こうした運動には,共通した特性に応じた3つの見方がある。1つ目は,運動を子どもの心身の発達や健康,体力への影響や効果といった視点から展開されるのが「効果的特性」である。2つ目は,運動をどのような構造から成り立っているのか見ていく視点である。これは,運動の共通点と相違点を示す。例

えば，ボールゲームでいうと，ゴール型ゲームやネット型ゲーム，ベースボール型ゲームで考えて見ると，それぞれの共通点と相違点が見えてくる。それは，ゴール型ゲームでいえば，同じゴールをめざすボールゲームでも，主に足を使うのがサッカーであり，手を使うのがバスケットボールであるということになる。つまり，その中から形式や技術などの運動の仕組みを考えていく視点から展開されるのが「構造的特性」である。3つ目は，子どもの立場から見た運動ならではの楽しさとは何かを考える視点である。これは，運動の面白さに子どもたちが触れることによってそれぞれの楽しさから意味や価値，経験を生成していくことが「機能的特性」である。

　総じて，子どもが運動（スポーツ）を行う上での体育授業づくりで見ていく大切な視点を以上の3点である「効果的特性」や「構造的特性」，「機能的特性」に集約してみることができる。

4　運動の面白さ＝運動の特性について具体的に考える

　それでは次に，体育授業の中で子どもたちが〈運動を行う＝プレイする＝遊んでいる最中〉の状態について考えてみたい。「運動の特性」という言葉は，小学校学習指導要領（平成29年）にもよく出されている。それは，目標においては「体育や保健の見方・考え方を働かせ，課題を見付け，その解決に向けた学習過程を通して，心と体を一体として捉え，生涯にわたって心身の健康を保持増進し豊かなスポーツライフを実現するための資質・能力を次のとおり育成することを目指す」として，さらに，目標から3つに分けて次のように述べる。それは，「(1)その特性に応じた各種の運動の行い方及び身近な生活における健康・安全について理解するとともに，基本的な動きや技能を身に付けるようにする。(2)運動や健康についての自己の課題を見付け，その解決に向けて思考し判断するとともに，他者に伝える力を養う。(3)運動に親しむとともに健康の保持増進と体力の向上を目指し，楽しく明るい生活を営む態度を養う」とある。さらには各学年や領域においては「各種の運動の楽しさや喜びに触れ，その行い方及び健康で安全な生活や体の発育・発達について理解するとともに，基本的な動きや技能を身に付けるようにする」という，ほぼ統一した表現にされて

いることからも、「運動の特性」に触れたり、結果として技能を身に付けたりすることが、「身に付けさせたい具体的な内容」として位置づけられている。解説においても、「運動の特性」や「運動の楽しさや喜び」という言葉でよく明記されていることからも体育ならではの学習内容ともいえるであろう。

　この運動の特性をさらに掘り下げると、その運動ならではの楽しさを求めたり追求したりしていくことになる。こうした「楽しさと運動の特性」について、佐伯 (2006) によれば、学習過程の計画は目標に向けて、運動と子どもを結びつけることだから、その工夫の原則の一つは目標と運動の関係をどう捉えるかにあるとした。その為、楽しさを子どもたちが求める体育の学習指導では効果や構造的な特性から運動を捉えるのではなく、楽しさとの関係から運動の特性を捉え、原則として学習過程に見られる人間的経験の根源的な概念であるから、それを分析することは困難であり、また望ましいともいえないという。

　それゆえ運動について見るならば、運動に参加する子どもの欲求を充足する機能的な特性を中心として、この経験に影響を与える条件を明らかにすることが重要であるとした。さらに、佐伯 (2006) は、活動を求めて行われる運動はプレイであるから、R・カイヨワの分類したプレイの特性から、①自由な活動、②隔離された活動、③未確定な活動、④非生産的な活動、⑤規則のある活動、⑥虚構の活動、に整理している。体育における運動の楽しさを求めて行う為には、このような特性が十分に配慮されて学習過程が工夫されなければならない。そして、カイヨワは以上のようなプレイの特性に加え、人をプレイに立ち向かわせる内的な原動力（欲求や願望）を考え、それに基づいてプレイをアゴーン・ミミクリー・アレア・イリンクスの四つに分類した。アゴーンは自分の力を試し、勝利を求めようとする欲求に基づくものであり、アレアは運や偶然を試そうとする欲求、ミミクリーは模倣と変身、イリンクスはめまいの欲求に基づくものである。体育における運動ではアゴーンとミミクリーが重要となる。アゴーンとミミクリーは人間の意志と自我を育て、努力と創意工夫による楽しさに結びつくが、アレアとイリンクスは意志と努力を放棄する楽しさに結びつくものだからである。

　さらに、佐伯 (2006) は、楽しさを求める体育の学習指導は、人間と運動の内的な結びつきを重要視するから、運動が人を魅了し、参加する者の欲求や願

望を充足する運動の機能的特性を大切にしなければならない。このような意味から，スポーツとアゴーン，ダンスとミミクリーの関係が浮かび上がってくる。つまり，スポーツではアゴーンとしての運動の特性が，ダンスではミミクリーとしての運動の特性が，それぞれの学習過程を工夫する原則となる。アゴーンとしてのスポーツは自分の力を他人との競争で試し，勝敗を競う楽しさに基づくゲームのカテゴリーと，障害と困難に挑戦しそれを乗り越えることで自分の力を試し，喜びを見出す克服スポーツのカテゴリーに分けることになるとした。

　以上のような運動の機能的な特性の捉え方から，⑴ゲーム，⑵克服スポーツ，⑶ダンスの学習過程が原則的にどのようなものとなるか示す。

⑴　ゲーム

　ゲームは，参加する者の創意工夫や努力によって勝敗を競う楽しさに基づくものであるから，この特性がすべての子どもに生かされるよう学習過程が計画されなければならない。具体的には子どもの求めるもの，つまりゲーム中心の学習過程が組まれることになり，低い技能の子どもでも参加できるようなルールの工夫，勝敗の未確定性が保証されるような力のバランス，子どもの自発的な創意工夫と努力が生かされる余裕などが計画の上で重要である。その為，学習過程は〈やさしいゲーム〉から〈工夫されたゲーム〉への発展的流れとなり，1つの単元は 2 〜 3 ぐらいの大きな区分が目安となる。〈やさしいゲーム〉は最も下手な子どもの技能でやれるほどの簡単なルールと技術によるものであり，〈工夫されたゲーム〉は努力と創意工夫が加わったもので新しい内容や技能，ルールの変更など子どもの伸びた力に対応するものである。この際〈やさしいゲーム〉を〈工夫されたゲーム〉の手段として考えたり，また〈工夫されたゲーム〉へ子どもを駆り立てたりする必要はない。学習の積み重ねによって子どもの能力が高まれば簡単なゲームでは楽しめなくなり，自然にゲームの質が高まるようになるからである。この学習過程は子どもの内発的な自然の成長のリズムに沿うものであるが，全体として下手な者と上手な者，個人と集団などの関わりにおけるマナーの学習への配慮も重要である（佐伯，2006）。

⑵　克服スポーツ

　克服スポーツは，器械運動や水泳，スキーなどがこのカテゴリーに入る。障害への挑戦とその克服が楽しさの源泉であるこの種のスポーツでは障害がやさ

しすぎても，難しすぎても楽しくない。克服スポーツでは挑戦の対象や障害と子どもの技能の関係が最も重要となることから，学習過程は個別的になり，選択できるように工夫されなければならない。

　具体的な学習過程は障害や挑戦の対象を〈簡単なもの〉から〈難しいもの〉へと進められる障害の発展へ，また〈簡単な克服の仕方（運動）〉から〈難しい克服の仕方（運動）〉へという運動の発展へ，子どもが各々の力に応じて選択して進めるように計画されることになる。例えば，跳び箱運動では，跳び箱の高さや踏み切りの位置などを変化させることが障害の発展であり，跳び方を変化させることが運動の発展である。ゲームの場合と同様に克服スポーツでも"発展"に向けて子どもを追い込む必要はない。楽しさを求める障害や運動の変化は自然な成長のリズムにおける発展だからである。その為，克服スポーツの学習過程は子どもたちがこの2つの流れを自分の力に応じて自由に組み合わせて進めるよう計画されなければならない。また，安全についての配慮は重要である（佐伯，2006）。

(3)　ダンス

　ダンスは，その楽しさや人が踊りに向かう内的な原動力については定説がない。しかし，プレイ論から見ると，ミミクリー，つまり模倣や変身の欲求との結びつきが重要となる。ダンスはリズミカルな運動を共有するものと，創意工夫しながら上手に表現しようとするものに分けて見ることができる。模倣は，リズミカルな運動という動きの模倣から始まり，その踊り手に変身する楽しさが大切である。変身は，運動によって表現しようとするものへの変身の楽しさが大切である。その為，模倣では子どもが模倣したいと思うリズミカルな運動の選択が求められ，変身では変身しそれらしく表現したいと思う対象の選択が最も重要なことになる。学習過程は模倣したいリズミカルな運動や変身の対象が豊かに広がってゆく流れと，踊り方や表現の仕方が洗練され深められてゆく流れの2通りが考えられるが，一般的には変身は学習活動とされた方がよい。ダンスではプレイの第六の特性である虚構性がゲームのルールに代わるものであり，楽しさにとって非常に重要である。踊り手への変身を支えるものは虚構性であり，この特性を保持するために場や雰囲気づくりが重要となるから音楽や小道具が大きな役割を果たすことは十分配慮されなければならない（佐伯，

2006)。

　従って，子どもたちが楽しさを求めて行う体育の学習内容が重要になる。つまり，体育授業に取り組む子どもたちの立場に立って安全面に配慮しながらも学習を計画や指導案を作成し，あくまでも〈子どもと運動の関係〉から障壁や阻害となるものを極力取り除き，より楽しみながら熱中できる学習内容に工夫していくことが大切となる。

5　小学校体育の具体的な内容構成

　それでは，具体的に小学校体育の具体的な内容構成について見ていきたい。各領域における学習内容は2学年単位で構成されて行ってよいことになっている。高田（2018）によれば，第1学年〜第2学年の内容領域は，ゲームを除き，すべての運動領域の名称に「遊び」と付されている。それは，幼稚園などとの接続を意図したものであり，児童が就学前の運動遊びの経験を引き継ぎ，易しい運動に出会い，伸び伸びと体を動かす楽しさや心地よさを味わう遊びであることを強調している（文部科学省，2018）。他方で，第5学年〜第6学年ではボール運動を除き，すべての運動領域の名称に「運動」が記されている。このことは，中学校からの学習の基礎となる動きや技能を身につけること強調するためである（高田，2018）。

(1)　体つくり運動

　体つくり運動は，全学年で指導される。それは，体を動かす楽しさや心地よさを味わい運動好きになると共に，心と体との関係に気づいたり，仲間と交流したりすることや様々な基本的な体の動きを身につけたり，体の動きを高めたりして，体力を高めるために行う運動である。「体ほぐしの運動（遊び）」は，自己の心を体との関係に気づくことと仲間と交流することとし，誰もが楽しめる手軽な運動（遊び）を通して運動好きになることをねらいとしている。文部科学省（2018）では，第1学年〜第4学年においては，様々な基本的な体の動きを培うことを大切にしている。その為，第1学年〜第4学年の「多様な動きをつくる運動（遊び）」では，その行い方を知るとともに，運動（遊び）の楽しさを味わいながら体の基本的な動きを培うことをねらいとしている。第5学年

〜第6学年では，第4学年までに育まれた体の基本的な動きをもとに，各種の動きをさらに高めることで体力の向上を目指し，子ども一人ひとりが運動の楽しさを味わいながら，自己の体力に応じた課題をもち，体の柔らかさ，巧みな動き，力強い動き及び動きを持続する能力を高めるための運動を行うことが意図されている。「体の動きを高める運動」では，体の動きを高める為の運動の行い方を理解し，運動に取り組むとともに学んだことを授業以外でも生かせるようになることを目指している。さらに，小学校第5学年〜第6学年では子どもの発達段階を踏まえ，主として体の柔らかさ及び巧みな動きを高めることに重点をおいて指導が示された（文部科学省，2018；高田，2018）。

(2)　器械運動

　器械運動は，様々な動きに取り組んだり自己の能力に適した技や発展技に挑戦したりして技を身につけた時の楽しさや喜びを味わう運動であり，「回転」や「支持」，「懸垂」などの運動で構成されている。文部科学省（2018）では，第1学年〜第2学年の「器械・器具を使った運動遊び」は，「固定施設を使った運動遊び」や「マットを使った運動遊び」，「鉄棒を使った運動遊び」及び「跳び箱を使った運動遊び」で構成されており，様々な動きに楽しく取り組み，その行い方を知るとともに基本的な動きを身につけることを目指している。第3学年〜第6学年の「器械運動」は，「マット運動」や「鉄棒運動」，「跳び箱運動」で構成し技を身につけたり，新しい技に挑戦したりする時の楽しさや喜びに触れたり味わえる運動である。また，より高い条件の下でできるようになったり，より雄大で美しい動きができるようになったりする楽しさや喜びも味わうことができる運動である（文部科学省，2018，高田，2018）。

(3)　陸上運動

　陸上運動は，自己の能力に適した課題や記録に挑戦したり，競走（争）したりする楽しさや喜びを味わう領域であり，「走る」や「跳ぶ」などの運動で構成されている。文部科学省（2018）は，第1学年〜第2学年の「走・跳の運動遊び」及び小学3学年〜第4学年の「走・跳の運動」は，走る・跳ぶなどについて，友達と競い合う楽しさや調子よく走ったり跳んだりする心地よさを味わうとともに，体を巧みに操作しながら走る，跳ぶなどの様々な動きを身につけることを主なねらいとしている。第5学年〜第6学年の「陸上運動」は，走る

や跳ぶなどの運動で，体を巧みに操作しながら合理的で心地よい動きを身につけるとともに，仲間と速さや高さや距離を競いあったり自己の課題の解決の仕方や記録への挑戦の仕方を工夫したりする楽しさや喜びを味わうことが主なねらいである。さらに，学習指導要領では，投の運動やそれを用いた遠投能力の向上を意図する運動（遊び）を加えて行えると示した（文部科学省，2018；高田，2018）。

(4) 水泳運動

　水泳運動は，水の中で行う活動でありその特性（浮力，水圧，抗力・揚力など）を生かし，「浮く」や「呼吸する」，「進む」などの学習を行い，水に親しむ楽しさや喜びを味わう領域である。文部科学省（2018）は，第1学年～第2学年の「水遊び」は，水中を動き回ったり，もぐったり，浮いたりする心地よさを楽しむとともに，それぞれの児童の能力にふさわしい課題に挑み，活動を通して水の中での運動の特性について知り，水に慣れ親しむことで，課題を達成する楽しさに触れる運動遊びである。第3学年～第6学年の「水泳運動」は，安定した呼吸を伴うことで，心地よく泳いだり，泳ぐ距離や浮いている時間を伸ばしたり，記録を達成したりすることに繋がり，楽しさや喜びに触れたり味わったりする運動である。その為，水遊びで水に慣れ親しむことやもぐる，浮くなどの経験を通して，十分に呼吸の仕方を身につけることが求められる。さらに，水泳場の確保が難しい場合でも，水遊びや水泳運動の心得などを必ず指導することが求められる（文部科学省，2018；高田，2018）。

(5) ボール運動

　ボール運動は，競い合う楽しさに触れたり友達と力を合わせたりして競う楽しさや喜びを味わう領域である。文部科学省（2018）は，第1学年～第4学年の「ゲーム」は，主として集団対集団で，得点を取るために友達と協力して攻めたり，得点されないように友達と協力して守ったりしながら，競い合う楽しさや喜びに触れるとともに，基本的なボール操作とボールを持たないときの動きを身につけ，ゲームを楽しむことが主なねらいとされている。第5学年～第6学年の「ボール運動」は，ルールや作戦を工夫し，集団対集団の攻防によって仲間と力を合わせて競争する楽しさや喜びを味わうと共に，互いに協力し，役割を分担して学習を行い，型に応じたボールならではの動きを身につけて

ゲームをしたり，ルールや学習の場を工夫したりすることを主なねらいとしている。第 3 学年～第 4 学年のゲーム及び第 5 学年～第 6 学年のボール運動は，「ゴール型（攻防入り乱れ系）」や「ネット型（連携プレイ系や攻守一体プレイ系）」，「ベースボール型（攻守交代系）」の 3 つの型で内容が構成される。なお，第 1 学年～第 2 学年のボールゲームも，これらの 3 つの課題のゲームへの発展が想定されている（文部科学省，2018；高田，2018）。

⑹　表現運動

　表現運動は，自己の心身を解き放して，イメージやリズムの世界に没入してなりきって踊ったり互いのよさを生かし合って仲間と交流して踊ったりする楽しさや喜びを味わう領域である。文部科学省（2018）は，第 1 学年～第 2 学年の「表現リズム遊び」は，身近な動物や乗り物等の題材の特徴を捉え，そのものになりきって全身の動きで表現したり軽快なリズムの音楽に乗って踊ったりする楽しさに触れるとともに，友達と様々な動きを見つけて踊ったり，みんなで調子を合わせて踊ったりする楽しさに触れることが主なねらいとされる。第 3 学年～第 6 学年の「表現運動」は，自己の心身を解き放して，イメージやリズムの世界に没入してなりきって踊るとともに，互いの良さを生かし合って仲間と交流して踊る楽しさや喜びを味わうことが主なねらいである。第 3 学年～第 6 学年の「表現」は，身近な生活などから題材を選んで表したいイメージや思いを表現するのが楽しい運動であり，第 3 学年～第 4 学年の「リズムダンス」は，軽快なロックやサンバなどのリズムに乗って友達と関わって踊ることが楽しい運動である。第 5 学年～第 6 学年の「フォークダンス」は，日本各地域の民踊と外国のフォークダンスで構成され日本の地域や世界の国々で親しまれてきた踊りをみんなで一緒に踊ることが楽しい運動とされている（文部科学省，2018；高田，2018）。

⑺　保健領域

　保健領域の五つの内容とねらいは，「ア　健康な生活」「イ　体の発育・発達」「ウ　心の健康」「エ　けがの防止」並びに「オ　病気の予防」で構成されている（文部科学省，2018；高田，2018）。体育の授業に関わらず他の科目や学級活動の時間において活用したい。

表3-1　各領域の内容構成

	第1学年～第2学年	第3学年～第4学年	第5学年～第6学年
領域	体づくりの運動遊び ア　体ほぐしの運動遊び イ　多様な動きをつくる運動遊び （ア）体のバランスをとる運動遊び （イ）体を移動する運動遊び （ウ）用具を操作する運動遊び （エ）力試しの運動遊び	体づくりの運動 ア　体ほぐしの運動 イ　多様な動きをつくる運動 （ア）体のバランスをとる運動 （イ）体を移動する運動 （ウ）用具を操作する運動 （エ）力試しの運動 （オ）基本的な動きを組み合わせる運動	体づくりの運動 ア　体ほぐしの運動 イ　体の動きを高める運動 （ア）体の柔らかさを高めるための運動 （イ）巧みな動きを高めるための運動 （ウ）力強い動きを高めるための運動 （エ）動きを持続する能力を高めるための運動
	器械・器具を使っての運動遊び ア　固定施設を使った運動遊び イ　マットを使った運動遊び ウ　鉄棒を使った運動遊び エ　跳び箱を使った運動遊び	器械運動 ア　マット運動 イ　鉄棒運動 ウ　跳び箱運動	器械運動 ア　マット運動 イ　鉄棒運動 ウ　跳び箱運動
	走・跳の運動遊び ア　走の運動遊び イ　跳の運動遊び （投の運動遊びを加えて指導できる）	走・跳の運動 ア　かけっこ・リレー イ　小型ハードル走 ウ　幅跳び エ　高跳び （投の運動を加えて指導できる）	走・跳の運動 ア　短距離走・リレー イ　ハードル走 ウ　走り幅跳び エ　走り高跳び （投の運動を加えて指導できる）
	水遊び ア　水の中を移動する運動遊び イ　もぐる・浮く運動遊び	水泳運動 ア　浮いて進む運動 イ　もぐる・浮く運動	水泳運動 ア　クロール イ　平泳ぎ ウ　安全確保につながる運動
	ゲーム ア　ボールゲーム イ　鬼遊び	ゲーム ア　ゴール型ゲーム イ　ネット型ゲーム ウ　ベースボール型ゲーム	ゲーム ア　ゴール型 イ　ネット型 ウ　ベースボール型
	表現リズム遊び ア　表現遊び イ　リズム遊び	表現運動 ア　表現 イ　リズムダンス	表現運動 ア　表現 イ　フォークダンス（日本の民謡を含む）
		保健 （1）健康な生活 （2）体の発育・発達	保健 （1）心の健康 （2）けがの防止 （3）病気の予防

出所：文部科学省（2018）をもとに高田（2018）による作成。

6　運動の楽しさと技能の関係

　運動の楽しさと技能の関係性について，佐伯（1985）は，運動の楽しさは，困難に挑戦し，全力を尽くして創意・工夫・努力し，自分の力で勝とうとするところから生まれる。それは，挑戦する子どもにとって，困難が高すぎると「危険や不安」が生じ，低すぎれば，「退屈と不満」が生じるからである。だから，楽しさを味わうためには，子どもの技能に応じた困難に挑戦できるように工夫されなければならないとする。

　つまり，技能に応じた学習が認められれば，誰でも運動の楽しさを味わえ，楽しいから頑張れれば，次第に技能も向上してゆく。だから，楽しみながら上手に行えるように，場づくりを仕組むのである。運動の指導の方法を一般的にいえば，今の技能，今の力に応じた内容に挑戦させ，慣れたり楽にできるようになったりしたら，次第に少しずつ難しい内容に挑戦させるようにする。個人で行う運動では，こうした個人の技能の違いに応じた内容を用意すれば，上手な子どももそうでない子どもも，それぞれが楽しみながら運動を行うことができる。勿論，それぞれの技能に応じた行い方を，お互いに尊重し，時には教え合ったりして協力できるように指導支援することも大切である（佐伯，1985）。

　運動の面白さ（運動の特性）を子どもたちの今もっている力（技能や経験，志向性など）から楽しめるように場づくりを行い，実際の学習場面では見本を示し，適宜，指導や支援をしていくことが教師にとって大事になるといえる。

7　いろいろな運動の捉え方について考える

　運動の特性に基づいた体育授業を実践していくにあたり，松田（2016）は，「走り幅跳び」の単元を例に「2軸4象限」で，運動の学習方法や捉え方の違いについて分類した（図3-1）。

　これは，それぞれの特性の捉え方に，体育授業や学習を考える教師の「ものの見方」が連動して，「認知主義的学習観」を第2象限（図の左上），「行動主義的学習観」を第3象限（図の左下），「心理学的構成主義的学習観」を第1象限

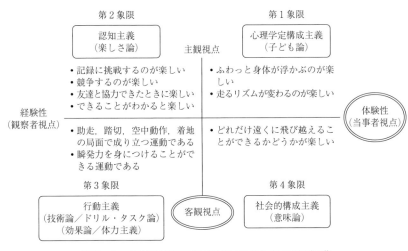

図 3 - 1　運動の特性の捉え方について（走り幅跳び）

出所：松田（2016）「『運動の特性』と学習観」をもとに加筆。

（図の右上），「社会的公正主義的学習観」を第4象限（図の右下）としている。

　それは，「当事者（運動の最中）」や「観察者（運動の事後）」のどちらから特性を捉えるかという軸と，「主観」や「客観」のどちらから特性を捉えるかという二つの軸の視点が，走り幅跳びの特性を捉えようとするときに影響を及ぼしている。そうなると，図の右下の象限，つまり「当事者」の言葉で，かつ客観的な走り幅跳びの捉え方となる。そして，その視点から捉えられる言葉が「どれだけ遠くに飛び越えることができるかどうかが楽しい運動である」という特性の捉え方となる。換言すれば，子どもにとってもアスリートにとっても誰にとっても「どこまで遠くに飛べるかどうかが楽しい運動である」と捉えられる。

　さらに，学習観と「運動の特性」からの松田（2016）の見解をまとめると，「認知主義」の学習観とは，「わかること」が学習だと考え，教師の仕事は「わかるようにしてあげること」だと捉える学習観となる。これは，第2象限と対応している。例えば，「記録に挑戦することが楽しい運動である」や「うまくなることを学ぶのが楽しい運動である」と捉えるときには，そのことやそのことを成り立たせるための方法，知識，概念が主体としての学習者個人に「わか

る」ように教材が考えられたり，学習過程が仕組まれたりすることになる。つまり，学習内容は「主知的」（感情的なものよりも知的なものに中心をおくこと）なものに中心がおかれる。「行動主義」の学習観とは，「できること」が学習だと考え，教師の仕事は「できるようにしてあげること」だと捉える学習観である。これが第3象限に対応している。体育における楽しさを「情意」と捉える考え方である。これらに対して，第1象限と第4象限に連動するのは，「心理学的構成主義」や「社会的構成主義」と呼ばれる学習観である。これを換言すれば，「感じとること」（心理学的構成主義）や「わかちあうこと」（社会的構成主義）が学習だと考え，教師の仕事は「整えてあげること」や「参加を促し支えること」だと捉える学習観となる。「ボールでどんな遊びができるか考えよう」といったテーマ単元（心理学的構成主義：第1象限）や「局面学習」（社会構成主義：第4象限）といった考え方になるとした（松田，2016）。

　総じて，松田（2016）は，「動き」（技能）があるから「運動やゲーム」（本番）があるのではない。「運動やゲーム」（本番）があるから「動き」（技能）があるのだという。

　それは，子どもたちが取り組む運動を目の前にワクワク・ドキドキしたり，「〜できるかどうか」や「〜行けるかどうか」などと期待したり疑心暗鬼になったりといったその状況を成り立たせる場面であり，生き生きとした空間であるとも言えるであろう。それは，子どもが運動を行う中でこだわったり，真剣になったりする行為にこそ，楽しい体育授業への学びの真骨頂があると言える。結果として子どもたちの中で価値や意味が生成されたり付与されたりすることで，個々人の学校卒業後も続く生涯スポーツへと繋がっていくともいえるであろう。

学習の課題

① 体育とスポーツの考え方の違いについて述べて下さい。
② 体育授業を考える上で，運動を捉える3つの特性がある。それぞれの名称と性質について説明して下さい。

広く学ぶための文献紹介

○鈴木秀人・山本理人・杉山哲司・佐藤善人編（2021）『第6版　小学校の体育授業づくり入門』学文社

　体育授業を行う上での教師の基本的な考え方から始まる。体育授業の変遷や現代社会における子どもと運動・スポーツの捉え方，運動文化やプレイ論，運動の特性，学習内容，実践，評価と一連の流れが理論や実践事例から網羅された入門書である。

○岡出美則編（2018）『初等体育科教育』ミネルヴァ書房

　初等体育の意義を学習指導要領から，わかりやすく具体的に学習目標や内容，評価が記されている。さらに，教師の成長過程や個別内容領域からの授業づくりの手順が具体的に示されており，国際的な体育授業の潮流や考え方も学べる最適な入門書である。

引用・参考文献

ロジェ・カイヨワ，多田道太郎・塚崎幹夫訳（1970）『遊びと人間』講談社。

樋口聡（1994）『遊戯する身体——スポーツ美・批評の諸問題』大学教育出版。

菊幸一（2020）「スポーツ文化論の視点」井上俊・菊幸一編『よくわかるスポーツ文化論［改訂版］』ミネルヴァ書房。

菊幸一・ベースボールマガジン編集部（2016）「無価値で無色透明なスポーツという文化を考える」『コーチング・クリニック』30(6)，84-85頁。

松田恵示（2016）「『運動の特性』と学習観」同『「遊び」から考える体育の学習指導』創文企画。

文部科学省（2018）『小学校学習指導要領（平成29年告示）』東洋館出版社。

文部科学省（2018）『小学校学習指導要領（平成29年告示）解説体育編』東洋館出版社。

西山哲郎（2006）『近代スポーツ文化とはなにか』世界思想社。

佐伯聰夫（1985）「技能のすぐれた人とおとる人が一緒の時，どのように指導すればよいでしょうか」粂野豊編『みんなのスポーツQ&A——指導者のための基礎知識100題』不昧堂出版。

佐伯年詩雄（2006）『これからの体育を学ぶ人のために』世界思想社。

佐伯年詩雄（2008）「『楽しい体育論』の原点とその可能性を考える」全国体育学習研究会編『「楽しい体育」の豊かな可能性を拓く——授業実践への手引き』明和出版。

清野宏樹（2023）「特別支援学校の体育授業づくりにおける体育・スポーツ社会学の視点を生かした基礎的研究——マクロとミクロの視点から」『人間教育学研究』9，65-75頁。

島崎仁（1998）『スポーツに遊ぶ社会にむけて——生涯スポーツと遊びの人間学』不　昧堂出版。

鈴木秀人（2009）「運動の特性」鈴木秀人・山本理人・杉山哲司編『小学校の体育授　業づくり入門』学文社。

高田彬成（2018）「初等体育科の意義と内容構成」岡出美則編『初等体育科教育』ミ　ネルヴァ書房。

友添秀則（2020a）「『スポーツ』と『体育』を考えるために」『現代スポーツ評論』42,　8-17頁。

友添秀則（2020b）「スポーツと体育の概念的相違——スポーツと体育は何が違うの　か」遠藤利明・馳浩編『スポーツフロンティアからのメッセージ——新時代につな　げたい想い』大修館書店。

第 4 章

特別支援学校（学級）の体育授業づくり

　インクルーシブな体育の実現にむけた国際的な動向を学び，その中で，日本の障害
のある子どもたちの体育授業づくりの変遷や現状，独自性について理解を深める。特
別支援学校の学習指導要領には，障害のある子どもたちの成長や発達段階に即して小
学部で 3 段階や中・高等部で 2 段階の目標が設定されており，実態や状況に応じて柔
軟に行えるようになっていることについて学ぶ。パラスポーツを含む運動を楽しく体
育授業で実践したり，動作法やムーブメント教育，感覚統合などの主な 3 大技法の運
動を体つくりや自立活動で実践したりする授業のあり方について基本的な考え方を理
解することをめざす。

1　インクルーシブな体育にむけた国際的な動向

　現在，特別支援教育やインクルーシブ教育，特別な支援を要する子どもたち
への体育授業が注目され，細やかな指導や支援のあり方が問われている時に来
ている。
　令和 4（2022）年 9 月 9 日に，国連の障害者権利委員会は，8 月に実施した
日本政府への審査を踏まえ，政策の改善点について勧告を発表した。それは，
障害のある子どもを分離した特別支援教育の中止などを要請するものであり，
障害のある子どもたちが分けられた状態，すなわち分離教育が長く続いている
ことに懸念を表明するものであったといえる。またそのうえで，分離教育の中
止に向けて，障害の有無にかかわらず共に学ぶ「インクルーシブ教育」に関す
る国の行動計画を作るように求めた。この勧告には拘束力はないものの，尊重
することが求められている（共同通信，2022）。
　こうした最近の国際的な動向も視野に入れて，ここでは各国の障害のある子
どもたちの体育授業やインクルーシブな体育の取り組みや現状について述べて

いく。

　2018年に発行された日本発達障害学会の『発達障害研究』40（3）で編まれた特集「世界の障害者スポーツ」からドイツやイギリス，アメリカ，オーストラリアの報告がなされたことから体育授業に関する記述に限定して紹介していく。

　ドイツでは，スポーツクラブに登録するなど多種多様なスポーツ活動を行っている。その背景として，国民のスポーツに親しむ文化をベースに，学校教育や地域におけるスポーツ体験の場の拡大，リハビリテーションスポーツ，障害に伴う二次障害の予防，健康の維持増進を図るスポーツの体験の場の確保，支援者の養成などの取り組みが行われてきたという。また，ドイツ障害者スポーツ連盟では，スポーツクラブと学校との連携の方針が打ち出されスポーツ授業における指導者の活用や施設利用などにおいても様々な取り組みが進められている。また，特別支援学校も地域の支援機関と情報交流などにより，卒業後も余暇やスポーツ活動への参加を継続的に行える支援体制が構築されつつあるという。さらに，ドイツ各州でインクルーシブな学校教育に移行しているが，体育についても，障害のある子どもを含めた授業を前提とした活動が行われるようになっていると報告している（安井，2018）。

　イギリスでは，2012年のロンドンオリンピック・パラリンピック競技大会を契機に取り組んだ施策を概観している。そこでは，パラリンピック教育を体系的なプログラム化した「Get Set」などが紹介され，中産階級を主な顧客としている Sainsbury は，大会終了後も障害のある子どものスポーツのプログラム開発をする「Sainsbury's Active Kids Paralympic Challenge」に資金を投じ，国内8,500校でこのプログラムが紹介され，障害の有無を問わず子どもたちがパラリンピックスポーツに親しめる機会が提供されたという。また，学校での質の高いスポーツをすることから得られる教育的効果や雇用可能な人材などになっていくと報告している（田中，2018）。

　アメリカでは，オハイオの学校から体育授業は週に一度30〜45分程度しか確保されていない。その為，オハイオ州では体育授業免除制度が高校で導入され，アメリカンフットボールや水泳，陸上などスポーツに関した部活動に参加している高校生の体育授業は免除されるという。アメリカの体育は授業時間数が少

ないために生徒個人の運動能力，技能向上のみに目標が設定されている。その
なかでインクルージョンのアプローチは，授業数が少ないなかで健常な子ども
たちの障害に対する理解や興味，好奇心を高めることによって子どもたちの人
格形成に役立っているという報告をしている（佐藤・澤江，2018）。

　オーストラリアでは，1992年に障害者差別禁止法が制定され，障害者の権利
を保障し，いかなる差別も禁止した。また，教育分野も含め，長年，障害のあ
る子どもとない子どもの教育が分断されてきた為，同時に教育システムのメイ
ンストリームが推し進められたという。そこから障害のある子どもの理解の向
上に大きく貢献したという。また，国民の運動不足と運動能力の低下，生活習
慣病を鑑みて，2000年以降，国民の健康政策をつかさどる保健省がスポーツ関
連団体に限らず，保健医療・福祉，教育領域の運動・スポーツの進行を推し進
め，障害者関連政策に大きな影響を与えたと報告している（上，2018）。

　ここでは，各国の体育授業に関する内容をまとめたが，インクルーシブな体
育授業への方向へ進めようとしているが，どの国もそれぞれの要因の中で上手
く進められているとはいい難い現況が垣間見える。

　さらに，安井（2023）は，インクルーシブ体育の国際動向として，アメリカ
と欧州，そして日本の現状について示唆を次のように述べる。

　アメリカは，連邦法で，州や地区及び学校に「障害のあるなしにかかわらず，
体育と身体活動に参加するための平等な機会を提供すること」を義務付けてい
る。また，障害のあるアメリカ人法（ADA法）で，障害に基づく差別を禁止し
ており，学校は障害のある子どもにその個々の状態に応じた「適切な体育と身
体活動」の機会を提供する必要がある。リハビリテーション法（第504条）にお
いても，学校を含めた社会における障害による差別を禁止している。障害者教
育法では，障害のある全ての子どもに「最も制限の少ない環境」で「無償の適
切な公教育」を提供することが示され，体育には「最大限適切」に参加するこ
とが定められている。また，個別教育プログラム（IEP）で定められた，子ど
もの教育上のニーズに合わせた作成や体育においては，アダプテッド体育とし
て専門教師が加わることが求められている。アダプテッド体育については，各
州の教育機関に「資格のある専門家」による支援が求められている。アメリカ
の大学では，体育の教員免許を取得するにあたり，アダプテッド体育の単位修

得が必須となっており，アダプテッド体育指導者の資格制度が設けられているという。

　欧州では，ヨーロッパ，特に西ヨーロッパや北ヨーロッパの各国は，それぞれの国の文化的背景の影響を受けつつ，インクルーシブ教育への移行が進められてきた。

　イタリアでは，1970年代からインクルーシブ教育への議論が始められている体育に関しては，1977年から一連の法律において，「特別な教育的ニーズを持つ生徒については，機会の均等と平等な条件の下に，他の者とともに身体活動とスポーツに参加すること」が示された。1992年の法律において「スポーツ活動とその実践は，制限なく進められる」ことが明記され，そのための「障壁を取り除くこと」とされている。特殊学校や学級の設置は行われておらず原則として全ての子どもは通常の学校で体育を含めた教育を受けることとしているという。北欧の国々は，1960年代からのノーマライゼーションの影響もあり，比較的早くから通常学級における障害のある子どもの学習形態にシフトしてきている。

　ノルウェーでは，統合の時代（1975-1990），インクルージョンの時代（1990-1996），個別化の時代（1997-2005），コミュニティの時代（2005-現在）とされ，通常教育におけるインクルーシブ教育を前提としつつ，地域との連携を重視し，卒業後のスポーツを含めたコミュニティへとつなげる動きが見られる。

　ドイツはヨーロッパの中でもインクルーシブ教育への移行が遅れた国として知られる。一方，2009年に障害者の権利条約を批准した後，州による違いはあるものの国全体としてインクルーシブ教育への移行が進みつつある。日本と同様に長年分離型の教育システムをとってきたが，特別支援学校の縮小とともに通常学級で学ぶ特別な教育的ニーズのある子どもたちの数が年々増加している。特に歴史的に普及してきた「心理―運動」などの考えを取り入れながら，インクルーシブな体育（スポーツ）授業が，通常学校における取り組みとして広がってきている。また，日本同様に国連からの勧告を受けたことからベルリン州市では，通常学校の在籍率を上げるとともに，インクルーシブ教育のための教員の専門性の向上（2025-2026年度），卒業後の地域スポーツクラブのインクルーシブ化への取り組みを加速させることが示された。

　こうした海外のインクルーシブ体育の動向を安井（2023）は，取り挙げた結果，国や地域により大きな違いがあり，共生社会の実現の為に模索され続けている現状であるという報告を行った。日本においては，「自分はこの集団の構成メンバーの一人である」という意識を日常として感じられるかどうかが鍵であり，現実的には難しいと指摘する。インクルーシブな教育を行うためには，指導スキルや準備，用具などの環境整備が十分に行われていることが前提となる。その為，準備が十分でない場合は，障害のある子どもへ差別を助長したり，相互の関係形成を阻害したりというネガティブな影響に繋がる指摘もある。つまりインクルーシブな体育・スポーツの実施は，扱い方によっては「諸刃の剣」になると述べている。

　従って，子どもの運動の苦手さや障害をあまり意識せずに，身近な所から「楽しさ」を大切に地道にフランクに日々の実践を積み重ねていくことが今後も求められると考える。

2　特別支援教育における体育の考え方の変遷

　体育学を代表して澤江（2017）は，『特別支援教育の到達点と可能性―2001〜2016年：学術研究からの論考』と題した書籍の中から，障害児体育の学術研究の動向を整理した。

　そこでは，2007年の特別支援教育制度実施の前後で，研究のトレンドに大きな違いがある。つまり，2001年から2007年までは「インクルーシブ体育」，2007年以降は，「障害別特性・指導内容」に関する研究が中心であった。

　2001年から2007年は，体育がそのインクルーシブ教育に果たせる可能性を探るような研究が多かった。具体的には，体育は他教科と比較して①能力の差が障壁になりにくいこと（「活動内容やルールの工夫を行う」といった方法が使いやすいこと），②障害のある子とそうでない子の接触の機会が多いことを利点として挙げた。

　しかし，①については，現実的な実践場面でそのような工夫ができうるのか，②については，体育固有の利点といえるのかといった課題もあった。

　2007年以降の研究傾向としては，障害別における運動の特性と指導や支援な

どの実践内容に関係するものが多く見られた。

　さらに，障害のある子どもからみたインクルーシブ体育の課題を挙げる研究が多いのもこの時期の特徴であった。3本の論文をレビューしたところ，主に肢体不自由や発達障害のある当事者からみた場合，体力や運動スキルの向上や運動・スポーツに対する態度の形成に効果的な教育環境は，相対的に特別支援学校が望ましいのではないかと考えられた。

　最後に，障害児体育の問題点を2つ指摘する。1つ目は，障害者権利条約に基づき，特別支援学校が増えても，障害のある子どもたちの選択的に通常学校の体育場面に参加する際に，子どもたちの教育・発達権を保障した教育方法が求められる。そのためにもインクルーシブ体育における指導方法の充実が求められるのであり，具体的な方法論としてアダプテッド体育の指導方法について理解する機会が重要である。ここでいうアダプテッドとは，インクルージョンの理念と同様に，障害だけではなく，何らかの特別なニーズのある状態である「違い：diversity」を前提とした多様さに対して，体育活動やスポーツ内容を合わせていく考え方である。

　2つ目は，インクルージョンが子どもたちの地域文化として根づくことであり，体育・スポーツの価値は，多様さを前提としたインクルージョンを支えるきっかけの一つになる。

　このような整理をして，最後に澤江（2017）は，体育・スポーツの価値を広げていくうえでの障害児体育の重要性を述べている。つまり，とりわけ勝敗の価値にこだわっていては障害児体育は成立しないといい，そこでの実践に学ぶことが体育・スポーツの新たな方法論を提供することにもなると述べて締めくくる。

　こうした澤江（2017）の整理は大きな示唆を与えてくれる。つまり我が国では，先進的にインクルーシブ体育を一部で実践してきたが様々な障壁があって広がらず，特別支援教育制度の実施によって，障害の特性に応じたきめ細かな学習内容や支援方法が全国的に受け入れられ広がりを見せた結果，今日の障害のある子どもたちの体育の充実を見出すという成果を残すことができたと言えるのではないだろうか。だとすれば，先に示した国連からのインクルーシブ体育への移行を促す勧告をただ単に受け入れるのではなく，これまで我が国で実

践してきた「交流及び共同学習」を大切にしつつ特別支援学校で積み重ねてきたきめ細かな指導・支援も大切にするという，日本版のハイブリッドな障害のある子どものための体育を継続し発展させていくことが求められると考える。この過程において，澤江（2017）の述べる勝敗にこだわらない，真正な意味での多様性や平等性を見つめ直した体育授業のあり方が模索され続けなければならない。

　ほぼ時を同じくして，清野・越川（2019）は障害者スポーツの考え方を障害児教育・社会福祉分野と体育・スポーツ分野から検討し整理した。

　障害児教育・社会福祉分野においては，気晴らしとしての楽しみ志向的や娯楽志向的な障害者スポーツの方向づけの必要性の指摘がある一方で，スポーツで健康増進や社会化を促すといったスポーツの手段的価値に重きを置いた考え方が認められた。

　体育・スポーツ分野における障害者スポーツの考え方には，インクルーシブなシステムづくりやインクルーシブの理念を背景に据えたアダプテッド・スポーツとしての理解，障害のある人などの特徴にあわせてルールや用具を改変して行うスポーツであり，スポーツに限らず，リハビリテーションや治療目的の運動なども含めた身体活動全般といった定義，さらにそれらを推し進めて，差異を尊重し多様性を保証する授業内外における「配慮の平等」を達成するための理念であり１つの運動であるという認識が確認された。そしてそれらの前提となる障害者とスポーツの関係，つまり，障害者にとってのスポーツは楽しみを保障するものであることを訴える論調はみられるものの，障害者特有のスポーツやスポーツの手段的価値を優位とみる考え方は依然として多い傾向にあった。また，「身体性とPlay性を有している」という考え方なども示された。

　筆者は，スポーツのもつ「面白さ」や「楽しさ」が障害のある人とスポーツとの関係性の根底にあると考える。スポーツの魅力から，プレイしたり真剣に向き合ったり努力したりといった，リハビリテーションや機能訓練ではない障害者とスポーツの関わりが現実にある。障害者スポーツを特別なものとして区別するのではなく，「楽しさ」を基調としたスポーツやパラスポーツとして捉えることが今後一層重要になると考える。結果として，運動の苦手さや障害の有無を越えて，運動の「面白さ」を誰もが共有し，自ずと「楽しさ」を感じな

がらプレイする空間へと成っていくからである。それは，誰もがいつでもどこでもスポーツを楽しむ社会の求める理想の姿だからである。

3　特別支援学校で行われる運動の3大技法

今日の特別支援学校における体育授業に目を向けると，機能訓練やサーキットトレーニングを中心とする実践が未だに多く，子どもたちの運動に対する消極的，否定的な思いが少なからず生じていることが認められている（清野，2016）。それゆえ，特別支援学校や小・中学校に限らず，こうした体育から脱却しどの子も運動の面白さに触れる体育授業を実践することが求められる。体育が社会における人間と運動の関係を問題にする教科であるならば，一般的に実践されている運動療法に基づく体育の考え方を確認し，体育授業のあり方を問い直すことが必要であると考える。そこで，運動療法に基づく体育の考え方とはどのようなものなのか確認し，子どもたちにとっての楽しさを基調とした体育授業づくりを紹介していく。

（1）　動作法

久田（2000）によると，日本で開発された動作の心理学的過程を重視する，意図→努力→身体運動という動作の過程をアプローチするものである。特にどのような「努力」の仕方をするかについて，主に重力に対してどのように自己の身体を適応させるかという体験を中心に指導する。しかし，動作法による統一した考え方は，示されていないのが現状であるという。また，久田（2000）は動作法の定義を「動作という体験の仕方を用いた心理学的な指導方法である。詳しくは，動作法とは，課題として与えられた特定の動作（動作課題）を遂行しようとする主体者（努力者）の活動と動作課題を提示し，それをできやすいように援助し，全体の過程をマネージメントしていく援助者の活動との，両者を含む全体状況において，両者がともに心を合わせて動作課題を遂行するために努力をするという動作体験を通じた，心理的な治療ないし訓練方法である」とする。

この方法は，成瀬によりかつて動作訓練という名称で，脳性まひ児の訓練法として開発され，現在では様々な分野で実施されているが，努力や訓練をする

ことによって身体の維持や改善を図るといった手段論を基調とした実践となっている。

(2)　ムーブメント教育

　小林（1995）によると，ドイツやイギリス，フランスなど欧州諸国で，障害児にもっとも利益をもたらした運動を手段とした教育として広く普及しており，体育の中にこの教育を取り入れたり体育の代わりにこの教育をしている国が非常に多く，アメリカの養護学校での運動指導もほとんどこの方法である。ムーブメント教育は，障害の重い子どもの体育としても活用できることで，日本でも盛んに取り組まれている考え方の一つである。また，太田（2000）によると，ムーブメント教育は感覚運動領域を中心とした対応法の1つであり，アメリカ合衆国の治療教育学者フロスティッグの提唱によるものであり，当初は，学習障害，軽度発達障害などが主対象であった。先の小林らによってわが国に導入され，後に適用対象は一般幼児から重度・重複障害児にまで広がり，アセスメント方式や指導プログラムを新たに開発するなど，独自な歩みを精力的に遂げつつある（太田，2002）ことからも手段として用いる技法となる。

(3)　感覚統合法

　花熊（2000）によると，アメリカの作業療法士のエアーズが60年代に開発した発達障害児のための治療的アプローチである。この指導法は，外界や自分の体からくるさまざまな感覚刺激を処理する脳の働きを改善し，脳の感覚統合の能力を高めることで，外界に対する適応反応を促進することを目的としている（花熊，2000）。またこれは本来，学習障害児のために，作業療法の領域で開発された方法であるが，現在では，障害児教育の領域でも，知的障害や自閉症児，脳性まひ児などを対象に広く用いられている。そのため，作業療法領域での治療的取組を「感覚統合療法」，障害児教育領域での教育的取組を「感覚統合法」と区別して呼ぶことが多い（花熊，2000）と指摘するが，外界からの感覚刺激によって脳の活性化をもらすといった手段論的な発想が根底にある。

　以上から特別支援学校における独自に行われてきた運動技法を概観してきた。

4　特別支援学校の学習指導要領を見てみよう

　それでは，特別支援学校の学習指導要領の体育，保健体育（文部科学省，2018, 2019）について，各学部段階の目標及び内容を見ていくことにしよう。主に知的障害者の教育を行う特別支援学校では，教科の目標と内容は，小学部は 3 段階，中・高等部は 2 段階に分けられている。理由は，学年ではなく段階別に分けて示すことで，成長や発達段階における知的機能の障害などが，同じ学年であっても個人の差が大きく，学力や運動経験，学習状況によっても異なる為である。

　その為，段階を設けて示すことで，個々の児童生徒の状況や実態などに応じて，各教科の内容を精選して，効果的に柔軟に学習指導や支援を行えるようにしている。

　各段階の目標や内容は，児童生徒が達成するために必要な生活年齢を基盤として，知的能力や適応能力，概念的，運動的な能力等を考慮しながら各段階によって配列されている。

(1)　小学部

　小学部では，幼稚部等の就学前段階で培われた力を基礎として，児童の興味・関心に応じた身近な運動遊びや楽しいゲームを行い，児童の日常生活で親しめる基礎・基本的な運動や遊び等の身体的な活動を指導・支援していくことが大切である。

　小学部体育科の目標

　体育や保健の見方・考え方を働かせ，課題に気付き，その解決に向けた学習過程を通して，心と体を一体として捉え，生涯にわたって心身の健康を保持増進し，豊かなスポーツライフを実現するための資質・能力を次のとおり育成することを目指す。

(1)　遊びや基本的な運動の行い方及び身近な生活における健康について知るとともに，基本的な動きや健康な生活に必要な事柄を身に付けるようにする。

(2)　遊びや基本的な運動及び健康についての自分の課題に気付き，その解決に向けて自ら考え行動し，他者に伝える力を養う。

---

(3)　遊びや基本的な運動に親しむことや健康の保持増進と体力の向上を目指し，楽しく明るい生活を営む態度を養う。

　以上の小学部の体育科の目標からさらに，児童の成長・発達段階に応じて行えるように，3段階に分けて示されている。その各目標と内容は，A 体つくり運動遊び，B 器械・器具を使っての遊び，C 走・跳の運動遊び，D 水遊び，E ボール遊び，F 表現遊び，G 保健の7つの領域で，小学校と同じように構成されている。ここでは，3段階の目標を以下に記し，理解を深めていく。

第1段階の目標
ア　教師と一緒に，楽しく体を動かすことができるようにするとともに，健康な生活に必要な事柄ができるようにする。
イ　体を動かすことの楽しさや心地よさを表現できるようにするとともに，健康な生活を営むために必要な事柄について教師に伝えることができるようにする。
ウ　簡単な合図や指示に従って，楽しく運動をしようとしたり，健康に必要な事柄をしようとしたりする態度を養う。
第2段階の目標
ア　教師の支援を受けながら，楽しく基本的な運動ができるようにするとともに，健康な生活に必要な事柄ができるようにする。
イ　基本的な運動に慣れ，その楽しさや感じたことを表現できるようにするとともに，健康な生活に向け，感じたことを他者に伝える力を養う。
ウ　簡単なきまりを守り，友達とともに安全に楽しく運動をしようとしたり，健康に必要な事柄をしようとしたりする態度を養う。
第3段階の目標
ア　基本的な運動の楽しさを感じ，その行い方を知り，基本的な動きを身に付けるとともに，健康や身体の変化について知り，健康な生活ができるようにする。
イ　基本的な運動の楽しみ方や健康な生活の仕方について工夫するとともに，考えたことや気付いたことなどを他者に伝える力を養う。
ウ　きまりを守り，自分から友達と仲よく楽しく運動をしたり，場の安全に気を付けたりしようとするとともに，自分から健康に必要な事柄をしようとする態度を養う。

(2) 中学部

　中学部では，小学部で培われてきた力を基礎にして，楽しく運動が行えるよう指導・支援を充実させることにより，運動に対する興味・関心をさらに広げ，日常的に運動に楽しく取り組みながら同時に全身的な体力の充実を図れることが大切である。

　中学部保健体育科の目標
　体育や保健の見方・考え方を働かせ，課題を見付け，その解決に向けた学習過程を通して，心と体を一体として捉え，生涯にわたって心身の健康を保持増進し，豊かなスポーツライフを実現するための資質・能力を次のとおり育成することを目指す。
(1) 各種の運動の特性に応じた技能等及び自分の生活における健康・安全について理解するとともに，基本的な技能を身に付けるようにする。
(2) 各種の運動や健康・安全についての自分の課題を見付け，その解決に向けて自ら思考し判断するとともに，他者に伝える力を養う。
(3) 生涯にわたって運動に親しむことや健康の保持増進と体力の向上を目指し，明るく豊かな生活を営む態度を養う。

　以上の中学部の保健体育科の目標からさらに，生徒たちの成長・発達段階に応じて行えるように，2段階に分けて示されている。その各目標と内容は，A体つくり運動，B器械運動，C陸上運動，D水泳運動，E球技，F武道，Gダンス，H保健の8つの領域から中学校と同じように構成されている。先の小学部から中学部では，F武道が新たに加わっていることに留意したい。ここでは，2段階の目標を以下に記し，理解を深めていきたい。

　第1段階の目標
ア　各種の運動の楽しさや喜びに触れ，その特性に応じた行い方及び体の発育・発達やけがの予防などの仕方が分かり，基本的な動きや技能を身に付けるようにする。
イ　各種の運動や健康な生活における自分の課題を見付け，その解決のための活動を考えたり，工夫したりしたことを他者に伝える力を養う。
ウ　各種の運動に進んで取り組み，きまりや簡単なスポーツのルールなどを守り，

友達と協力したり，場や用具の安全に留意したりし，最後まで努力して運動をする態度を養う。また，健康・安全の大切さに気付き，自己の健康の保持増進に進んで取り組む態度を養う。

　第2段階の目標
ア　各種の運動の楽しさや喜びを味わい，その特性に応じた行い方及び体の発育・発達やけがの防止，病気の予防などの仕方について理解し，基本的な技能を見につけるようにする。
イ　各種の運動や健康な生活における自分やグループの課題を見つけ，その解決のために友達と考えたり，工夫したりしたことを他者に伝える力を養う。
ウ　各種の運動に積極的に取り組み，きまりや簡単なスポーツのルールなどを守り，友達と助け合ったり，場や用具の安全に留意したりし，自己の最善を尽くして運動をする態度を養う。また，健康・安全の大切さに気付き，自己の健康の保持増進と回復に進んで取り組む態度を養う。

(3)　高等部
　高等部段階では，中学部の発展として，運動領域をさらに広げるとともに卒業後の余暇活動や生涯スポーツにつながる適切な運動の経験や健康・安全についての理解を深めることが大事である。そして，運動を自ら楽しむことで，心身の調和的発達が図られ，明るく豊かな生活を営む態度と習慣を育み，進んで取り組めることが大切である。

　高等部保健体育科の目標
　体育や保健の見方・考え方を働かせ，課題を発見し，合理的・計画的な解決に向けた主体的・計画的な解決に向けた主体的・協働的な学習的過程を通して，心と体を一体として捉え，生涯にわたって心身の健康を保持増進し，豊かなスポーツライフを継続するための資質・能力を次のとおり育成を目指す。
(1)　各種の運動の特性に応じた技能等並びに個人生活及び社会生活における健康・安全についての理解を深めるとともに，目的に応じた技能を身に付けるようにする。
(2)　各種の運動や健康についての自他や社会の課題を発見し，その解決に向けて仲間と思考し判断するとともに，目的や状況に応じて他者に伝える力を養う。

(3)　生涯にわたって継続して運動に親しむことや，健康の保持増進と体力の向上を目指し，明るく豊かで活力ある生活を営む態度を養う。

　以上の高等部の保健体育科の目標からさらに，生徒たちの成長・発達段階に応じて行えるように，2段階に分けて示されている。その各目標と内容は，A体つくり運動，B器械運動，C陸上運動，D水泳運動，E球技，F武道，Gダンス，H体育理論，I保健の9つの領域から高等学校と同じように構成されている。先の中学部から高等部では，H体育理論が新たに加わっていることに留意したい。ここでは，2段階の目標を以下に記し，理解を深めていきたい。

第1段階の目標

ア　各種の運動の楽しさや喜びを味わい，その特性に応じた技能等や心身の発育・発達，個人生活に必要な健康・安全に関する事柄などを理解するとともに，技能を身に付けるようにする。

イ　各種の運動や健康・安全な生活を営むための自他の課題を発見し，その解決のための方策を工夫したり，仲間と考えたりしたことを，他者に伝える力を養う。

ウ　各種の運動における多様な経験を通して，きまりやルール，マナーなどを守り，仲間と協力したり，場や用具の安全を確保したりし，自己の最善を尽くして自主的に運動をする態度を養う。また，健康・安全に留意し，健康の保持増進と回復に積極的に取り組む態度を養う。

第2段階の目標

ア　各種の運動の楽しさや喜びを深く味わい，その特性に応じた技能等や心身の発育・発達，個人生活及び社会生活に必要な健康・安全に関する事柄などの理解を深めるとともに，目的に応じた技能を身に付けるようにする。

イ　各種の運動や健康・安全な生活を営むための自他の課題を発見し，よりよい解決のために仲間と思考し判断したことを，目的や状況に応じて他者に伝える力を養う。

ウ　各種の運動における多様な経験を通して，きまりやルール，マナーなどを守り，自己の役割を果たし仲間と協力したり，場や用具の安全を確保したりし，生涯にわたって運動に親しむ態度を養う。また，健康・安全に留意し，健康の保持増進と回復に自主的に取り組む態度を養う。

　以上に基づいた子どもたちにとっての楽しい体育・保健体育授業が求められる。特別支援学校小学部や中学部，高等部の学習指導要領においても小学校や中学校，高等学校の学習指導要領と関連性をもって作成されている。また，学習指導要領の総則においては，「体育・健康に関する指導においては発達の段階を考慮して，学校の教育活動全体を通じて適切に行うこと」とある（文部科学省，2018）。特に，自立活動の指導においても自立活動の時間や学校の教育活動全体を通じて適切に行うこととある。そこでの障害の特性などに配慮した運動の実施や選択も教師の専門性として求められる。これらのことを踏まえて，年間指導計画や単元計画，学習指導案の作成と行っていくことになる。その中で，一人ひとりの児童生徒の特性に応じた目標や指導内容，方法を明確にした「個別の指導計画」を作成し，定期的に評価をしていくことからも体育・保健体育科においては，各領域（パラスポーツを含む）の具体的な場面を想定した個人の目標や実践，評価が求められることから有効に活用し指導に生かしていくことが望まれる。また，年間を通して児童生徒一人ひとりの教育的ニーズを把握し，長期的な視点で幼児期から学校卒業後まで，一貫した支援を行うことを目的とした「個別の教育支援計画」にも体育や保健体育の内容が反映され，生涯スポーツとして繋がっていくことも期待される。それでは，実際の特別支援学校（学級）の体育授業づくりの考え方と進め方を次の項から学んでいく。

5　特別支援学校（学級）の体育授業づくり

　特別支援学校（学級）の子どもたちにとっての楽しい体育授業づくりについて説明していく。もちろん，基本的な考え方は，これまで述べられてきた小・中・高等学校の体育授業づくりと大きく変わることはない。よりきめ細かな場づくりや指導への配慮や支援が求められる。その点を留意して読み進めて頂きたい。竹之下（1977）は，体育を人間と運動の関係を基礎にこれを社会の存続発展や個人の福祉に結びつけて考えるのが一般的であると述べる。また，菊（2016）は，体育とは，教育としてスポーツを扱うもの。スポーツは文化であり，社会のなかに存在するもの。教育としてスポーツがある場合と，社会のなかに文化としてスポーツがある場合とでは，基本的に着眼する要素が違うと述

べている。今日の体育は，運動そのものの持つ面白さに子どもが触れることで，自主的・主体的に運動を学ぶことが求められている。そこで，清野（2016）は，「障害のある子どもと運動との関係」を前提に考え，運動の面白さに触れることを大事にするとともに，対象となる子どもたちに入りやすく，今もっている力で楽しめる授業づくりを提案する。そして，認知や運動レベルといった日頃の教師の見立て（アセスメント）と日常的な子どもとの関わりなどから「なじみやすい運動遊びを提案する」ことを目指して，単元計画や学習指導案を作成し，体育授業を実践した。結果として，子どもたちが，楽しさの世界に夢中になって「遊び込む」状況がみられた。そしてそこに，自ずと技能が高まる様態を確認した。これまでの特別支援学校の体育授業実践から，プレイの根本である，楽しさ（fun）（竹之下，1972）に基づく授業づくりの重要性を確認した（清野，2016）。具体的には，プレイとは，遊び方と遊び手における意味生成の時空間に立ち現れる経験に他ならない（佐伯，2008）。さらに分かりやすく換言すると，運動と子どもの関係性から実際に子どもたちにとって楽しさやそこから独自の意味が生まれるといえる。それが，運動の好きな子どもを育む秘訣であり，学校期を卒業後の生涯スポーツとしても繋がっていくことになる。その為，さらに踏み込んで見ると，運動の面白さに基づく場づくりによって子どもたちが楽しみながら運動に取り組むことで，徐々にのめり込んでいくことから，授業全体によい「雰囲気」が醸し出され，夢中になる姿から「勢い」が生成される（高橋，2003）といえるであろう。

　但し，特別支援学校の運動に関する学習には，小・中・高等学校で行われる各領域における運動やパラスポーツで実施する体育授業とは別に，障害のある子どもの状況や状態から動作法やムーブメント教育，感覚統合法等の3大技法も独自に行われている現実もある。こうしたことから，体づくり（体力づくり）や自立活動の時間に3大技法を大いに実践し，こうした実践も考慮しながら体育・保健体育の時間は，各種の領域の運動を単元計画のもと学習指導案を作成し，実践していくことが望ましいと考える。

学習の課題

① 特別支援学校の学習指導要領（知的障害）は，子どもの実態や発達段階に

応じて行えるように目標や内容が明記されている。それでは，小学部と中学部，高等部では，何段階で構成されているでしょうか。

② 　特別支援学校では，一人ひとりの子どもの障害の状態等に応じてきめ細かな指導を行えるように内容や方法，評価を適切に行わなければならない。その名称と活用の仕方について述べて下さい。

広く学ぶための文献紹介

○大南英明・吉田昌義・石塚謙二監修（2013）『改訂版　障害のある子どものための体育・保健体育』東洋館出版社

　特別支援学校（学級）の体育・保健体育について，全国の学校における実践事例をコンパクトにまとめて紹介している。さらに，実際の個別の指導計画や指導や指導における配慮や工夫についてもまとめられている。体育・保健体育に留まらず自立活動や生活科等との関連も示されている。特別支援学校（学級）の体育・保健体育を学べる最適な入門書である。

○丹羽哲也監修（2016）『知的障害児・者のスポーツ』東洋館出版社

　知的障害特別支援学校の小学部や中学部，高等部の体育・保健体育授業や部活動，障害者スポーツ大会にむけての取り組み等実践事例が豊富にまとめられている。さらに，障害児・者スポーツ関連競技会に関する説明も示されている。知的障害児・者の体育・保健体育授業やスポーツ大会の取り組みを分かりやすく紹介した入門書である。

引用・参考文献

花熊暁（2000）「感覚統合」小出進編『発達障害指導辞典　第2版』学研。

花熊暁（2000）「感覚統合法」小出進編『発達障害指導辞典　第2版』学研。

久田信行（2000）「動作法」小出進編『発達障害指導辞典　第2版』学研。

菊幸一・ベースボールマガジン編集部（2016）「無価値で無色透明なスポーツという文化を考える」『コーチング・クリニック』30(6)，84-85頁。

小林芳文（1995）「障害児の体育授業」宇土正彦監修，阪田尚彦・高橋健夫・細江文利編『学校体育授業事典』大修館書店。

共同通信（2022）「国連，障害児の分離教育中止要請　精神科強制入院，廃止も」https://nordot.app/940949528598986752。

文部科学省（2018）『特別支援学校幼稚部教育要領小学部・中学部学習指導要領』海

　　文堂出版。

文部科学省（2018）『特別支援学校教育要領・学習指導要領解説　総則編（幼稚部・小
　　学部・中学部）』開隆堂出版。

文部科学省（2019）『特別支援学校高等部学習指導要領』海文堂出版。

文部科学省（2020）『特別支援学校学習指導要領解説　知的障害者教科等編（下）（高
　　等部）』ジアース教育新社。

丹羽哲也監修（2016）『知的障害児・者のスポーツ』東洋館出版社。

大南英明・吉田昌義・石塚謙二監修（2013）『改訂版　障害のある子どものための体
　　育・保健体育』東洋館出版社。

太田俊己（2000）「ムーブメント教育」小出進編『発達障害指導辞典　第 2 版』学研。

佐伯年詩雄（2008）「脱規律訓練をのぞむ未完のプロジェクト」全国体育学習研究会
　　編『「楽しい体育」の豊かな可能性を拓く』明和出版。

佐藤貴弘・澤江幸則（2018）「アメリカのアダプテッドスポーツと体育」『発達障害研
　　究』40（3），218-226頁。

澤江幸則（2017）「体育学—研究動向と特別支援教育への貢献」柘植雅義・『インク
　　ルーシブ教育の未来研究会』編『特別支援教育の到達点と可能性』金剛出版。

清野宏樹（2016）「知的障害特別支援学校の体育授業をより魅力的にするために」『体
　　育科教育』64（6），58-59頁。

清野宏樹（2022）「障害のある子どもたちの体育授業—世界の動向や日本の「これま
　　で」と「これから」」『現代スポーツ評論』47，71-82頁。

清野宏樹・越川茂樹（2019）「「障がい者スポーツ」における概念の整理——定義と事
　　例を手掛かりとして」『北海道体育学研究』54，43-52頁。

高橋健夫編（2003）『体育授業を観察評価する』明和出版。

竹之下休蔵（1972）『プレイ・スポーツ・体育論』大修館書店。

竹之下休蔵（1977）「これからの体育」『東海大学紀要体育学部』。

田中暢子（2018）「イギリスにおける障害者スポーツ」『発達障害研究』40（3），205-
　　217頁。

上梓（2018）「オーストラリアにおける障害者スポーツ」『発達障害研究』40（3），
　　227-236頁。

安井友康（2018）「ドイツにおける障害者のスポーツ——地域スポーツクラブをベー
　　スにしたインクルーシブな社会形成へ」『発達障害研究』40（3），196-204頁。

安井友康（2023）「インクルーシブ体育の国際動向」『体育科教育』71（2），12-15頁。

第5章

中学校・高等学校の体育 8 領域について

　本章では学習指導要領に則り，保健体育科改訂の趣旨及び要点，領域における内容のまとまりを確認し，領域ごとに求められている重要な項目を抜き出して 8 領域に分けて解説する。

　体力の向上と運動の二極化の解消，知識や技能を活用して主体的に課題解決すること，また，それをわかりやすく伝達すること，新たな健康課題への対応などが課題とされている。

　体育の見方・考え方は，生涯にわたる豊かなスポーツライフを実現する観点を踏まえ，「運動やスポーツを，その価値や特性に着目して，楽しさや喜びとともに体力の向上に果たす役割の視点から捉え，自己の適性等に応じた『する・みる・支える・知る』の多様な関わり方と関連付けること」と示されている。

5-1　体つくり運動

　歴史的に1960年代の学習指導要領によって「体操」領域として導入された。その後，1998年の学習指導要領からは「体つくり運動」として領域の一つに位置付けられ，小学校 5 年生から高校 3 年生にわたり設定された。2008年の学習指導要領では，小学校 1 年生から 4 年生にもその対象が広げられ継承されている。また中学校・高等学校では，「体育理論」と併せて必修の領域であり，運動経験の二極化と体力低下が叫ばれている昨今の生徒たちの心身の状態を考慮し策定された。中学 1 ，2 年次では「体ほぐしの運動」と「体の動きを高める運動」に大別され，中学 3 年次と高等学校では「体ほぐしの運動」と「実生活に生かす運動の計画」に分類されている。なお中学校では各学年 7 時間以上，高等学校では各年次 7 ～10単位時間程度を配当することに定められた。

1　体ほぐしの運動

（1）体ほぐしの運動のねらい

　生活習慣の多様化や生活環境の変化等で，運動の二極化が課題になっている。運動習慣の少ない生徒においては，運動する楽しさを感じることや運動で得られる心地よさは体験しにくい。また，運動習慣が豊富で一つの競技に特化して技術向上を目指している生徒においても，普段その競技上では行わない多様な運動や，複数の人数で行う運動を組み合わせて行うことにより，発達段階に応じた主たる神経系の向上やバランス感覚を養うことや，巧緻性や調整力の向上が期待でき，実践している競技にも役立てることができる。そして，運動経験の少ない仲間が存在することに気づき，相手の心や体の状態を知ることで，助け合ったり支援したりする心を養い，自らの心身の状態を整えることができる。

　運動経験の有無が影響することなく，誰もが楽しめる手軽な運動や律動的な運動は，運動の得手不得手を越えて取り組むべき学習であると思われる。また，運動学習最適期として小学校低学年への体つくり運動の導入は大変意義がある。

　教科の目標には，「心と体を一体としてとらえ（心身一元論）」という表現があり，心身ともに健全な発達を促すためには，心と体が互いに影響し合い変化することに気付かせる指導が重要であり，心と体の発達の状態を踏まえて，運動による心と体への効果，健康，特に心の健康が運動と密接に関連していることを理解することが大切であると示している。近年，体を動かすことで爽快な気分になるだけでなく，記憶力や注意力等のあらゆる認知機能が向上するなど，脳神経系への好影響が証明されている（ハンセン，2022）。そのため，体ほぐしの運動で意図を持った具体的な運動を通して，心と体が深く関わっていることを体験できるように，自分自身や仲間の心と体に向き合って運動に取り組む指導が必要である。

（2）体ほぐしの運動の具体的な指導と留意点

　実際の運動としては，誰もが簡単に取り組むことができる運動，仲間と協力して楽しくできる運動，心や体が弾むような軽快な運動と学習指導要領に示さ

れている。授業後に単に「楽しかった」という思いだけで終わらせるのではなく，心と体に向き合って学んだことを気付けるようにすることが大切である。「気付き」の観点としては，運動することによる楽しさや心地よさ，運動強度による自らの体温上昇や発汗の様子，体のどこを使って運動をしているかの理解，関節の曲げ伸ばしや筋肉部位の伸ばされ方や力の入り方の実感，運動による仲間の表情の変化を感じ取ることや自分の感情表現や言葉かけ，体全体と各部位とのつくりの違いや身体機能や力の強弱の差，仲間と触れ合うことにより相手の体重や形態を感じ得ること，運動による楽しさや喜びは集団全体にも好影響を与えること，などの身体的な気付きと感性の気付きを教師はその都度，生徒の立場に立ってヒントを与え続けることが必要である。そのためには授業ごとに，運動する前の気持ち，運動している時の気持ち，運動した後の気持ちを比べて振り返るようにすること，自分や仲間の心や体の状態に注目して，どのように変化しているかを感じ取り集団的達成感につなげることなどが考えられる。心と体の両面から互いの関係に，ほぐれが生じることを気付かせたい。

　身体感覚を向上させたり調整力を高めることも大切であるが，生徒間の関係性も一つのテーマであるので，「交流」の狙いのもと，お互いの気付きや課題解決の方法を話し合わせたり，振り返らせたりするコミュニケーションを取り入れたい。手軽な運動に親しむためには，ウォーミングアップのようなリラックスした状況や温かい雰囲気づくりが大切である。特に小学校や中学校においては，教師が肯定的かつ受容的な態度や対応を心がけ，その場にいる全員が笑顔のある雰囲気を作り出し，運動や体育の原点である仲間との「遊び」という考え方を考慮しながら授業を進めていくのが良い。

2　体の動きを高める運動

（1）体の動きを高める運動の位置づけ

　1964年以降継続実施されてきたスポーツテストや新体力テストの結果を推移していくと，1980年頃を境にして近年の子どもの体力は低下傾向にある。二極化の問題と並行して身体活動量の減少からくる体力の低下が課題となって久しい。インターネットやゲームの普及による外遊びの減少，食事や睡眠の生活習

表5-1　発達段階を考慮した場合の指導の考え方

		Ⅰ　期	Ⅱ　期	Ⅲ　期
		6〜9歳 小1〜4	10〜13歳 小5〜中2	14〜17歳 中3〜高3
身体能力	神経系（巧みさ）	◎	○	△
	筋力系（力強さ）	△	◎	◎
	持久力系（粘り強さ）	△	◎	○
	柔軟系（しなやかさ）	△	○	◎
学び方	個人	△	○	○
	集団	○	◎	○
教師の 働きかけ	教師の関わり	◎	○	△
	科学的展開 （自然・人文科学）	△	○	◎
子どもの 取り組み	自主性	△	○	◎
	目的性	△	○	◎

出所：小澤（2010），30頁。

慣の悪化から体調不良を招いている現状など，子どもたちを取り巻く生活様式の変化や社会環境の劇的な変化が原因とされる。学校内においても授業時間数の減少や授業の内容の変化，体育的な学校行事の縮小傾向が挙げられる。これらのさらなる対策として，2008年の学習指導要領からは小学校低学年においても体つくり運動が必修領域として設定された。体の柔らかさ，巧みな動き，力強い動き，動きを継続する能力の向上を求められている。

（2）体の動きを高める運動のねらい

　生徒の体力は一般に調整力，筋力，持久力の順に発達する。体つくり運動は導入時に設定されることが多いので，「調整」力を高めることが主たる狙いとなる。いわゆる神経系へのアプローチといえる。敏捷性や巧緻性，バランス感覚等に着目しながら遊び感覚で行うのが望ましい。教師は仲間の動きを真似させたり，イメージを持たせて指導したり，うまくできるコツを教授しながら楽しさを倍増させたい。動きのリズムを作らせたり，タイミングを合わせたりすることで一つの運動でも膨らみを持たせることができる。道具や器具を使って楽しく運動種目を増やす工夫をし，バランス調整のための緊張を解いて脱力感

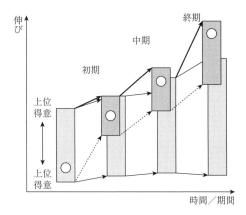

図5-1　体力向上の3段階モデル

出所：小澤（2010），30頁。

をもたせた運動も必要である。運動により自らの体の調子を感じ取り，その状態に応じた身のこなし方を考えるとともに，音楽や呼吸法を用いたりして心の状態を軽やかに整えストレスを軽減できるようにしたい。さらには，巧みな動きに結びつく前段階の運動として考えるのが良い。

　筋力，筋持久力，全身持久力，柔軟性，敏捷性などの各体力要素を発達段階に応じて，小学校から高等学校までを4年間ずつに分類し，カリキュラムを編成している。段階が進むにつれて，巧みさから力強さや粘り強さへ，低強度から高強度へ，集団系から個人特性へ運動の形態や内容の変化を安全性に考慮し上げていくことになる。

（3）体の動きを高める運動の具体的な指導と留意点

　小学校高学年から高等学校期は確実に成長期が想定される時期であり，体格の向上や身体諸器官の発達は著しい。また，変化の早さや成長時期については個人差が大きい。よって，その特性を考慮して安全に体力の向上を図らなければならない。

　集団の目標レベルをどこに設定するかによって，体力の向上を図ることは可能である。初期の段階や体力が低い集団の場合には，一般的な学習方法と同じように下位のレベルに焦点を当てて集団全体の差を少なくすることが大切であ

る。中期にはその集団の中位位置のレベルに合わせ，後期では上位層に照準を負わせることによって全体の体力向上を図ることが可能となる。後期においては，各授業時間の中で体力要素を最大限発揮して運動することが条件となるため，苦しくきつい運動となる。"きつかったが楽しかった"と生徒からの好反応が授業展開から求められる。

　各体力要素に着目した運動を，自体重やパートナーの体重を活用したり，平均台やラダー，コーンやゴム，新聞紙や襷などの小道具を活用した教材作りが求められる。また，体力向上のための知識・理解として，心拍計や体重計，ストップウォッチ等の計測器具を用いて負荷を具体的な数値で示して体力の特性を学ばせ，中学校や高等学校においては体育理論と連携させた実験や測定を行うことで生徒の関心を高めると共に，科目を越えた連携が可能である。ただし，新体力テストについては測定結果を一つの指標にすることは問題ないが，新体力テストの測定そのものは単元計画に含まない。また，体力の向上にはバランスの取れた適切な食事と命に関わる運動時の水分補給の仕組みも含め指導したい。

　運動欲求が全くない生徒は存在しない。どのような内容を楽しいと感じるか，興味や関心を知ることが大切である。全ての生徒に運動欲求に対する内容が当てはまるわけではないが，体つくり運動は生徒も教師もお互いが工夫して取り組みたい基礎領域である。

　学習の内容を共有することにより「気付き」や「交流」，「調整」のねらいに迫っていくことが体ほぐし運動から体の動きを高める運動の大切なポイントである。具体的な内容の留意点として，動的な活動と静的な活動の組み合わせや単発な運動になりがちな運動形態を，人数の増減・男女の使い分け・道具・場所・音楽といった条件に変化を加えることで，継続的な運動実践や関連性のある運動のバリエーションが増えるようになる。内容の工夫は教師の腕の見せ所である。また，中学校や高等学校では他の領域への発展性を鑑みて，基礎基本となる運動の創造も必要である。

3　実生活に生かす運動の計画について

　中学校第3学年から高等学校3年間では，前項の「体の動きを高める運動」を生かし日常生活を振り返ると共に，健康の増進や調和のとれた体力の向上を図り，継続的な運動の計画を立てることを目指すと学習指導要領に示されている。心身の調和と交流，計画立案とその実践が求められている。学校教育，特に高等学校を終えると，運動機会が激減するというデータがある。卒業後も末永く運動やスポーツに関わり，興味を持ち，人生100年時代に向けた健康課題の解決ができる素養を求めたい。

　運動時の自己の体力や体調，体格等を考慮した上でどのような体力の向上を図るのかねらいを明確にし，自らの健康の保持増進につながるよう継続的に取り組めるようにすることと，心身ともにバランスよく調和の取れた体力の向上を図れるよう計画を立てるようにしたい。

　また，心身の調和的発達を生涯にわたって継続することができるよう，小学校では学んだことを家庭で生かす，中学校では小学校での学びに加え，学校の教育活動全体や行動範囲が広がる中で実生活に生かす，高等学校では地域や職場などの集団的社会生活で生かすことで実践力が求められている。

　まず，知識として，"運動を継続することの意義"を明確にする。個人の心身の健康や体力の保持増進につながることは豊かなスポーツライフの実現につながり，また地域の輪を広げ余暇等を充実させることにより，QOLを高めることにつながることを理解させる。次に"体の構造"では，姿勢の重要性や筋骨格系の人間が持つ身体の働きや特性を理解し，その適正な改善を図るとともに，筋神経系制御やリンパや血液の循環系等と総体的に連動していることを知り，体つくり運動を通して様々な動作づくりに発展させる。さらに"運動の原則"から，運動の決まりに基づいたねらい（意識性）を大事に計画的，かつ生徒には積極的に取り組ませることが大切である。また，他の領域の基礎となる運動構成が必要であるが，専門的な運動に偏ることは避けたい。柔軟性や有酸素運動，主要筋群の強化など体力要素をバランスよく健康づくりしていきたい（全面性）。発達段階に応じて個人の能力に応じた内容の吟味も必要であり，安

全面を考慮して生徒一人ひとりの能力や興味関心を見極めることが大事である（個別性）。簡単な運動や同じ強度の繰り返しでは，運動効果や生徒の興味関心は低下するので，強さ・量・頻度を徐々に高めPDCAサイクルを定期的に行いプログラムの再検討を行わなければならない（漸進性）。最後に，限られた単元計画上の時間ではあるが，動作を繰り返すことも重要である。そこは，教師の工夫で年間を通じて配分や時期などを考慮し，効果を確認しながら進めていくことが肝要である（反復性・周期性）。

4　体つくり運動の現状と課題

　体つくり運動に関しては，体つくり運動を単元として授業を行っている比率は2割程度であり，その他の7割以上は他の領域の授業において，ウォームアップとして取り入れられているという報告（高田・筒井，2017）がある。このことは，体つくり運動が他の領域の動きのベースとなるものと考えられ，他の領域において，必要な動き作りのためのウォームアップとして体つくり運動が活用されているということである。しかしながら，体つくり運動は領域の一つとして設定がなされており，他の領域と同様に適切な指導が行われなければならないといえる。体つくり運動が他の領域と比べて重要度が低く捉えられている原因のひとつとして，指導内容のイメージ化が難しいことがあげられる。体つくり運動と異なり他の領域は，ある完成された運動や競技をモデルとしており，教師側にとって具体的にイメージしやすく，容易に指導計画を立てることが可能であるが，体つくり運動は，漠然としたイメージで目標が決められ，教員それぞれの知識や経験により指導内容が決定されることである。そのため，教員それぞれで体つくり運動の配当する時間にばらつきが生じたり，授業において実施される内容が，ある特定の動きに偏ったり，習得させたい運動を体験しないまま終わってしまうなどの問題が起こる可能性があげられる。

　これから教員を目指すものは，運動の二極化という問題を踏まえて，体つくり運動の必要性を認識して，明確な目標と適切な指導内容を構築して，全ての生徒に対して運動の楽しさや心地よさを体験させる必要がある。

学習の課題

① 中学校や高等学校で経験した体つくり運動は何を行いましたか。

② 1年次に履修した体育実技（スポーツ実技）や体つくり運動領域の実技の授業を思い出し「気付き」,「交流」,「調整」の視点を踏まえて，体ほぐしの運動を考案してみましょう。

③ 現在のあなた自身の健康や体調に合わせて，実生活に活かす運動の年間計画を“運動の原則”を考慮して立ててみましょう。

広く学ぶための文献紹介

○松尾哲矢（2016）『子どもの体力・運動能力がアップする体つくり運動＆トレ・ゲーム集』ナツメ社

　小学生を対象としているが，「トレ・ゲーム」と銘打ち，トレーニングとゲームを組み合わせながら，楽しみながら運動をするヒントが紹介されている。どのような体の動きを高める運動なのかを明確に解説している。

○寺尾大地・大塚修平（2021）『動画でわかる！　小学校体育　コーディネーション運動50』明治図書出版

　コーディネーショントレーニングの基礎を紹介しながら，体ほぐし運動や体の動きを高める運動に活かせる楽しい運動を紹介している。

5-2　器械運動

1　内容と指導のポイント

　器械運動はできる，できないが明確であるため，生徒の立場からも好き嫌いがはっきりしている領域種目であるといえる。中学校や高等学校の段階では，苦手意識が染み付き意欲が低下している生徒も少なくない。目標とする技能がはっきりしており，その克服に達成感が得られる反面，できない生徒には消極的な取り組みになりやすく苦手意識を持たせてしまう可能性がある。4つの運動（マット運動，鉄棒運動，平均台運動，跳び箱運動）どれでも個人差が大きいの

も器械運動の特徴であるといえる。内容の取扱いでは，中学校第1，2学年でマット運動を含む2つの運動の選択を履修することが条件であり，それ以降の学年では4つの運動から選択できる。また，領域ごとの選択として，器械運動や陸上競技，水泳，ダンスより1から2領域以上の選択となっている。よって，生徒はマット運動を中心に実施していることになる。

　器械運動の種目特性として，特定の器具を使い安全に基本的な技を習得することからはじまり，できばえや完成度を高めた技や発展技に挑戦することにある。その中で，"できないをできた"にして達成感を味わうことや粘り強く積極的に繰り返し行うこと，技の組み合わせを自らが考えることなどに導きながら，自己の課題やペア，グループワークを通じて課題解決のための合理的な動きの理解と，タイミングやバランス感覚の向上による運動中の身体位置や身体位置変化を体感させながら，工夫や伝達することによる学びの充実を図りたい。筋力，柔軟性，平衡感覚が求められ，滑らかさや条件を変えた技へ移行し，最終的には発展技や技と技とのつながりを求める連続技に進めていく。「はじめ―なか―おわり」の3段階での組み合わせから，系や群をバランスよく組み合わせて生徒自身に考えさせるのが良い。マット運動で例示すると，生徒の実態に合わせながら，「開脚前転―前転―倒立前転―バランス系―後転―伸膝後転―フィニッシュ」，次のレベルでは「バランス系―倒立前転―側方倒立回転（側転）1／4ひねり―後転倒立―前方倒立回転跳び―フィニッシュ」といった演技構成が考えられる。

　4つの運動内を系統立てすると，マット運動は回転系と巧技系，鉄棒運動は支持系と懸垂系，平均台運動は体操系とバランス系，跳び箱運動は切り返し系と回転系に分かりやすく分類されている。それを基に，具体的な技を群とグループに整理し一貫性を示している。技は中学校第1，2学年を中心とした基本的な技の習得と，よりよくできるレベルアップを求めている。

　器械運動は非日常的な運動であり，領域内の単元数も比較的多い。よって，4つの運動それぞれが個別に存在するのではなく，腕支持，回転，懸垂，バランスなど，相互に密接に関連した内容であることを理解し，指導案の作成に努める必要がある。例を挙げれば，鉄棒運動の逆上がりの指導との関連で，マット運動の後転により類似した運動を取り入れて経験させていく場合などである。

技の達成やより上手にできるための技能の向上，演技の発表などを楽しむ領域であり，教師は一つひとつの技を正しく効率的，かつ段階的に身につける指導過程が主たるポイントとなる。運動の楽しさや技能向上へ向かう場づくりや，優しい技で全員ができる動きや技の段階的な達成課題を与え，個人差にも配慮しながら，技能向上と併せてどのレベルに視点を置くかが大切である。すでに課題を達成してしまっている生徒に対して，次の学習課題をすぐに与えてしまうと，集団内の格差が広がることになり，教師もそれぞれのレベル指導に目が行き届かなくなり，安全面にも不安が生じる。チームティーチングなどで対応が可能ならばよいが，そうでなければ技術獲得以外にできていない生徒への励ましや課題解決支援による社会性の向上を図りたい。ただし，毎時間支援補助ばかりでは運動欲求が満足されない。より上手にできるようになる楽しみ方を伝え，手先や足先までを意識したフォームの美しさの向上やスピード感やダイナミックさを強調させたり，他の見本として自信をつけさせ存在感を与えたり，また，演技発表会のリーダーとして活躍の場を与えると良い。

　小学校低学年からの領域である体つくり運動との連動も考えられる。特に多様な動きを作る運動（遊び）の中に関連性がみられる。跳び箱運動の事前学習としての二人一組や三人一組での馬跳びや，手押し車での腕支持運動，ジャンプをしながらの体ひねりの運動，各種のバランス運動等は，領域を越えた関連付けが可能である。

　知識理解力の向上の点では，ICT機器の活用により，運動の観察を復元して考察したり，リアルタイムで観ることができるので，運動量の確保や生徒の興味関心を考慮しながら効果的に取り入れたい（第8章参照）。

2　評価について

　知識及び技能については，器械運動は主にフォームが挑戦の対象となるので，主観的にはなるが達成度を具体化する基準の設定（できばえ）が授業評価の大きなポイントとなる。しかし，与えられた課題ができた，できないで単純に技能評価をすることは可能だがそれだけではいけない。目標と評価の結びつきを確かめ，3観点から成長過程に目を配ることや取り組む態度，また仲間と協力

により共に観察し合う中で，つまずきや欠点などの課題を明確にして　その解決に意欲的に取り組む姿勢や態度を評価しなければならない。単元のはじまりと終わりを明確にして成長度を測ることを忘れてはならない。

　具体的には，積極的に実践しようとしているか，仲間の良い見本を真似しようとしているか，非日常性を楽しんで取り組んでいるか，自主的に挑戦しようとしているか，準備や支援に仲間と協力し合い約束を守りながら安全に留意して取り組んでいるかなどの取り組む姿勢にも評価の目を広げたい。

　また，できるできないに捉われず，知識や思考，判断として達成までの工夫で次の技への発展性や連続性に意識を向けさせ，構成を考えて演技するレベルを学習指導要領では目標としている。仲間と協働して課題解決のために考えて取り組んでいるか，三観点からの評価規準を明確にして一人ひとりの違いに応じた課題や挑戦を認めることを指導評価したい。

3　指導上の工夫や留意点

　繰り返し運動に取り組める学習でなければ，自分なりの動き方や技術の向上は期待できない。よって試行する回数を増やし，かつ考えさせながら取り組ませる必要がある。例えば，友達とタイミングを合わせた同調する動き（シンクロ）を組み合わせた集団演技を構成して，お互いに回転のスピードや手足のバランスを仲間同士で意識しながら行うことで回数を確保でき，洗練された動きになっていく。レベルが上がれば，ウォーミングアップにルーティーンとして初期段階の簡易的な動き方を短時間でこなし習慣化させるなど，教師は様々な工夫が求められる。学習課題を優しくするためには，道具の多様な活用法を覚えておくと良い。マット運動を例に取ると，倒立での壁の活用では，単純に補助者や壁を使って補助倒立するだけでなく，壁伝い登りの逆立ちから完成形を作ったり，背支持倒立を行い立位が逆転する身体感覚を類似した運動経験を体感させる。回転系では踏み切り板の活用やマットを重ねて傾斜を作り回転不足を補うことができる。このように反動を利用したり，高低差を作ったりして，各運動への恐怖心を排除する工夫が必要となる。

　また，道具の工夫だけでなく器械運動のレベルアップには補助者の多い方が

効果的である。自ずと仲間同士での協力が不可欠となる。ここで注意しなければならないのは，生徒同士の人間関係やクラス全体の主運動に対する取り組む姿勢や態度を教師は安全性の確保の点から常に気を配る必要がある。できない仲間へ補助する場合が多いので，補助の方法を指示するだけでなく，一方が緊張感なく運動や補助をすると，危険極まりない場面が一瞬にして起こり得る。慣れからくる慢心や内容のマンネリ化などに留意し，集団内の人間性や人間関係を考慮したグループやペアを作った上で，補助者への適切な指導が必要となる。生徒同士の人間性が垣間見れて生徒理解にも役立つが，怪我や事故があってはならない。補助者には，具体的かつ丁寧な方法と併せて心構えを常に説きたい。

　導入期や低学年では，思いがけない事態が起こりやすい。事前指導としては，爪の長さによる事故防止，眼鏡や腕時計を装着してくる生徒への注意，運動中では実施者の開脚の予想や着地位置の予想ができないことによる接触や，前の者との間隔がわからずに試行に入る生徒が跳び箱運動やマット運動でよく見受けられ，教師にとっては思いもしない接触に伴う生徒の怪我が発生する危険性が付きまとう。個人の動作としては，回転などによるバランスの崩れや腕支持の不十分さ，肘を曲げるタイミングの悪さなどで，平衡感覚やバランス感覚が損なわれて自分の身体を制御できなくなる場合があり，頭や首をマットに打ち付けたり，捻ったりするケースが見られる。実態に合わせた場づくりと生徒の取り組む態度，補助者の適切なサポートなどをよく観察し，安全性には特に注意しなければならない領域であることを教師は念頭に置く必要がある。

4　器械運動の実施状況

　器械運動に関しては，単元の実施状況が各学校でばらつきが多く，マット運動に関してはほとんどの学校で実施されているのに対して，跳び箱運動はマット運動ほど実施されておらず，鉄棒運動および平均台運動の実施校は非常に少ないものとなっている。長谷川ら（2017）の報告では岡山県のある地域における単元の実施率は，マット運動100%，跳び箱運動50%，鉄棒運動0%，平均台運動0%という結果も出ている。その理由としてあげられるのは，学習指導

表 5 - 2　性別の事故発生件数

	男子	女子	計
マット運動	28	22	50
鉄棒運動	7	6	13
跳箱運動	26	11	37
計	61	39	100

出所：平塚（2020）より抜粋。

要領の内容の取扱いにマット運動を重視する表現があることがあげられる。また，それ以外にも，器具や設備などのハード面（環境）と事故や指導方法といったソフト面（内容）それぞれの要因が関連しているものと考えられる。

　環境については，鉄棒や平均台などの器具が設置されていない，もしくは老朽化で授業を行うことが不可能というものであり，財政状況なども踏まえなければならず，設置および改修が求められる。また跳び箱や平均台などの器具が倉庫の奥にあり，他の器具を移動させてから設置することや屋内外にある鉄棒についても鉄棒以外にマットの準備が必要となるなど授業の準備に要する時間が確保できないという問題も考えられる。準備と片付けを授業内で行うとなれば，指導および実技を実践する時間が少なくなってしまう。時間割の調整などによる準備時間の確保および器具の保管場所などを工夫しつつ実施できるような環境整備が望まれる。

　内容については，単元を実施できなかったり指導を困難にさせている大きな原因としては事故があげられ，このことは鉄棒運動や平均台運動に限らず器械運動全般でいえるものである。表 5 - 2 は器械運動の種目における性別の事故発生件数である。器械運動種目の事故件数100件のうち，男子が61件であり女子は39件という結果となっている。単元別でみると前述の単元実施率も影響するもののマット運動が一番多く事故が発生しており，次いで跳び箱運動という結果である。男女差での事故発生件数をみると，全体で男子の方が多い傾向にあり，女子に比べて約1.6倍の事故発生数となっており，単元別でもマット運動（男子28件，女子22件），鉄棒運動（男子 7 件，女子 6 件），跳び箱運動（男子26件，女子11件）ともに男子の事故発生が多い結果となっている。

　これらの結果は，器械運動のように個別指導が重要となる教材において，人

数の多いクラスでは十分な指導や行動の把握ができずに事故が発生したり，習得を目指す運動が日常生活の動きとは馴染みがないものが多いため，指導内容の説明だけでは生徒が理解しづらく，教師自身も実践経験が少ないために適した指導が行えないという問題も考えられる。また，器械運動では準備などで重い器具の移動が伴うため，運動実施中だけではなく器具の運搬中にも怪我や事故が予想され注意が必要となる。

　以上のことを踏まえて，これから教員を目指すものは生徒の体力低下を考慮に入れて，失敗時の倒れ方や着地方法など成功できなかった時の対処についての指導や練習を行い，基礎的な技から徐々に指導しつつ安全配慮の徹底を意識する必要がある。特に男子の指導においては，まだ筋力がなく技術も養われていない状況下でも行き過ぎな努力や向こう見ずなチャレンジをする傾向がみられるため，生徒同士の相性や技術レベルなどでグループ編成を行うなどの工夫が必要となる。

学習の課題

①　マット運動の回転系において，回転力を高めるポイントは何が考えられますか。また，その指導はどのように行いますか。
②　マット運動の回転系において，後転で首が曲がったり，肘をついてしまったりして，真っ直ぐに回転できない生徒をどのように指導しますか。
③　マット運動の回転系において，前方倒立回転跳びを安全に習得するための段階練習を考案してください。
④　マット運動の巧技系において，倒立している生徒の目の置き場はどのように指導しますか。

広く学ぶための文献紹介

○白石豊・吉田貴史（2018）『技の指導のコツがすべてわかる！　器械運動完ペキ指導ガイド（体育科授業サポートBOOKS）』明治図書出版
　どの技にも指導のポイントがあることを知り，授業に活かせる一冊。

5-3　陸上競技

1　教材作りの工夫

　小学校では走・跳・投における運動遊びと，身体の発達に応じた用具の活用
や仲間との競争，速さや高さ，距離などを楽しく競い合う陸上運動を学んでい
る。自分の体を思うように動かすことを基本に，まっすぐ走る，全力で走る，
より遠くへ跳ぶなどの自己の能力を最大限発揮する楽しさを知る段階から，中
学校や高等学校では陸上競技と名称を改め，基礎的な動き方や技能，さらに効
率のより良い動き方を習得し，各種目特有の技能を理解させ，記録の向上や競
争に親しむことをねらいとしている。また，合図に合わせてスタートする，決
められた位置から跳ぶなど競技としてのルール制限が加わる。よって，自らの
身体発達状況を把握しながら，踏み切り位置を自分で考える，助走距離を変え
る，決められたインターバルで走る，スタートと中間走の走り方を変えるなど，
知識，思考・判断が求められるようになる。さらに，ルールやマナーを守りな
がら安全面や施設面を考慮しながら主体的に取り組み，他者との競争や勝ち負
けを冷静に受け入れ，個々の課題に向き合いながら共に自己の限界に挑戦する
力を身につけるよう指導していく。基本的には個人で行う単純な動きが多い領
域だが，仲間と関わり合いながら目標達成を経験する体育授業の展開を常に頭
におきたい。
　陸上競技では個の運動能力差が明確に時間や距離，回数などの記録が結果と
して数字に明示化される。よって，診断的評価で導入初期の記録を残しておき
たい。また，単純な運動から分習法と全習法を加味した系統性のある高度な運
動へ，達成感を得やすいように細かな段階を経た設定をすることが求められる。
　また，この領域は"走る"ことが基本となる。これまでに走ること自体の経
験が少ない生徒，記録が数字や順位に表れるために遅いことに劣等感を持って
いる生徒なども多く，苦手意識や好き嫌いが現れやすい。生徒が練習を繰り返
しても測定記録や技の完成度で評価されやすい種目の特性上，個人の努力度や

個人内達成感を計ることが難しい。よって，3観点からも個人の努力過程を注
視し，仲間と積極的に挑戦する態度や個々のつまずきに対する教師の適切なア
ドバイスによる取り組み方などから，思考力・判断力・表現力の向上につなげ，
興味関心を持たせ計画的な授業展開が望まれる。ある一定の制限の中でルール
に則って行うものと，自らの身体能力や運動能力によって自己の能力を最大限
発揮するために色々な工夫をして，自由に決めることができる要素を持ち合わ
せている領域でもある。

2　陸上競技の内容のねらいと工夫

　領域の内容として，中学校で短距離走（リレーを含む），長距離走，ハードル
走，走り幅跳び，走り高跳びを行い，高等学校ではそれに加えて三段跳び，砲
丸投げ，やり投げが含まれる。
　陸上競技は，個人スポーツを象徴するものの一つであり，ヒトが生来より能
力を有する走る・跳ぶ・投げるという基本運動を主として扱うものである。そ
れ故，生徒にとっては複雑な運動ではなく単純な運動と感じてしまい，陸上競
技の運動に対して技術的な課題が明確にならず，自己の課題設定がなかなか難
しいものとなる。そのため，教師側から生徒が課題を設けて積極的に取り組め
るよう工夫をしなければならない。過去の実践としては，山本貞美氏の「8秒
間走」，「折り返し持久走」，「ねらい幅跳び」などが有名であり，江刺（2003）
は山本氏のこれらの実践を8秒間走は全力型，折り返し持久走は一定ペース型，
ねらい幅跳びは余裕型として特長づけ，これらの学習の構成原理はハンディキ
ャップ方式であるとしている。この方式は通常のスポーツで行われる競争形式
ではなく，個々の生徒たちの能力差に合わせたハンディキャップをもとにして
競争するものであり，「競争や勝敗・順位づけ」をそのように考えて，教材と
してどのように取り扱うかが重要であるとしている。これらの実践や学習及び
指導観を参考にして生徒の実態に即した場づくりを行ってほしいと考える。
　陸上競技において生徒の能力を考慮に入れ，全ての生徒が積極的に活動に取
り組める環境を作ったとして，教師は生徒一人ひとりへのアドバイスなど個別
指導を行わなければならない。特に運動の動作様式が複雑ではなく，走・跳・

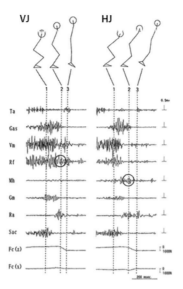

図 5 - 2　跳躍動作時の筋活動

出所：市谷他（2001- 9 ）。

投という基本的な運動はいかに身体を動かすかということが重要となってくる。
ヒトが動作を行うためには多くの筋群が収縮を行うことによって実行されるも
のであって，その筋群の使い方がパフォーマンスを決定づける重要な要素の一
つとなってくる。図 5 - 2 は跳躍方向が異なるジャンプ動作時の筋電図である。
　筋電図とは，筋細胞（筋繊維）が活動するときに発生する活動電位を計測す
るものであり，このジャンプ動作の筋電図とは跳躍する時に活動する（収縮さ
れる）筋群が分かるものである。図中の左側にある VJ（Vertical Jump）は上方
へ向けて跳躍動作をしたものであり，図中の右側にある HJ（Horizontal Jump）
は前方に向けて跳躍動作をしたものである。また，図中の 1 は膝関節伸展開始
時， 2 は踵離床時， 3 は離床時となっている。図より， 2 の踵離床時における
特徴がある筋活動（○がついているところ）に着目をしてみると，VJ では Rf
（大腿直筋）が活動を行っているが，HJ では Mh（内側ハムストリングス）が活動
を行っており，跳躍方向の違いで大腿部の筋の活動に変化が起こるものであっ
た。このことより跳ぶという同じ動作であっても姿勢や動く方向の違いで，運
動に関与する筋の活動が異なることとなる。それ故多くの運動において，関節

角度・出力方向・投射角度などを観察しながら，生徒一人ひとりに応じて指導にあたることが重要となってくる。

　陸上競技の授業を通して，教師は生徒自身が現在もっている体力や運動能力を向上させるという挑戦に対して適切な指導を行い，また他者との競争以外にも明確な課題を生徒が把握して積極的に乗り越えていくという態度や能力を養うことができるように導くことが役割となってくる。

　小学校の体育では，競技レベルの前段階としての遊びを含めた様々な工夫により授業を展開している事例が多い。中学校や高等学校になると，順次それぞれの種目を競技に近づけていくので，より専門スポーツとしての要素が強くなる傾向がある。それに移行するための興味関心を高める年代に指導する小学校の体育は遊びや運動として捉えている。そこには基本を正しく身に付ける指導ポイントが散見し，中学校や高等学校で指導する先生方が学びになる視点が多い。しかし，小学校と中学校，中学校と高等学校の体育教員との交流はなかなか機会に恵まれない。そこで，先行研究で模範となる指導法がDVDやYouTubeなどで多数紹介されている。積極的に模擬授業で活用してみることは指導の幅を広げ，教師として経験の少なかった領域や種目の指導の補填につなげることが期待できる。また，都道府県での講習会や大学や学会などの研修会に積極的に参加することを推奨する。データの活用では，各種目の中高生のトップレベルの記録を知らせることや，ICTを有効活用し自己観察や他者観察によって，陸上競技への興味関心を高めることができる（第8章参照）。

　次に各内容についての技術的なポイントや用語をまとめてみる。今後はより複合的で新しいメカニズムが予想される領域であり，指導者は常に新情報に注目する必要がある。跳躍種目に共通する感覚として，平衡感覚・跳感覚・リズム感覚が挙げられる。投擲種目では上半身だけでなく，重心移動を活かした下半身のバネにも注目したい。なお，中学校では投擲種目は除かれている。

①短距離走：スタート動作（スタンディングとクラウチング），スターティングブロック，中間走，加速走，ピッチ走とストライド走，フォームと上半身の使い方（腕の振り），重心位置，無酸素運動，酸素負債，ブレイクライン
②リレー：バトンパス（オーバーハンドパス，アンダーハンドパス）とそのタイミング，タイクオーバーゾーン，カーブ走，利得距離，セパレートコースと

オープンレーン

③ハードル走：第一ハードルまでの入り方（スタート），振り上げ足と抜き足（ハードリング），インターバルの距離とリズム（3歩），歩幅やスピードとハードル台数との関係，低いハードリング

④長距離走：フォーム，呼吸法，ペース配分，距離とスピードの関係，デッドポイントとセカンドウインド，有酸素運動，心肺機能，インターバル走，ラストスパート

⑤走り幅跳び：助走の距離とスピード，踏み切り，重心と跳躍角度，上半身の使い方と調和，空中姿勢，着地動作

⑥走り高跳び：助走の仕方とその距離とスピード，踏切から跳躍への入り方とリズム，足の振り上げ，腕（手）と上半身の使い方，空中動作，着地とその安全性，はさみ跳び，ベリーロール，背面跳び

⑦三段跳び：短い助走，利き足でない足での跳躍，同じ足での連続跳躍，ホップ・ステップ・ジャンプのそれぞれの意味

⑧砲丸投げ：砲丸のセットの仕方，砲丸の移動，突き出し動作，投擲角度，ステップ，ひねり動作，グライド投法，回転投法

⑨やり投げ：やりの持ち方と構え，クロスステップ，やりの移動，投擲角度

3　陸上競技の指導上の留意点

　安全面で留意しなければならない点として，単元導入時に個人の現在持ち合わせている運動能力を知るために基礎基準となる記録測定をする場合が多い。その際に特に注意したいのが，急なダッシュなど激しく瞬発的に力を発揮する短距離走や跳躍系の種目などによる肉離れである。心身からの十分な事前準備を行った上で実施したい。また，長期休み明けの授業や病み上がりでの運動にも留意したい。また，体力を高める目的に準じ，心肺に負担をかけ我慢を要求される長距離走による事例として，気候や温度，湿度などの環境要因もあるが心理面からも影響の出やすい過呼吸症候群や，学校の外周やコンクリート，アスファルトの硬い路面を走ることを週3回の頻度で行うと，特に成長期に起こりやすいシンスプリントや足底腱膜炎などの発生頻度が増す。学習課題解決に

向けての安全面の確保は大前提である。これら傷害の発生は領域に対する消極的感情が芽生える原因になり，運動による恐怖心を植えつけてしまいがちである。怪我をすれば，完治までに日常生活への影響が出るばかりでなく，その単元すべてを休まなければならない事態となる。因みに，中学校・高等学校での保健体育の授業における死亡・重度の傷害事故は陸上競技が41％を占めており，その多くは突然死等である（文部科学省，2012）。また，陸上競技の領域内においても短距離走，長距離走が全体の３分の２を占めており（馬場，2015），それだけ心臓や血管を中心に循環器系への負担が大きいことを物語っている。

　また，体育の授業とは離れるが，結果や順位が簡単に出やすい特性上，運動会や学年行事などにおいて，クラス対抗リレーなどのレクリエーション活動で安易に実施するケースが多く見られる。体育の授業との関連なしに計画をして，練習をやらずに行っていることが多く，安全面で問題があることを認識したい。体育に関する行事となると必然的に保健体育科の教員がリーダーになることが多い。計画的でない単なる時間調整のために行うことは危険である。

　怪我をしないための基本動作の習得の観点から，単純に走ることが全ての種目の基礎となる陸上競技において，人それぞれの走りは多彩である。走り方は歩き方の延長として考えられる。歩くことは日常生活であらゆる動きの基本となることは誰もが否定しないが，その歩きの科学的統一は文献からは得られない。その意味では歩きの基本と言われるものは曖昧で不確かな情報であると言える。神経筋制御や運動制御が専門の小山（2008）は，重心位置を先行させることによって，脚を振り出すことなく自然に脚が前に出て，その接地に対し身体や重心が乗り込んでいく動作を示し，足底に腰が乗る時に膝が伸びる歩行が合理的な歩行動作の特徴であるといい，歩行がさらに走行につながっていくとしている。スポーツの基本と言われる陸上競技を生徒に教える立場の教員として，スポーツだけでなく，日常生活におけるストレスの蓄積や故障を起こさないためにも姿勢や立ち位置，靴の選択などに視点を戻す試みも必要である。

　その他の種目としては，走り高跳びは中学３年生から背面跳びの内容が学習指導要領に出てくるが，生徒の技能レベル，器具や用具の安全性などの条件が整っており，さらに生徒が安全で段階的な学び方を身につけているという場合に限り認められている。投擲種目については，まずは道具の特徴を理解させ，

さらに種目の特性や個人の能力を考慮し，適切なスペースを確保することが大切である。教師だけでなく，生徒にもそれぞれの大きな事故につながる危険性を理解させ，試投する際には同一方向とタイミングで統一して投げさせ，投げる際には大きな声を出して投げる意思を回りに伝えること，試投者以外の生徒にも投擲物や投擲方向に視線と意識をもたせること，また，投擲物を拾いに行く際にはすぐに拾いに行くのではなく，試投がすべて終了した段階で一斉に行かせるなど徹底した配慮が必要である。

　陸上競技の種目構成は多岐にわたるので，その専門性を生かしたチームティーチングや教員同士の交流が有効であり，効率の良い授業展開が可能となる。

学習の課題

① 　走動作を重心の移動，足の運び方と接地，腕の振りに着目して，正しい走り方をまとめて説明してください。

② 　陸上競技の内容に示されて種目の，中学生・高校生の全国トップレベルの記録をまとめてください。また，日本記録や世界記録と比較してみよう。

③ 　ハードル走について，(1)スタート，(2)インターバル，(3)ハードリング，(4)フィニッシュに分解し，それぞれの技能をどのように教示するか，生徒の実態に合わせて考えてみよう。

広く学ぶための文献紹介

○小木曽一之他編（2017）『陸上競技の学習指導』道和書院
　陸上競技の基礎となる「走・投・跳」の動きを色々な角度から解説し，動作習得のための練習方法を多数紹介している。
○日本陸上競技連盟編（2022）『陸上競技コーチングブック』大修館書店
　専門的な視点から知識や指導方法を解説している。日本陸上競技連盟の指導者育成指針に即した新しい情報を加味したコーチングテキストである。

5-4　水泳

1　水泳の特性と実践

　水という非日常的な環境の中で行う運動領域である。「命に関わる」「命を自分で守る」という大きな教育的な意義がある領域である。泳がなければ溺れ，学習していなければ泳げないということは，命を落とす危険性があることを生徒に理解させ，水中で身を守るための身体操作技術を獲得する内容となる。

　水泳は，体を浮かし，息継ぎができ，移動ができれば「泳げる」ことになり，個人の技術習得が学習課題である。移動のための浮きながら推進する形に，小学校低学年では「水の中を移動する運動遊び，潜る・浮く運動遊び」，中学年では「浮いて進む運動，もぐる・浮く運動」，高学年で「クロール，平泳ぎ，安全確保につながる運動」と示され，中学校ではこれを元に泳法を身につけ，効果的に泳ぐことができるようにすることが求められる。さらに高等学校では，「背泳ぎとバタフライ」の泳法を追加され，「複数の泳法で長く泳ぐこと，またはリレーをすること」を内容として取り上げ，楽しさや喜びを味わうことができるよう求められている。4つの泳法の中では「クロール」と「平泳ぎ」が基本であり，「クロール」は速く泳ぐために，「平泳ぎ」は長く泳ぐために適した泳法であることを理解させたい。

　水泳は施設面での影響が大きく，全天候型や温水の施設もあるが一般的には夏を中心にした季節に影響される屋外に設置されている学校が多い。また寒冷地などの地域や，新設の学校においてはプールのない学校も存在する（全国のプール設置率は中学校で7割強，高等学校で6割強）。学習指導要領の内容の取り扱いには，「適切な水泳場の確保が困難な場合はこれを取り扱わないことができるが，水泳の事故防止については，必ず取り上げること」と示されている。選択により履修しない生徒もいるので，水難事故防止については保健分野や科目保健の応急処置や，海岸や河川での災害などとの関連を図り，また養護教諭との連携や保健体育科の年間指導計画を作成する上で工夫が必要となる。

　また，幼少期の習い事の中でスポーツに関する種目では水泳が第1位であり（2022年），身近な習い事として注目を浴びていることがよくわかる。そのため学校現場において，幼児期の経験の有無による泳げる泳げないの二極化が，はっきりしているのが特徴ともいえる種目である。泳げない段階は器械運動と同じく克服型の特性を示すが，泳げる段階になると陸上競技のように個人的スポーツとしての技能上達の達成感や仲間との競争による楽しみ方が増えていく。

　さらには，近年のマリンスポーツの発展に伴い，夏場の海や川の自然環境での観光やレクリエーションにとどまらず，各地の娯楽施設や宿泊施設などにおいて水と触れ合う遊具や機会が増えている。生涯にわたって積極的にマリンスポーツや水辺の活動に参加できるようにするためにも，学校教育における水泳の領域は必須であると思われる。個人で行うことができ生涯に渡って継続することができる全身運動であり，健康の維持増進に適した種目として中学校・高等学校期までに親しみやすさを特に感じさせたい。

2　準備・導入期の指導のポイント

　まず水泳の授業導入期には体育教員として多大な準備と気遣いが必要となる。プールをはじめ機械室を含めた水泳場に関する施設すべての清掃や給水作業，浄化槽の点検と塩素消毒の準備など，1年ぶりに使用する場合が多いため，水泳場の始動準備に多くの時間と労力を費やす。計画的な準備を体育科教員全員で行い，管理責任のある事務担当者の協力依頼や予算付け，養護教諭や校医との連携による水質管理など，学校全体で準備しなければならない。

　水泳の指導に入る前のオリエンテーションで，施設の説明として，安全な場所とそうでない場所があることを知らせる必要がある。学校のプールで行う場合には，事前の指導を特に入学年次生には詳細に説明することが大事である。長さ（縦の距離），横の距離，深さとその変化，排水溝の位置，5mラインの説明（背泳ぎ用の5mフラッグ，ターンの目印となる），コース数などを実際にプールに入り，目で見て身体で体験させて確認する。プールのある学校では，利用上の注意事項を事務室関係者や養護教諭との連携を図り，管理者の設定や授業中はもとより，休業中の使用方法，使用時の責任者の所在をはっきりさせて必ず

取り決めを作り，生徒だけでなく職員にも周知徹底を図ると共に，プール入り口にはその注意事項が書かれた看板などを設置しなければならない。特に学校開放をしている場合には必須である。また2007年に改訂された厚生労働省の「遊泳用プールの衛生基準」にプールの管理義務基準が示され，使用者数から水質などの塩素濃度，水温，気温などをプール日誌（3年間保存）として作成するよう指示されている。改めて水泳の授業ルールの徹底，及びプールの保全に努めなければならない。

　泳げる生徒でも特に初回の授業ではグラウンドや体育館で行う領域とは運動特性の違いがあり，距離を泳がなくても水につかること自体に相当なエネルギーを消耗する。高等学校の授業においても正しい入水の仕方からはじめ，水やプールに慣れ親しむ程度に留め，再度水に対しての危険性を認識させて命との関わりを示し，これから始まる水泳の授業への真剣な取り組みを期待し，心構えを説くことが大切である。また，仲間が大勢いることで事故のリスクが小さくなることはないので注意が必要である。

　毎年ニュースになる水難事故の実態を例にしたり，また水難事故の実に90％は背の立つ場所で起きていると言われ，水中の浮力の関係で人が持つ空間定位に乱れが生じた結果，パニックを起こすことが原因であることを教え，目を開けて潜ることの重要性や水中での立ち方を復習するのがよい。

　次に体調の確認をより念入りに実施することが大切である。睡眠不足，空腹時，食事後や激しい運動直後には長く水に入らないように体調管理を行うこと。また女子の月経時の対応については，養護教諭を含めた保健体育科全体の足並みを授業が始まる前までに揃え，種目を履修選択させた以上は毅然とした態度を示したい。補習授業などの計画も視野に入れ，命を守る目的と合わせて柔軟性・体型・身体組成の面で女子向きの種目であり，水泳の特性をはっきりと理解させた上で積極的に取り組ませたい。

3　泳法指導のポイント

　水泳の段階指導として3段階の指導が一般的である。①浮き身の習得，②呼吸の確保，③各泳法による推進力の獲得となる。そこでこの3段階すべてにお

いて，基本技術である「けのび（蹴伸び）」を意識させると効果的な技術習得が
期待できる。特に初期の浮き身の習得ができたらスタートの指導と並行して，
腕を頭の上で組み体をうつ伏せの体勢で横にし，壁を強く蹴って推進力を作り，
手足を動かさずにどれだけ進むかを体感させる。最も水の抵抗の少ない流線型
の姿勢（ストリームライン）を保つことで推進力が増し，静止するところまで壁
のキックだけで進んで推進距離を覚えさせる。具体的な姿勢として，手先から
つま先まで水面に水平になるよう体を伸ばし切り，耳の後ろを上腕で挟み込む
ようにして腕を組み，片方の手の平をもう一方の手の甲に重ねて親指で締め，
顎を引いて首を伸ばして視線は斜め前方に置く流線型を作る。膝を曲げ壁を強
くキックすることで，はじめは5mラインを越えることを目標にして徐々に10
mを越える距離を目指していきたい。

　どの泳法においても推進している時は，けのびの姿勢で進行方向に体が真っ
直ぐ伸びている状態であることを理解させ，一つひとつのプルやキックによっ
て得られた推進力をストリームラインで確保し時間をキープできるか，特に長
い距離を泳ぐ際に重要となる。けのびとは実践的，専門的にはグライドの状態
（両手または片手で進行方向に入水し，腕を伸ばし遠くの水をキャッチしようとする状
態）やグライドしている時間をさす。練習では1，2秒間をキープさせる。そ
のためには力感や速く手足を動かし過ぎることは逆にマイナスとなる。この時
はエネルギーを使っていない状態となるので，リラックスできていることがポ
イントになる。水に乗る泳法の習得が速く泳ぐよりも大切なことを教えたい。
そのためにはまずはゆっくり長く泳ぐことが基本であることを理解させる。こ
れが泳力の基礎となり，次に速く泳ぐ段階に進んでいく。速く泳ぐことによっ
て，力みが生じたりフォームを崩したりしないようにして速さを競う楽しみを
味わえるよう進めていきたい。

　指導者がプールに入って指導するのと，入らないで全体を監視観察しながら
指導することの是非は議論が分かれるところだが，場面に応じた指導が答えで
あろう。水泳初心者においては，遊びながらの体を浮かせたり，水中で目を開
ける練習や呼吸の仕方などでは一緒に水に入ってビート板を使ったり，泳いで
いる生徒の手足を誘導しながら補助して指導することが望ましい。ある程度泳
ぎが習得できた生徒を指導するには泳ぎの運動を全身的に手足の調和（コンビ

ネーション）として捉えたり，タイム測定の支援をしながら指導するほうが効果的であり，プールサイドからの指導位置がベターであろう。また，生徒たちに手本を見させる観察指導においては指導者が行うのではなく，できる生徒を手本にして，指導者が解説をしながら上から見させたほうが理解しやすい場合がある。例えば，クロールでの腕の入水角度や水中でプッシュする位置と抜き手の動かし方，足のビートの打ち方，平泳ぎのかえる足でのキック，ターン時の膝の抱えるタイミングなどは，生徒全員をプールサイドにあげて観察するほうがイメージしやすい。人間は視界に入ってこない自分の動作には意識が行きにくいのが普通である。ましてや水中で非日常的な運動をして，定位姿勢が変化しているのでは尚更である。その他，観察者を水中にもぐらせて横から見させるのもいい。水中でのけのび姿勢，平泳ぎのスタート時の浮き上がりに入るワンプル・ワンキックのタイミング，バタフライでの頭や上半身が水没する深さなどを立体的に見させることは他者の運動を観察する点でも効果的である。

　施設の整っている学校で行われることが多い水泳大会や記録会，学年ごとのクラス対抗競技会などを開催することは，他者の運動観察から発展させた好事例である。多様な楽しみ方や企画や運営に応じた行動の仕方を考えさせ，皆が楽しめるルールを設定させて創意工夫することは学習効果が高く，３観点からの目標達成にもつながる。

　水難事故に備えた護身術の指導として，水中で身を守るための身体操作技術である着衣での泳法（着衣泳）の特徴を知り体験することを推奨する。ジャージの長袖長ズボンを準備させて４泳法を試し，平泳ぎが最も適した命を守る泳法であることを理解させ，水中で脱いだ服は浮き袋にもなることを教授する。浮いて救助を待つ背浮きや立ち泳ぎ，横泳ぎの方法も学習として取り組ませたい。

4　指導上の留意点

　安全対策とも重複するが，生徒の体調管理を万全にすることである。季節柄，生徒は開放的な気分になりやすい。水中だけでなくプールサイドでの悪ふざけや入水時の方法など，興奮を抑えさせて指導することが大切である。また，バ

ディーシステムを活用し生徒自らが安全面に寄与する態度を育てることも導入期の意識付けとして有効である。

　夏季であっても雨天時などの気象条件により気温が下がる日も多く，水温との関係も含めて身体への影響は大きい。水温が22度以下であると生理機能が約40％低下すると言われており，当然学習効果も期待できない。文部科学省の基準では23度以上であることが望ましく，水温と気温との差は水温が若干低くても気温が高ければ不快感は少なく，反対に水温が高くても気温が低ければ快適ではない。

　最近の気候変動は激しく，情報化社会の中で科学的なデータとして蓄積されている。連日30度を優に超える真夏の炎天下での水泳授業の場合は熱中症対策も必要となる。外気温の上昇に加えて運動を行うことで，自律神経のバランスが崩れ体温調整機能が間に合わない例が増加している。直射日光を遮るテントなどを準備したり，水分補給の準備や授業後の補給指示，更衣室の環境などにも気を配らなければならない。常に対象者の日常の健康管理を徹底し，学年，能力，水温と気温，学習内容などを考慮して，プール日誌などを活用してデータを集め，学校独自に安全で正しい判断をすることが大切である。

　特に男子で体脂肪の少ない筋肉質な体格の生徒に多いが，水温や気温が低めの時に寒さに対する耐性が弱く震えを発生する場合があるので，この場合はプールからあげ直ちに保温に努めることである。

　生徒にとって水泳は運動量が多く，体への負担も大きい種目であることを常に認識して，決して無理をさせてはならない。自己の泳力に応じて適切な内容や距離を泳がせることが大切である。一つの方法として複数の授業集団を一斉に行い，習熟度別授業とチームティーチングによる学習形態を作るのは教える側の工夫としてたいへん効果的であり一考したい。また授業後の着替える時間の確保や次の授業への配慮も必要である。

　水泳が苦手な生徒もおり，病気や月経などを理由に消極的な態度を示す者も多い。生徒理解の一環として人間関係を構築しながら，また全体指導と個人指導の調和を図りながら，生徒全員が納得した授業規律を周知した上で，関心や意欲をもたせた態度を養育したい。

　スタートについては高等学校入学時の次の年次以降からの内容となるが，事

表5-3　保健体育の授業時におけるプールでの負傷・疾病件数と割合

保健体育	全体	プール	割合		理科	全体
小学校	31393	732	2.3%		小学校	405
中学校	27365	560	2.0%		中学校	18
高等学校	17217	197	1.1%		高等学校	4

出所：日本スポーツ振興センターの資料より作成。

故防止の観点から原則として水中からのスタートを取り扱うものとして学習指導要領にも示されている。飛び込みについては「段階的な指導を行うとともに安全を十分に確保すること」が求められており，事故防止の上でも生徒のスタート時や入水時での行動には目を光らせる必要がある。以下，事例を挙げて解説する。

　独立行政法人日本スポーツ振興センターが刊行する学校管理下の災害［令和4年版］の保健体育の授業時における場所別の負傷・疾病の件数をもとに全体の件数とプールの件数および割合を表5-3に示した。全体からみると小学校・中学校・高等学校ともに2.3%と少ないように感じるが，授業の回数や他の科目（理科）での負傷・疾病の発生と比べると少ないといえるものではないということが分かる。

　また，学校における水泳事故防止必携（独立行政法人日本スポーツ振興センター）より，水泳中における障害事故の発生をみると，飛び込み（スタート）が13件（45%），泳いでいてが10件（35%），転倒が2件（7%），衝突が1件（7%）などとなっている。競泳の競技規則では，背泳ぎ以外はスタート台から飛び込みによる開始であるものの，授業においては飛び込み方式によるスタートではなく，水中からのスタートを行うことを推奨する。飛び込みによるスタートは，初心者だけでなく熟練者においても発生するものであり（図5-3），教育現場でのプールは，溺水防止を優先した浅いものが多く，授業時における水深などプールの状態を踏まえた場合，競泳のように飛び込むことは，非常に危険を伴うものとなってしまうのである。同じ入水角度を正確に繰り返して行うことは，熟練したトップ選手でも難しく，水深2～3mのプールとは異なり水深が浅い学校のプールでは，安全な飛び込みスタートの指導は不可能であるといえる。

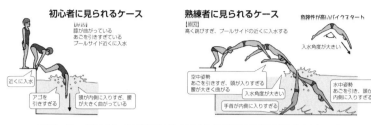

図 5 - 3　初心者・熟練者にみられる飛び込みでの危険なスタート

出所：文部科学省（2014）より抜粋。

　スタートにおける指導は，各泳法に適した準備の姿勢をとり，スタートの合図で力強く蹴って抵抗の少ない姿勢をとらせることが重要であり，特に，スタート時の高さは意識させず，準備姿勢・動作の開始・泳法開始を一連した動きで行うことを指導することが重要であり，技能が向上して段階的な指導を行うにしても，水中→座位→（プールサイドで）しゃがんだ姿勢までを挑戦させる指導で十分であり，段階を進めることより段階ごとで確実に技術を習得させ，生徒の体力や技能の程度に応じて安全面を優先させることが大切である。

学習の課題

① 　クロールのキックで，推進力が増す方法を説明してください。

② 　平泳ぎのキックで，正しい泳法（カエル足）にならない "あおり足" で泳ぐ生徒が多数見受けられます。これを修正するためにはどのように教えますか。

③ 　背泳ぎでお尻が沈んでしまい，うまく泳げない生徒がいます。どのように指導しますか。

④ 　バタフライ泳法の初心者に対して，段階指導の方法を陥りやすい欠点を明確にして解説してください。

広く学ぶための文献紹介

○『楽しい体育の授業』編集部編（2023）『スキルとネタが全部わかる！　水泳指導大百科集』明治図書出版

　小学生を対象としており水泳領域の基礎を網羅している良書。これまでの授

業実践で積み重ねた水泳指導のノウハウが多く紹介されている。

○永瀬功二（2016）『ペア・グループの力でみんな泳げる！　水泳指導アイデア事典（体育科授業サポート BOOKS)』明治図書出版

　スイミングスクールと学校の水泳の授業との違いを，ペアワークやグループワークなどを活用し皆で学び合えることをテーマとして，筆者の小学校教育実践をもとに泳ぎの得意な子も苦手な子も楽しく泳げるようになる指導のアイデアを紹介している。

○合屋十四秋（2018）『水泳水中運動のカラクリとその指導　科学的エビデンスにもとづくティーチングメソッド』インプレス R&D；PDF 版

　競泳の技術解説にとどまらず，指導方法や水泳，水中運動の科学的知見も盛り込んでいる。実技と理論の整合をわかりやすく解説している。

5-5　球技

1　球技全般について

　球技は「ゴール型」,「ネット型」,「ベースボール型」の３つから構成され，ボールを介し個人やチームの能力に応じた作戦で勝敗を競うことに楽しさや喜びを味わうことのできる運動である。また，大勢の生徒が一斉に楽しむことができ，運動量の確保が充足される領域である。日本においてもサッカーやバスケットボールは競技人口が最も多い人気スポーツと言われており，メディアの露出も多いため生徒の興味や関心も高く，部活動を介して専門的に行っている生徒の割合も多い。

　取り扱うことのできる種目は多くあるが，学習指導要領の主旨としては，まず球技を一つの括りとして考え，①「ボール操作や用具の操作」（バットなどの道具を使ってのボール操作）と，②「ボールを持たない時の動き」（攻守を含む）に分類し，球技としての共通項を示し，他の種目を将来実践するにおいても，生徒がわかりやすく理解できるようにしている。その上に③「戦術に関する知識や状況判断力の習得」となり，集団と集団，個人と個人で勝敗を競う楽しさ

や喜びを味わうことができ，より高いレベルでの活動が可能となる。

　また，3つの構成内においても各種目を単独で教えるのではなく，より類似した種目の共通した特性や特徴を系統的に身につけるという視点から整理されているので，教師は以上のまとまりの趣旨を理解した上で指導することが重要である。内容の取り扱いとして，中学1，2年次では，3つの型全てを履修させ，中学3年次と高校入学年次では，2つの型を履修できるようにし，それ以降の年次では，3つの型のうち一つを履修できるようにすることとなっている。

　安全面については授業中のボールを含め，道具の管理は特に注意し大きな怪我につながらないよう危険回避を常に意識したい。ボールかごを利用し，練習ごとに散らばっているボールを片づけさせることや必要な数のボールを用意すること，バットやラケットを振る動きの周辺把握やネットの設置方法，また球技には球拾いという片付けの時間があり，ボールや道具は公共物であることを教え，ルール遵守とフェアプレーの精神と併せ，社会の一員としての大きな公徳を身につけさせたい。

2　ゴール型スポーツについて

　種目はバスケットボールやサッカー，ハンドボール，ラグビーが主たるもので，他にはアメリカンフットボールやホッケー，アイスホッケー，ラクロス，タグラグビー，アルティメットなどが挙げられる。中学校ではバスケットボール，サッカー，ハンドボールから選択になっており，一般のルールに至るためにルールやコート，形式を工夫したゲームへのアプローチを期待している。習得したい技能は状況に応じたボール操作と安定性，空間を埋める・空間に走り込む・ゴール前へ侵入しての攻防へと向上させる展開になっている。高等学校からはラグビーが追加されている。

　特性はドリブルやパスなどの安定したボール操作で相手コートに侵入しシュートを放ったりトライをすることで，一定時間内に相手チームより多くの得点を競い合うゲームである。攻守入り混じってエリアを縦横無尽に動き回るゲームであることから，その攻守が一瞬にして入れ替わるので，ラリー（トランジション）による運動量の確保とルーズボールの処理が勝敗の鍵を握る。よ

って，アウトナンバー方式で楽しくラリーを楽しむ教材作りをしたい。

　武道領域と球技のゴール型スポーツにおいて共通するのは身体接触が多いことが挙げられる。これは選択履修の一つの条件になっている。身体接触については安全性確保の面からも正しく教えなければならない。また，攻防の中での接触はルール上反則とも深い関係があるので，ルールを理解する上でも重要な教材となる。具体的な方法としては，基本的に球技は一対一で対峙する場面が単数，あるいは複数存在することで成り立っている。よって，ボールを介して相手を背中にすることが一対一で勝利することになるので，体の面を利用し手や腕で自分の体をプロテクトしたり，走って回り込んだりして，半身の姿勢をうまく使いながら，相手の勢いを止めステップワークやターンを生かして競り合い，一つのボールをジャンプして奪い合うことで，動きながら相手との接触を求め攻防する楽しさを味わわせたい。

　得点を競うので，見ている者も含めて攻めだけに意識が行きがちであるが，制限時間の半分は守備の時間であるので，勝つための戦術や状況判断としての習得を守備側に着目してその技術評価を高めることも可能である。

　球技はハビット（habit）スポーツといわれるように，ボール操作技術の向上はすぐには見られない。しかしボール操作を行う上で，大事なのはボールを受ける前の状況判断ができているかどうかである。ボールを持っていない時の動きにも関係するが，いかに自分のマークマンや守備側の選手のねらいや位置，スペースを掌握し，その守備の後ろの空間やコート全体を把握し，移り変わる空間を的確に攻めるための状況判断は，ボール操作よりも習慣化しやすい。空間を攻めるには場面により移り変わる空間を瞬間に見つけなければならない。そのためのビジョンが重要であり，これにより予測するという手段が可能となってくる。ボールの操作とボールを持たない時の動きは分離しているのではなく，その接続に技能向上の視点が存在する。

　チーム技術としては，攻撃側ではチームで攻めるためにつないで助ける，カバーして助ける，拾って助ける，相手の邪魔をして助けるなどがある。守備側ではチームで守るために声をかけて助ける，マークを変わって助ける，複数で守って助けるなど，攻守全員が動き続けることやゴールと相手に反応し続けることを意識させ，媒体となる一個のボールの動きに常に意味を持たせた動きを

考えさせることが目標となる。

3　ネット型スポーツについて

　種目はバレーボールやテニス，卓球，バドミントンが主たるもので，他には
スカッシュ，インディアカなどが挙げられる。習得したい技能は状況に応じた
ボール操作や安定した道具の操作と連携した動きによって空間を作り出して攻
防を展開することとなっている。

　主たる種目となるバレーボールでは，自チームでボールに3回触れる間に効
果的な攻撃につながる役割や連携を楽しむ運動として良い教材であるが，ボー
ル操作技術習得の難しさやコート内の人数が多くボールに触れる回数が少ない
などの課題から，最近はテニスやバドミントンで授業展開している学校が増え
ている。

　バレーボールにおいては，その課題克服のためのボール，コート，ネット，
人数を技術段階に応じて変化させ，新しいルールを作る工夫を行い，易しく取
り組める条件付きゲームの開発や研究が盛んに行なわれているので参考にした
い。仲間と共にボールをつなぎ連携した動きを求められている。ボール操作と
しては人間の敏感な指先を使うオーバーハンドパスをすることがコントロール
しやすいが，ボールの重さやスピードに恐怖感を覚え，アンダーハンドでボー
ルに触れようとする生徒が初心者に多く見受けられる。ボール競技の大事な視
点の一つに，触れたボールを次にどこに運びたいのかが重要になる。ボールか
ら身を守るための防御意識として触れたり，とにかく触らなければならないと
いった，次への意識がないとボールをコントロールしたことにならない。大き
な球技特性の一つであり，すべてのボール操作ではこれを生徒に伝える必要が
ある。

　特性はコート上でネットをはさんで相対し，体や道具を操作してボールを空
いている場所に返し，一定の得点に早く到達することを競い合うゲームである。
戦術的課題としては，分離されたコートの向こう側にいる相手に対して，ボー
ルをコントロールさせないように攻撃し，自分のコートの空間を守ることであ
る。チャンスボールからのセッターの役割を起点に3段攻撃ができるようにな

ると競技性が高まってくる。また自チームでのボールのつなぎにおいては，役割を固定することで状況判断がしやすくなるが，できるだけ色々なポジションを経験させ，役割を交代しなければならない場合もあることを伝え，よりゲームに近い場面を考えながら，経験者がボールを独占することのないよう皆が一つのボールに反応し，ボールに触れる楽しさを求めたい。

　最近ではリベロ制が採用され，サーブやスパイクを打たないディフェンシブな役割として，低身長の選手でもチームに貢献でき粘り強くボールを拾う縁の下の力持ち的存在が注目され，レシーバー役はもとよりリーダーシップを担ったり，ゲームコントロールへの影響も大きい。

　テニス，卓球，バドミントンのような１回で返球する種目では，返球後直ちにコートの中央に戻る動きを中学校段階で学んでいる。よって次の段階としては，道具（ラケット）によるボールコントロールの習得とストロークのラリーやハイクリアといった相手コートを深く返球することにより，力任せでなく長くラリーを楽しむことで技術の習得が図られる。しかし，ラケット操作の習得には時間がかかる生徒も存在する。テニスやバドミントンにおいて，とくに空振りをしてしまうケースはグリップの位置とラケットの当てたい面の間を通過する場合が多い。よって，それぞれの持ち手（手の位置）からのスイートスポットへの距離感を覚えさせることが大切となる。また，ラケットの面を正確に作るには基本となるフォアハンドの場合，手のひらを広げてボールを面で捉えさせ，ラケットの面と手のひらの面が同じになることで入射角と90度の面を正確に導き，柔らかく返球を繰り返し，徐々に体勢を半身に構えて振り切ることによるボールへのスピンや強度のある返球へとつなげたい。スイートスポットにボールがフィットすれば，手や腕の抵抗が少なく返球が可能になることを体感させたい。

　天候に関係なく比較的狭いコートで，人数も捌け球拾いも簡単で，かつ運動量も多いバドミントンを履修選択する学校が多い。頭上でできるだけ手首と肩甲骨を使ってシャトルを打ち，相手の後ろのスペースへ打ち込むハイクリアの習得ができるとレベル向上につながる。生徒はラケットと腕を一緒に振り回す傾向がみられるが，シャトルは叩くイメージで，相手のコートに高くゆっくり落ちて相手が打つまでの時間を稼ぎ，次の守備体勢に直ちに戻るための必須の

技術となる。

4　ベースボール型スポーツについて

　種目はソフトボールが中心であり，野球，クリケット，キックベースボールなどが挙げられる。習得したい技能は状況に応じたバット操作と走塁での攻撃，安定したボール操作と状況に応じた守備等によって効能を展開することとなっている。

　特性は体やバット等の操作と走塁での攻撃，ボール操作と定位置での守備などによって，攻守を規則的に交代しながら一定の回数内で相手チームより多くの得点を競い合うゲームである。

　2008年の学習指導要領の改訂で選択制授業の実施に伴い，中学校にソフトボールが位置付けられた。教育現場での取り組み方の情報は少なく，今後研究がなされていく種目である。野球としては日本伝統の種目であり，WBCでの世界一は記憶に新しい。またオリンピックや世界選手権大会にて優勝を遂げた女子ソフトボールチームの活躍も見られ，チーム数も増え女子のスポーツとしても関心が高まっている。

　授業作りの点からは，基本的な動きの要素は投・捕・打・走でボールを使った遊びの要素から技術習得が可能であろう。これは小学校段階との連携が重要であると思われる。ゲームという観点においてはキックベースボール，トライアングルベースボール，満塁ゲームなどの課題ゲームを中学校で扱い，一般ルールに至る前のわかりやすい簡易化されたゲームで工夫して行う学校が多い。高等学校では生涯スポーツを鑑みて，一般ルールに則ったゲーム展開が求められる。

　ベースボール型はその特性上，ゴール型スポーツの一瞬の判断とは違う比較的長い時間での判断と意思決定が常に行われている。打者と投手との関係，カウントによる戦術の変化や守備位置の変化，走者との対応，犠打の可能性など，1球ごとの投球により様々な局面に変化する。意思決定の正確性やさらに考えられる場面を想定した指導が成されると良い。場面を止めて解説したり，視聴覚教材を用いての戦術についての知識を高めたい。また，魅力となる進塁やそ

の阻止との競り合いによるタイミングを図る面白さも存在する。チームの駆け引きに関係する難しい学習と考えられるが，発達段階に応じてその保障をしていきたい。そのためには，投手と打者だけの関係性を見るだけでなく，グラウンド全体の守備体型や走者の能力などを頭に入れる指導をしてゲームの様相に結びつく配慮を心掛けたい。

　最後に導入期にあたり，球技の中でも野球やソフトボールのボールは小さくて硬い。よってグローブがあってもボールが怖い，当たったら痛いという印象が拭えない。またバットも重たい上に，ボールとの接触面が小さくスイートスポットに当てる難しさと打球の予測などがつきにくいための恐怖感が存在する。安全・安心に行うための技術の緩和や用具の選択は大切なポイントである。

　また，男女共修で行うことも模索したい。男子側の条件を制限し，誰もが安全にお互いに気を遣いながらできるルール設定をして，できる者ができない者や力の弱い者を支援しながらゲームを進行することで，一人ひとりの違いに応じたプレイを大切にしようとする態度を養うことができ，その後の生涯スポーツにもつながる。

5　指導上の工夫

　高等学校学習指導要領解説の高等学校の球技は「勝敗を競う楽しさや喜びを味わい，体力の高め方や運動観察の方法などを理解するとともに，作戦に応じた技能で仲間と連携しゲームを展開することができるようにする。その際，攻防などの自己やチームの課題を発見し，合理的な解決に向けて運動の取り組み方を工夫するとともに，自己や仲間の考えたことを他者に伝えることができるようにする。」と示されており，知識における運動観察方法では「ゲームの課題に応じて，練習やゲーム中の技能を観察したり分析したりするには，自己観察や他者観察などの方法があることを理解できるようにする。例えば，各型のゲームの課題に応じて，ボール操作とボールを持たないときの動き並びにそれらに関連したプレイの判断に着目し観察することで，個人やチームの学習課題が明確になり，学習成果を高められることを理解できるようにする」と示されている。

図5-4　タブレットを用いたデータ
記録の風景

　以上のことを踏まえて，教師は積極的に運動観察を行わせてチームごとに発見した課題を達成できるように指導することが重要となってくる。運動観察においては，ビデオカメラや出場していない生徒がゲームを観戦することの他に，タブレットやプリントなどを用いてゲームのデータを記録して，その結果を観察させる方法も有効的なものとなる。休憩している仲間や他のチームにゲームの記録を取ってもらい，その記録されたデータをもとにチームで振り返りながら，自チームの強みや弱みを考えさせ，チームの攻防の特徴をまとめ，自分たちのチーム課題を明確にして課題克服に取り組むことで，ゲーム中での動き方が分かり，動きの工夫ができるようになってくる。

　それとは別に，教師自身が生徒のゲームの撮影を行ったり，データの記録を収集して，そこから得られた結果をもとに練習ドリルや簡易ゲームを作成し，意図的に練習課題を組み込み段階的に導入するなど，生徒の技術レベルの実態を踏まえ，単元計画を作成することも重要となってくる。ただ漠然とゲームを観たり，やみくもにデータを記録するのではなく，具体的・意図的にプレーの種類，コートやピッチの位置などを記録して，そこからチームまたはプレーヤーがそれぞれのプレーやボールに対する動きなどの特性を把握することが重要となる。

　図5-5は，サッカーのゲーム分析（市谷他，2015）に用いられたプレー事象とコートの地域区分である。予め期待や予想されるプレー事象を決めたうえで授業でのゲームを撮影し，ゲーム中で発揮された全プレー事象の出現数，全プ

1	シュート	11	ファール	21	パス
2	ヘディングシュート	12	キーパーキャッチ	22	ドリブル
3	ボレーシュート	13	キーパーパンチング	23	その他
4	オーバーヘッドシュート	14	オフサイド		
5	PK	15	キーパースロー		
6	間接フリーキック	16	センタリング		
7	直接フリーキック	17	ボールカット		
8	コーナーキック	18	選手交代		
9	ゴールキック	19	イエローカード		
10	スローイン	20	レッドカード		

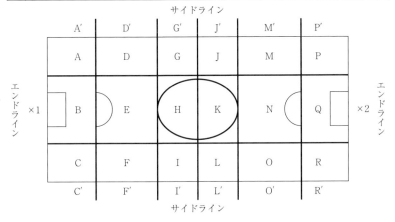

図5-5　プレー事象とコートの区分

出所：市谷他（2015）より抜粋。

レーの合計をもとに対象とする（指導したい）プレー事象の出現率，シュートの出現数を算出すると，ただシュートの確率などの結果だけを考えるのではなく，プレーの出現や有効的な技術に着目した分析が可能となる。また，コートも全体でとらえるのではなく，エンドラインとサイドラインを踏まえてコートの分割を行って地域区分を設定すると，シュートの多く打たれる地域や成功率が高い地域などが理解でき，ボールやプレーヤーの移動や位置情報も把握することが可能となる。教師は，指導する生徒に適した「教えたい技術」を決定する際に，試しのゲームで発揮されたプレー事象を参考にして技術の選定を行っ

たり，共通してゲーム中に発揮されて高い確率で成功した動きを練習ドリルに取り入れ，有効と考えられる基本的集団攻撃を明らかにすることができるものである。これらのゲーム分析手法を取り入れることで，授業における形成的評価を進めるための資料としても役立つものと考えられる。

6　指導上の留意点

　球技領域の種目は相手を含め，仲間と共に協力し合う集団的要素を含むものである。ルールを守りフェアプレイなどマナーを守り，仲間や相手を尊重し，生涯にわたって馴染みやすい球技を通してお互いに助け合い高め合おうとする人間性の向上に期待できる領域である。チームプレイを通じて課題解決を図り，他者の意見を傾聴し合意形成に貢献しようとする態度を養うことができる。

　よって，評価の観点からも他者との交流を積極的に行わせる指導が大切である。

　またボールを持っている者へ教員も生徒も視点が行きがちであるが，競技力向上や指導力向上には，ボールを持っていない時の動きをいかに教え評価するかが重要である。

　ボールという媒体を通して行うので，ボールというものの扱いに注意する必要がある。ボールの安全管理では，特にバレーボールのネットの下をボールが転がることの危険性を考慮したい。スパイク練習の際にはボールが動く方向性を定めることが大切でボール拾いをする生徒の体制を必ず指導しなければならない。同様に試合を行う際，ネット近辺でネットや相手との接触が起こることを予測し指導しなければならない。スパイクでトスが乱れた時のネットタッチやパッシングセンターラインのルール上の反則はネット下の着地した足場の密集による怪我につながることが多い。分習によるブロックやスパイクの練習の際にネットには人が触れてはいけないことと併せ，危険が伴うのでネットを意識させた練習が必要である。ジャンプによる身体バランスが不十分な生徒は特に多く見かけられる。卓球やバドミントンにおいても，踏んでしまえばつぶれてしまうボールやシャトルなので，公共物としての取り扱いにも気を使わせたい。活動の効率性が不十分になってはならないが，必要な数のボールを適切に

使いまわす指示が必要であり，一つひとつの練習の移り変わりにはボールかごにボールを片付ける習慣をつけたい。大きなボールを扱うバスケットボールやバレーボールでは，蹴ったり椅子代わりに腰掛けたりする生徒が見られるので併せて注意したい。

　全領域の中で最も道具を使用し数量も多いことから，安全面の考慮からその道具の管理やネットなどの片づけやボール拾いの時間を考慮し，マネジメントの時間を極力短くする必要がある。ボールがグラウンドの隅などに転がっていることのないようにしたいものである。また体育の授業の備品と部活動での備品とのすみ分けも事前にしておかなければならない。なかでもバットは凶器にもなり得るので，素振りの練習や打撃練習時での周辺の安全確認や打撃後のバットを置く指示は必ず指導が必要である。キャッチャーの位置とプロテクターなどの道具の完備にも留意したい。

学習の課題

①　サッカーで，関接フリーキックと直接フリーキックになる反則行為の種類とその後の再開について指導してください。
②　サッカーで，オフサイドを整理して言葉で解説してください。
③　バスケットボールで，スリーポイントからシュートが届かない生徒がいます。どのように挑戦させますか。
④　バドミントンで，ダブルスの試合の進め方を教えてください。

広く学ぶための文献紹介

○岩田靖（2016）『ボール運動の教材を創る——ゲームの魅力をクローズアップする授業づくりの探究』大修館書店
　幅広い球技領域の授業を実践するためのヒントとなる教材や基本的な考え方が多く収録されている。なかでも教材づくりに主眼を置き，具体的な教材例や授業展開例，基礎となる投捕技術や道具操作などを提示している。

5-6　　武道

1　武道と人間教育

　自衛の術から始まり千年以上の歴史と伝統を有し，日本固有スポーツである武道は，小学校では扱わない領域であり，かつ中学校・高等学校では男女共修に指定されているので，導入期では多くの準備を強いられる。領域の中では，球技のゴール型と共に身体接触が伴う種目である。特に武道は1対1に組み合って，相手と直接的に攻防する運動の特徴を持つので，身体発達の差が激しい時期においては，安全面に特に注意を払わなければならない。因みに授業で取り扱っている種目は全国の中学校において2011年からの統計推移で60〜67％が柔道，30〜37％が剣道，3％前後で相撲となっている。

　全ての日本武道には「礼に始まり，礼に終わる」という言葉がある。これは，日本古来の文化的思想に由来するものであり，相手に敬意をはらうという心を形に表した「礼」を大切にする武道の修練の中心を貫く言葉である。武道においては，稽古で対峙する相手は決して敵ではなく，相手がいるからこそ自分を磨くことができる貴重な存在であるという考え方がある。「礼を尽くす」とは，自分のことよりも相手を優先させ，相手のことに思いを馳せることが大切であるということを意味する。相手に敬意を払い，相手の立場に立った立ち居振る舞いが人としての在り様の上で重要なことだとされている。

　また，現代社会においても「礼」のこころは人間関係を豊かにする上でも重要なことである。相手のことを大切に思う気持ち，つまり，「礼儀」は相手の心の扉を開ける第一歩となり，他人のためになることを自己の行動哲学に据えることによって感謝の気持ちを育むことになる。筆者は，多くの日本語の中でも「ありがとう」の言葉が最も美しい言葉であるように思う。このように相手の存在そのものに敬意を払い，自分を律する謙虚な気持ちを鍛えるという武道の精神が学校教育，特に保健体育科の教育に大いに活かされて子どもたちが豊かな人間力，豊かなこころを身につけて育っていくことを願っている。

2　礼法について

　伝統的文化としての礼法は，武道において身につけなくてはならない精神であり，それと共に日本人としての固有の作法であり，日常生活や他のすべての教育活動においても位置付け，活用する必要がある教材である。「礼に始まり礼に終わる」という言葉の通り，礼法指導として形式だけに留まらず，その意義を十分に解説して生徒に理解させたい。そこにはまず，対人的な運動という特性から相手との関わりを通して，以下の４つがある。

　　①相手と正しく向き合うこと（対面・体で向かい合う）

　　②相手の目をしっかり見ること（視線を合わす）

　　③心をこめて相手に礼をすること（尊敬の念）

　　④相手と息を合わせること（互いの呼吸・間）

　これらは武道を学ぶ態度として学習指導要領に示された内容と，技能に直接的に関与するものでもある。正座や長座，蹲踞（そんきょ）といった武道独特な姿勢の意味を知り，授業の開始時と終了時には必ず呼吸と道着を整え，上半身をまっすぐに正した正座黙想の姿勢で，静かに目を閉じ心を落ち着かせる。そして，本時の授業ではどんなことを試そうかと考えを整理しながら授業への心構えを作り，また終了時には本時の振り返りを行い，次回への課題を整理させる。最後に深く座礼をして終える。このような一連の礼法は生徒たちの落ち着きのある態度が養成され，次に行われる他の教科担当者からも好評を得ることになる。

　また，個人集団の所有物を問わず，道着のたたみ方としまい方や防具，武具の片付け方なども，武道の作法として併せて指導したい。導入時だけの指導に留まることなく，技の基本動作同様，授業単元すべてを通して繰り返し行い指導すべき観点であり，また身の回りの物の管理や整理整頓は生きる上で必要なマナーであり，日常生活のしつけとして落とし込みたい。これらは，評価観点の態度に相当するものであり，相手を尊重し礼儀を守ることと併せ，自らを律する克己の心を養うことができる。

表5-4　武道の授業における種目

	柔道	剣道	相撲	空手道	なぎなた	弓道	合気道	少林寺拳法	銃剣道	その他
学校数	5,964	3,418	364	324	93	36	58	52	5	36
割合	63.12%	36.17%	3.85%	3.43%	0.98%	0.38%	0.61%	0.55%	0.05%	0.38%

※割合の母数は「武道の授業を実施する中学校の数」

出所：「令和元年度武道指導に関する状況調査」から抜粋。

3　柔道と教育的意義

　平成20年3月の中学校学習指導要領改訂で武道が必修になることが明記され，武道は学年ごとに選択となっていた中学校保健体育科では，平成24年度から完全実施がなされている。この武道必修化の経緯のひとつとしては，平成18年12月の教育基本法改正があげられ，教育の目標に「伝統と文化を尊重し，それらをはぐくんできた我が国と郷土を愛するとともに，他国を尊重し，国際社会の平和と発展に寄与する態度を養うこと」という文言が新たに規定されたことにある。このことより，武道を学ぶということは，各種目の特有な基本動作や技を習得し，相手との攻防によって勝敗などを競い合う運動であるが，武道を学ぶことで「礼」などの伝統的な考え方などを理解することが最も重要視されるものであるといえる。藤堂（2015）は，武道の指導に当たっては対人技術の習得とともに，人間形成を図るという武道の特性から，相手を敬い克己の心を表す礼法が重んじられるとし，柔道における指導の内容を「伝統的行動の仕方」という視点より，学校教育における武道の役割について述べている。教師は勝敗ではなく，相手を敬う態度がはぐくむ環境を設定しなければならない。

　武道では，柔道・剣道・相撲のほか学校や地域の実態に応じて，空手道，なぎなた，弓道，合気道，少林寺拳法，銃剣道の9種目について履修させることができる。表5-4は，スポーツ庁政策課学校体育室が全国の国公私立中学校を対象に行った「令和元年度武道指導に関する状況調査」からの種目別結果を抜粋したものである。表より，他の種目に比べて柔道が圧倒的に多いことが分かる。この結果は柔道が施設面や用具の費用面などで実施しやすい種目であ

図5-6　カラー柔道衣

るということが考えられる。また，柔道はオリンピックなどをはじめ多くの者に認識されており，イメージしやすい種目であることも考えられる。しかしながら，教師は「柔道」と「JUDO」の違いを理解しておく必要がある。本来の柔道は，勝利を目指すという競技スポーツとは異なるものであり，テレビなどで見られるJUDOと授業で取り扱われる柔道とは違うものとなる。柔道は1882年に嘉納治五郎により教育を目的として創設されたものであるが，世界中で柔道が親しまれるようになり，国際大会などを経てルールや技の変更が行われ，現在のJUDOは元々の柔道とは別物といえるものとなっている。柔道衣は長く厚くなり，伝統的な白色だけでなく色がついた柔道衣（カラー柔道衣，図5-6）が生まれ，抑え込み時間の短縮やゴールデンスコア方式が導入され，畳もビニール製となり，道場にはタイマーやトレーニングマシーンなどが設置されるようになった。これらは，近代スポーツと同様に合理性の追求や利便性またはメディア的な戦略などが影響しており，柔道とJUDOの相違は，まさしく柔道のスポーツ化によるものと理解をしておく必要がある。指導に当たる教師が，武道（柔道）がなぜ「必修化」されたのかを含めて柔道の存在意義を理解し，授業に取り組んでもらいたい。

　体育に「武道」が導入された根本的な考えは，「礼法」を通して，「心」を指導することである。授業においては，JUDOのように相手を敬わずにガッツポーズをしたり，反則を取りにいったりするような「勝利」にこだわらず，しっかりとした規律のある環境下で，各種目を通して「心」を教え，仲間や相手に敬意を払う姿勢・態度を育てることが大切である。これらを繰り返し指導す

ることで，技の上達とともに人間性が向上するものと考える。

4　剣道と教育的意義

　剣道は「日本の伝統文化である」といわれている。時代の移り変わりや社会構造の変化によって考え方や価値観に変化が生じるものであるが，日本の歴史の中でどのような時代にあっても，ゆるぎない心根をもって精進することが剣の道として受け継がれてきたことは，日本の伝統たる所以である。1975（昭和50）年3月20日に制定された剣道の理念は「剣の理法の修練による人間形成の道である」（全日本剣道連盟，1975）と定められている。その中で修練するものの心構えとして「剣道を正しく真剣に学び心身を錬磨して旺盛なる気力を養い，剣道の特性を通じて礼節を尊び，信義を重んじ誠を尽して常に自己の修養に努め，以って国家社会を愛して広く人類の平和繁栄に寄与せんとするものである」（全日本剣道連盟，1975）と記されている。

　このように「心身を錬磨し」「礼節を尊び」「信義を重んじ」「誠を尽くして」などが具体的に列挙され，剣道という道を歩む者の心構えとして示されている。このことは人を育てるという教育の営みにおいて大いに活用すべき手段であり，これからの時代がどのように変化しようとも人間教育の要諦とすべきであると考えられる。

　また，「千日の稽古をもって鍛となし，万日の稽古をもって錬となす」という宮本武蔵の言葉があるように，剣道はその修練の道は長く，地道にこつこつと積み重ねることに価値があり，その結果として見えてくる景色が違ってくるものであると伝えられている。

　剣道は他の競技スポーツのように「タイム」や「得点」といった明確な結果を伴うものではない。相手を打ち抜くか，相手から打ち抜かれるかという「一本」にこだわり，その上で，勝負の中に「品性」や「美しさ」といったことにこだわる「伝統文化」である。剣道の試合において「一本」を取った直後に「ガッツポーズ」をすれば，すぐさま「一本」が取り消される。これは「ガッツポーズ」という行為が，相手に敬意を払わない恥ずべき行為としてみなされ指導されるのである。まずは相手と竹刀を交える場を与えていただいたことに

感謝し，その上で叩いていただいた相手に，また，叩かせていただいた相手に
「ありがとうございます」という感謝の心を表現する所作に「人としての美し
さ」，つまり「美徳がある」と考えられている。このような日本古来の伝統を
基盤とした特性を持つ剣道などの武道を学ぶことで，生徒には他人を敬う心で
ある「敬意」を中心に置き，人の「美しさ」と「強さ」を育むことができると
いう学習を保健体育科教育において大いに活用すべきだと考えている。

5　技能指導のポイント

　基本動作や基本となる正しい技の習得が学習指導要領にも示されている。相
手との接触を伴いながらの組み，投げ，打ち，突き，抑え，絞め，蹴り，関節
をとるなどの技術習得が求められる。そこで，基本動作や基本となる技は約束
稽古として，どちらか一方の単独の練習から相対する段階へと進む。最終的に
は試合を行いながら興味や関心を高めることになるが，その移行期における技
の基本練習と相手と攻防する試合へとつなぐ間の指導が難しく，工夫の必要性
を指摘されている。換言すれば，技の習得だけでは試合に発展しにくいという
ことである。力で技をかける場合も当然あるが，試合を行うには技だけでなく，
相手（人間）が存在する種目に共通する技に入る前の「力みのないかけひき」
が必要である。それには相手との間（空間や距離），つまり「間合い」の支配が
重要になる。柔道に例をとれば，引いて寄せたり押したり，または左右の動き
や斜めに捻ったりするなど，相手の体の崩しの理解と，それに伴う体さばきや
足さばきによる重心移動や隙を見せない動作，予備動作におけるタイミングを
合わせたり，タイミングをはずしたりする攻防の間，静から動に移る一瞬の間，
先手の対応と後手の対応など，これらのつなぎの動作や視点がなければ技はか
からない。リラックスした組み方の指導も技の習得と同様に大切な要素であり，
学習指導要領に示される「相手の多様な動きに応じる」に関連する。そして，
最終的にこれらを通じてきれのある得意技の習得が可能になってくる。
　武道は，易しい→難しい・遅い→速い・低い→高い・弱い→強い・その場→
移動・基本→応用・単数→複数・単独→相対と安全性を兼ねた指導段階の原則
が明確な点も特徴であり，教師が工夫する視点となり得る。特に柔道において

必須となる受け身の習得では，お互いが片方の膝をつけた低い姿勢で試合形式まで発展できる寝技を活用し，立ち技や高い位置からの受け身習得に入る前の教材として，技を楽しく学べ，運動量も確保でき，前段階的な要素が多数組み込まれているといえる。武道共修化に伴い，寝技からの導入や護身術の一つとして低い位置からの回転運動としての受け身の習得は，初心者や女子の指導で興味づけや意識づけが可能となる。

6　指導上の留意点

　相手がいて成立する種目であり，かつ組み合うので，格闘と勘違いする生徒が存在する。格闘ではなく，一定のルールに従ったスポーツであることを十分に理解させ，対人的技能を競い合うために存在しなくてはならない相手を敬いながら，安全に行う種目であることを認識させたい。勝敗の結果や勝利の喜びを求めるだけでなく，伝統的な武道として行動様式を身につけることが大切である。そのためには，礼法も技もその意義や成り立ち，構造や特性を理解させることが必要である。

　素手や素足で行うので，冬場での室温の低下や畳表面や床の冷たさや痛みは，生徒の意欲低下につながるので注意したい。また，生徒の感想から武道の悪い印象は「きつい，きたない，いたい」の3点である。特に柔道は全身運動であり，筋力・持久力・柔軟性・巧緻性と総合的な能力が要求され，常に相手の体重や動きを感じながら隙を見せないように技を掛け合うので，緊張感があり，かつ達成感のある汗をかける反面「きつい」と感じさせる。習熟度に合わせた適切な内容と時間設定や反復回数に注意が必要である。「きたない」という点では，特に中学校において道着や防具の個人使用ができない場合があり，着まわしや着けまわしで授業が行なわれていることが多い。汗やカビによる臭いの発生もあり，できる限り清潔に保つことは衛生上大切である。また，柔道における畳の定期的な消毒や道場のほこりや髪の毛の清掃，手足の指の爪きりなどの指導が安全上必要であり，養護教諭や種目の部活動が存在すれば，それらと連携を図りながら対処すると良い。また，適切な畳の選定やマット，防具などの工夫で，動き方や技能の習熟度に合わせた対応により，武道ならではの楽し

さを伝えることと共に，受身の不十分さや剣道の打突の痛みと併せて「いたい」の対策を考えていきたい。

学習の課題

① 　武道における女子指導の導入のポイントをまとめてみましょう。
② 　「柔よく剛を制す」という言葉の由来から，かけひきを説明してください。
③ 　柔道の連絡技や返し技の指導ポイントをまとめて，具体例を挙げてみよう。
④ 　剣道四段が剣道八段に試合で勝つことはあるでしょうか。

広く学ぶための文献紹介

○小俣幸嗣（2012）『初心者から指導者まで使える武道の教科書［柔道・剣道・相撲]』成美堂出版

　学習指導要領に則り，武道領域の主たる種目である３種目をまとめ，生徒の興味を引き出し楽しく安全に技を習得するノウハウが詰まっている。種目別では，『まったく新しい柔道の寝技の教科書』（矢嵜，2022），『剣道──伝統的武道の心と技を学ぼう！（中学生と指導者のための武道・体育シリーズ）』（馬場，2009）などが新しい理論をわかりやすく解説している。

5-7　ダンス

1　表現とダンスの特性

　人間は生まれた瞬間から快・不快の感情をはじめとして，表現する能力を兼ね備えている。男女問わず幼児の行動を観察すると，基礎的行動欲求の中に動的な欲求が含まれていることがよくわかる。

　表現の仕方は千差万別で，国や地域が違えばその伝達方法は大きく変わり，中には同じ表現でも反対を意味する場合も見受けられる。そのような人間としての原始的で素朴な身体表現を，さらに前段階の純粋な心の状態を示す顔の表情を合わせて，身体表現していく学習は他の領域とは違った特性を持ち合わせ

ている。

　人間が成長するにつれ，表現の方法も複雑になっていく。そして，大人になり社会の一員としてその環境を知ることで，思考との重なり合いで一度は表現する力を隠すこともある。表現は個性であり，自己表現能力として生きる上で大切な素養であり，それに美意識や創造力を加えた芸術的要素の高い領域といえる。また，多様な動きの連続やグループで表現を合わせるために，協力性や責任感などの社会生活に必要な態度も養うことができ，学習指導要領の方向性にも合致した，今後ますます求められる興味深い領域であるといえる。

　小学校低学年の「表現リズム遊び」から，小学校中・高学年の「表現運動」を介して，中学校・高等学校では「ダンス」と領域名称が変化し，平成24年度から中学校1，2学年で男女完全必修として位置づけられた。小学校低・中学年では，全身を使って決められた題材になりきって体を躍らせる表現の遊びをねらいとし，高学年では題材のイメージをより膨らませて多様にとらえ，その中で特徴を誇張して踊るという変化をつけ，「はじめ―なか―おわり」の3段構成でひとまとまりとして終結することをねらいとして学習してきている。

　それを基盤に中学校では，イメージを捉えたり深めたりする表現や伝承されてきた踊り，リズムに乗って全身で踊ることや，これらの踊りを通した交流や発表ができるようにすることが求められている。高等学校ではさらに感情を込めて踊ったり，仲間と自由に踊ったりすることで，自己や仲間の課題を解決したり多様な楽しさや喜びを味わい，それぞれ特有の表現や踊りを身につけて交流や発表をすることに発展している。具体的には，「創作ダンス」や「フォークダンス」，「現代的なリズムのダンス」の3種類が設定されており，以下のようなねらいを持つ。

　「創作ダンス」は，様々な題材をもとに自由に想像を働かせて体で表現したり，仲間と表現を工夫しあったり，互いに見せ合う活動を行う。

　「フォークダンス」は，人々に受け継がれてきた踊りを，その文化や民族，地域の生活との関わりに着目しながら，仲間と一緒に踊る楽しさを体感する。

　「現代的なリズムのダンス」は，弾むリズムに乗って全身で踊り，仲間と気持ちを一つにして躍動感をもって楽しんで踊る。

2　指導の内容とポイント

「創作ダンス」は表現したいイメージや思いになりきって踊ることがポイントとなる。個人やグループの思いをいかに明確に工夫して表現するか，緩急や強弱，動と静の組み合わせによる動きのメリハリ，時間の間や動きの誇張による変化をつけて「はじめ―なか―おわり」の３段階のまとまりを求めながら作品として完成させる。集団による表現として密集と拡散，隊形の変化，左右の対称性，高低の力技などにより，テーマの表現方法に幅が広がることになる。そして，最終的に二つとない個性あふれる創作演技の完成による達成感と，お互いが鑑賞し認め合う態度を育成していく。

初期段階ではゆっくりとした基本動作を体ほぐし運動と関連づけて，心と体の準備を高めながら行うと効果的である。８×８カウントで教師が色々な題材やテーマを設定して導き，最後にチームでポーズを決めさせフィニッシュする。即興的な表現でも踊ることができる喜びを味わわせながら進めていくと良い。

比較を求めるならば，同じテーマや同じ音源やテーマ，イメージによって喜怒哀楽を表現させることで，生徒たちのイメージの違いがわかりやすく演技全体の評価をしやすくなる。また，旋律の同じ小節やはじまりのいくつかの小節は元振りとして共通の基本的な踊りを決めておき，一定期間元振りを練習することで，ウォーミングアップや授業の導入として活用でき，復習しながらイメージを膨らませることができる。次にグループで創作する時間を与えて，次小節から自由な創作に入っていく方法なども可能であり，配当時間を配慮しながら工夫された活動になっていく。音源以外にも教材として「もの（小道具）」の活用や日常生活や身近な他領域のスポーツの種類，誰もが知る映画や物語など，多様なテーマを設定したり人数制限を行うことで，親近感を感じさせたり群れや集団といったダイナミックな演技構成が可能となる。

「フォークダンス」は日本や外国の伝承された踊りを身につけ，皆で一緒に踊って交流することがポイントである。基本的には単調な動きが連続する民謡やフォークダンスが多いので，一曲通して踊ることや，踊りの背景や動きの特徴，動作の意味を理解しながら踊ることで，その地に生まれた味わいながら踊

ることが大切である。視聴覚教材などを有効利用して踊りの背景にある文化的情景や，踊りが発祥した国や地域の地理的・歴史的条件，文化や民族の特徴などを理解させながら実体験をすることで教育効果が深まっていく。社会科の授業とのリンクや地域のお祭り，お年寄りとの交流などにより，発表の場を開拓できれば楽しさも倍増する。さらに楽器や小道具を準備できれば，尚一層の興味や関心が湧くであろう。

　心と体のリフレッシュで体育嫌いをなくすには，格好の面白い種目である。交流の観点から簡単なスキルによって会場全体の一体感を醸成でき，老若男女問わずその場にいる者の全員ができるようになる特性を持ち合わせ，ダンス領域の導入として，カウントを打ちながらリズム感を身につけるには最適である。

　2008年の学習指導要領により，国際化の波に対応するために日本の誇るべき文化を後世に伝え，世界を知るためにはまず日本の文化を知るという意味においても，民謡や日本の地域伝承の踊りは今後注目を浴びる教材であると思われる。円や一重二重の輪を作って踊ったり，隊列を作り踊りながら進んだりする体形の変化や，男女で異なる踊り方，服装や笠を想定させたり，歌や掛け声をつけて元気よく楽しく踊りを楽しみたい。外国のフォークダンスでは音楽に合わせたステップを覚えること，パートナーチェンジや仲間との手の組み方の違いを楽しむことができ，ゲーム的要素のある盛り上がるダンスとなっている。ジェンカ（フィンランド）やマイム・マイム（イスラエル）などの定番のフォークダンスは，学年を問わず色々な教育現場や林間学校などの野外教育の機会にも使え，職場に出てからも心の開放や人間関係構築に活用でき，また列や輪を作りながらのアイスブレーキングにも行いやすく価値が高い。

　フォークダンスにおける日本の民謡と外国のフォークダンスの具体的な曲名を挙げておく（表5-5）。

表5-5　フォークダンスの曲名の例

校種	日本の民踊	外国のフォークダンス
主に小学校	（北海道・東北）ソーラン節，津軽じょんがら節 （関東）八木節，東京音頭 （中部・近畿）春駒，河内音頭，ちゃっきり節 （中四国）阿波踊り （九州）エイサー，炭坑節 など	（一重円）キンダーポルカ（ドイツ），タタロチカ（ロシア），マイム・マイム（イスラエル） （二重円）アパット・アパット（フィリピン），エース・オブ・ダイヤモンド（デンマーク），コロブチカ（ロシア） （特徴的な隊形）グスタフス・スコール（スウェーデン），ジェンカ（フィンランド），トロイカ（ロシア） など
主に中学校	（北海道・東北）北海盆唄，秋田音頭，花笠音頭，大漁唄い込み （関東）日光和楽踊り，秩父音頭，こまづくり唄 （中部・近畿）浜おけさ，越中おわら節，木曽節，げんげんばらばら，串本節 （中四国）貝殻節，金毘羅船船，キンニャモニャ，よさこい鳴子踊り （九州）おてもやん，のんのこ節，鹿児島おはら節 など	（一重円）オスローワルツ（イギリス），ハーモニカ（イスラエル），ラ・クカラーチャ（メキシコ） （二重円）オクラホマ・ミクサー（アメリカ），ドードレブスカ・ポルカ（チェコ），パティケーク・ポルカ（アメリカ），ヒンキー・ディンキー・パーリ・ブー（アメリカ） （特徴的な隊形）バージニア・リール（アメリカ），リトルマン・イン・ナ・フィックス（デンマーク） など
主に高校	（北海道・東北）さんさ踊り，西馬音内盆踊り （中部・近畿）佐渡おけさ （中四国）安来節 （九州）米原長者くどき唄 など	（一重円）ダス・フェンスター（ドイツ），ミザルー（ギリシャ） （二重円）アレクサンドロフスカ（ロシア），タンゴ・ミクサー（アメリカ），ポロネーズ（ポーランド） （特徴的な隊形）トゥ・トゥール（デンマーク），ボサノバ（アメリカ），マン・イン・ザ・ヘイ（ドイツ） など

出所：文部科学省（2018）。

「現代的なリズムのダンス」はロックやヒップホップなどの現代的なリズムに乗って自由に仲間と関わって踊り，その踊りそのものを楽しむのがポイントである。フォークダンスや創作ダンスの枠を拡大し，スポーツとしての要素が大きくなる。体全身で躍動感あふれる動きが求められ，音楽のリズムに乗って誰でもできる動き（手拍子や足拍子，跳ぶ，蹴る，捻るなど）の連続を組み合わせたり，逆に意図的に動きを崩していく変化を求められる。運動量も多いので，技能差や関心の差がでやすいダンスである。

　導入は音楽を用いないで少しビートの速いリズム遊びから始めて，徐々に少しずつ音楽を取り入れ，軽快にリズムの乗ることに慣れていくとよい。選曲も

時代の流行に合った曲を生徒と一緒に考えたい。インパクトのあるヒップホッ
プ系の音源の方が踊りやすい。また，それを組み合わせてテンポや曲調に変化
のある音源を取り上げて，生徒の動きに変化を生み出しやすい選曲を心掛けた
い。そして，苦手な生徒には楽しさとともに授業後の爽快感を与えたい。

　作品として創作したダンスや身につけた踊りは，他者へ見せる場があって成
り立つものである。ダンスに共通したテーマである発表会の企画運営について
も，発表の場を作ることで関心や意欲が高まり，各集団を超えた連携や協力が
必要となってくる。個人やグループ内，また授業集団内だけに留まらず，学年
全体での発表会や体育大会など学校全体での発表の場を作ることによって，よ
り意義が高まり盛り上がることになるだろう。

3　指導上の留意点

　全員必修，男女共修とされ，特に男子生徒への関心や苦手な生徒への意欲の
求め方，指導方法についての研究が盛んに行われている。男子は成長期におけ
る身体能力が急激に高まる時期でもあり，表現の中で高さや力強さを生かした
スケールの大きな創作が可能となる。授業集団やグループの雰囲気を気遣いな
がら取り組ませたい。また，グループ作りにおいては個から小集団，そして大
集団へと技術習得の段階に応じて変化していくようになるが，座学とは違い仲
間同士での関わり方が密になるので，日頃の人間関係を含めて多角的に配慮し，
グループの均等化を図ることが大切である。

　ダンスは音や音楽を有効に活用できる学習である。全体の音響設備のチェッ
クやグループごとのアンプ機材など，適切な音源の選考と数量を確保し，計画
的な準備を進めなければならない。フォークダンス以外の音楽は，映画やゲー
ムのサウンドトラックなど，生徒たちに興味がある耳につく音楽の選定をする
と効果的である。リズムを刻む工夫として，導入時には笛よりもリズムを取り
やすい手拍子の活用や，声で回数を刻むよりも太鼓の活用など，種目の特性に
応じて使い分けるとよい。また，身近に使っている小道具や簡単な楽器などの
活用も生徒の興味関心を高めることができる。これらも周到な準備の上で活用
してみたい。

　どのスポーツや体育の授業の中においても，教員や生徒たち参加者全員がやってはいけないこととして，他者の動きや表現を見て嘲笑することである。ダンスに対するマイナスの思考が作られることで感情表現が乏しくなり，意欲の低下につながるからである。導入時の指導項目として忘れてはならない。

　年配の男性教員にとっては，子ども時代には音楽に乗せて人前で自己表現することは社会的にも受け入れられておらず，ダンスはこれまでに扱ってこなかった領域でもある。必修化に伴い各地でそれらを対象とした研修会が行われてその対応が図られている。積極的に参加してダンスの特性を理解し，実際の面白さや指導技術の習得に励むと同時に，指導者がダンス未経験であっても，生徒の前で生き生きと楽しそうに全身で体を動かし表現している姿を見せれば，自ずと一緒にやろうという雰囲気や表現に対する探究心が生まれてくる。上手い下手は関係なく，まずは指導者自らが心身を解放し，よい手本となることがよりよい授業への第一歩である。しかしながら，専門性が高い領域であることも事実である。授業集団を大きくしてチームティーチングで工夫してみるのもおもしろい。

　日本の教育の歴史的背景から学習指導要領は男子向きの内容になっている傾向があるのは仕方がないことだが，基本的に生涯にわたって運動を継続するという大命題においては，男女問わず共に運動をしていく態度を身につけることが重要である。ダンスというこれまでは唯一女子向きの学習内容が男女共修となったことで，この領域の教育的な価値を高めていくチャンスであるといえる。

4　領域ダンスの現状と指導の工夫

　ダンスは，平成10年の学習指導要領改訂において，「創作ダンス」，「フォークダンス」に加えて「現代的なリズムのダンス」が新たに導入され，「集団活動や身体表現などを通じてコミュニケーション能力を育成する」という基本方針（文部科学省，2010）より必修科目として組み込まれることになった。「創作ダンス」，「フォークダンス」，「現代的なリズムのダンス」より種目を選択するものであるが，大阪市の中学校におけるダンス授業の現状，および学習指導要領が目指す指導目的の達成状況についての報告（北島他，2018）では，創作ダ

ンス（30％），現代的なリズムのダンス（28％），フォークダンス・日本の民踊（24％）という結果となっており，学習指導要領に記されている「創作ダンス」「現代的なリズムのダンス」「フォークダンス」の3種目は，施設面や指導面において差はなく，ある一つの種目に偏ることはなく実施されているといえる。

　3つの種目の一つである「現代的なリズムのダンス」は，誤解されやすい種目となっている。本来の定義は「ロックやヒップホップなど，現代的なリズムに乗って自由に弾んで踊る」という活動であるものの，振り付けを覚えるという活動となっているケースが多く，どれだけ正確な振り付けで踊るかということが目標になり，「自由な発想で創作を行い，その表現を高め深める」といった重要な要素が充足していないと感じられる。

　このような振り付けを覚える授業では，運動が苦手な生徒は「うまく踊れないかもしれない」という不安を抱いてしまうが，教師は「うまく踊る」がゴールではなく，基本的なステップや身体を動かすコツを指導し，「ダンスが楽しい！」「これならできる！」と感じさせることが重要となってくる。

　また，前述した音源以外の「もの（小道具）」を活用した学習指導は非常に効果が出やすいものとされている。以下は，中学校の「創作ダンス」における多様なテーマと題材や動きの例示を，学習指導要領解説より抜粋したものであるが，これまで多くの「もの」を使った指導実践がなされてきている。

多様なテーマと題材や動きの例示（学習指導要領解説より抜粋）
［第1学年及び第2学年］
　Ｅもの（小道具）を使う（新聞紙，布，ゴム　など）
　　・ものを何かに見立ててイメージをふくらませ，変化のある簡単なひとまとまりの表現にして踊ったり，場面の転換に変化を付けて表現したりすること。

［第3学年］
　Ｅもの（小道具）を使う（椅子，楽器，ロープ，傘　など）
　　・「椅子」では，椅子にのぼる，座る，隠れる，横たわる，運ぶなどの動きを繰り返して，「もの」との関わり方に着目して表現すること。

　過去20年間における「ものを使った表現」の実践事例の報告（中島・村田，

2012）において303件の実践が抽出でき，新聞紙（205件），布（60件），ゴム（34件）が多く使われており，指導者は「ものを使うことによる動きの広がり」が最も大きなねらいとするものであった。「もの」を使った表現は，大きかったり小さかったり，伸びたり縮んだりと使われる「もの」の特性を活用することで，生徒の表現に広がりが増すといえる。

　「もの」を利用することによって，「からだ」を使うことが苦手な生徒のダンスへの心理的圧迫を軽減させ，多様な動きを発生させることが可能となり，教師にとっても学習指導がやりやすく効果的な学習となる。是非ともダンスの授業では生徒に適した「音源」とともに「もの」を使った指導を取り入れてもらいたい。

学習の課題

① 　グループ活動において，常に受け身でリーダーシップが取れない生徒への声掛けはどのようにしますか。
② 　創造性の乏しい生徒や，アウトプットができない生徒に対して，どのような働きかけをしますか。
③ 　ダンス領域の評価については，現場の先生方からに特に多い質問や相談事項である。3観点からより多角的に考えてみよう。

広く学ぶための文献紹介

○全国ダンス・表現運動授業研究会編（2021）『改訂版 明日からトライ！ ダンスの授業 動画付き』大修館書店
　学習指導要領に対応した中学生を対象にしたダンス領域の必修化に伴った改訂版。表現活動は教科書のない表現運動を画像で紹介している。

5-8　体育理論

1　体育理論の位置づけ

　2008年の学習指導要領の改訂に伴い，中学校・高等学校で必修化された領域は「体つくり運動」と「体育理論」であり，重点がおかれている。従前中学校では「体育に関する知識」としていた名称を高等学校と統一して「体育理論」となり，学習内容の明確化と体系化が行われた。その配当時間は中学校で各学年 3 時間以上，高等学校で各学年 6 時間以上と定められている。

　体育やスポーツの知的側面を軽視する固定観念は，残念ながら社会にいまだ残っているのが現状である。それを払拭するためにも，スポーツは運動ならではの楽しさから人類が健康で豊かに生きていくためにかけがえのない文化であり，さらにそれが基盤として深く広く浸透していかなければならない。人生100年時代といわれるなか，生涯学習と並行して生涯スポーツへつなげ，豊かなスポーツライフの実現に向けた教育を体育分野や科目体育，保健分野と科目保健と関連させながら資質・能力を育成することが時代の流れのなかで求められている。そこで，文化としてのスポーツを紐解き生徒に伝えることで，これからの新しいスポーツ文化の創造の担い手として発展させ，つなげていく先導となりたい。

　体育理論を教えるにあたり，日本だけでなく世界の動きも含めて歴史的背景を知り，スポーツの意義を理解させることが必須である。また現在における最先端の科学的知識を深め，スポーツの効果的な方法論を知り実践することで，将来に通じる心身ともに健康な生活を支える一要素として捉えたい。体育やスポーツは行うことだけではなく，「する」，「見る」，「支える」，「知る」といった観点からいつでもどこでも関わることができることを伝えたい。

2　体育理論の内容

　中学校・高等学校に共通した内容としては，「それぞれの学習期に応じた運動やスポーツの合理的な実践」と，「生涯にわたる豊かなスポーツライフを送る上で必要となる科学的知識」を身につけることの二点が中心である。高等学校ではより計画的な実践やライフステージ（生涯の各段階）やライフスタイル（生き方や暮らし方）に応じたスポーツとの関わり方を思考するよう求められている。

　まず，中学校では以下の3観点に内容を精査し構成されている。保健分野との兼ね合いを含め，運動やスポーツの心身の発達に及ぼす好影響を再確認し，一つの文化としてスポーツの特徴と重要性やかかわり方を説いている。

①運動やスポーツの多様性（中学校1・2年生）

　単に体を動かす行動欲求による楽しさから発生し，生活習慣病対策としての健康維持の必要性や競技に応じて自らの力を発揮する楽しさへ発展してきたこと。「する」，「見る」，「支える」，「知る」などの多様なかかわり方があること。スポーツ基本法から現代におけるスポーツの理念に触れること。それぞれの運動や種目には特有の面白さや技術，戦術などの独自性があり，その習得にも一定の法則があること。

②運動やスポーツの意義や効果と学び方や安全な行い方（中学校1・2年生）

　身体的な発達や効果と併せて，目には見えない精神的な成長やストレス解消などの心理的な効果があること。ルールやマナーの存在があることを認め，人間関係の向上を図れると共に，社会性を育むことができること。発達段階や自己力量や体調，行うことの目的に合わせて適切な選択を行い，健康・安全に留意すること。発達段階に応じた体力や技能の維持向上，食生活の改善やストレス対応など心身両面への効果が期待できること。

③文化としてのスポーツの意義（中学校3年生）

　スポーツは文化的な生活を営み，より良く生きていくための手段であること。オリンピックやパラリンピックをはじめとする世界規模においての取り組みが積極的になされ，国際親善や世界平和の役割を果たしていること。民族や国，人種や性，障害の違いなどを超えて人々を結びつけることができること。

　高等学校では以下のように，さらに深く広くスポーツを取り巻く現状を過去・現在と見つめ，そして，未来において自らのスポーツライフの形成にどのように生かしていくか，生涯にわたってのスポーツ理論の構築を図り，実践していく態度を説いている。

---

①スポーツの文化的特性や現代のスポーツの発展

　スポーツとしての文化を過去・現在に区分し，時代と共に理念やルール，用具や技術戦術が変容してきたことを知り，グローバル化する中で諸外国の取り組みにも着目すると共に，スポーツ産業として成長し経済的効果を生み出してきていること。また，ドーピングのようなマイナス面も現われてきていること。スポーツは経済的波及効果があり，スポーツ産業が経済に大きな影響を及ぼしていることから，インテグリティーや倫理観，人間性が社会の中で注目を浴びていること。スポーツの実践を通して，環境や社会にもたらす影響から多様性の理解（ダイバーシティ）や持続可能な社会（SDG's）の実現に向けて責任ある行動が求められていること。

②運動やスポーツの効果的な学習の仕方

　各種目における技術や技能習得には，発達に応じた段階的な練習方法があることを知り，技術と体力の関連はもちろん，精神面との関連も図ること（心技体の相互関連）。また適切な負荷や頻度が技術習得には必要なことや道具の改良やメディアの発達に伴い変化していること。スポーツを行う際には気象条件や練習頻度や疲労度など，命への影響や怪我につながる危険を予知回避する必要があること。

③豊かなスポーツライフの設計の仕方

　これまでの学習を生かし，将来に向けてライフステージに応じたスポーツによる楽しみ方を模索できる力を養い，スポーツ振興として支える立場の取り組みを理解し，社会の中で継続したスポーツ環境づくりを目指し，責任ある行動をとること。生涯スポーツの観点から仕事と生活の調和を図り，社会の動きである働き方改革と照らし，運動の機会を生み出す工夫をすること。スポーツ推進では，活動する施設や組織などの多くの人々の支援や協力により成立するもので，次代の担い手への継承を視野に入れること。

　また，中学校・高等学校共通して，運動に関する領域との関連で指導することが効果的な内容については，各運動に関する領域の「知識」，「思考力，判断力，表現力等」で扱うこととしている。よって，「体育理論」のすべてを各運動に関する領域で指導することはできない。定められた時間確保の中で，一つ

の独立した領域として設定されているのである。

　保健分野や科目保健の教科書に記載されている体育編が体育理論の具体的な内容となるが，授業はもちろん運動部活動の生徒には必要最低限の内容であり，直接的に指導方法などへ活用が可能で，困った時の対応もできるマニュアルでもある。保健体育科の教員に限らず，運動部顧問教師においても一読し，保健体育に関する総合的な学習として活用して欲しい。

3　指導のポイント

　体育理論はスポーツ文化の総合的な理論学習と言い換えることができる。よって，体育分野と科目体育の各領域と保健分野と科目保健との関連を図り，各領域を個別でなくスポーツの共通したテーマの内容やまとまりとして学習していくことが効果的になる。

　評価の観点は保健分野や科目保健と同様に，座学としての立場から「知識」，「思考・判断・表現」，「主体的に学習に取り組む態度」の3観点から評価する。特に体育理論では，他の領域の特性や成り立ち，技術名称や習得方法などの知識について，各領域の「知識及び技能」，「思考力，判断力，表現力等」と関連させて学習することで，さらに深い知識の重要性を実感できるようにすることがねらいである。

　指導方法としての例を挙げると，言葉の意味に着目し，スポーツの発祥である「遊び」，広義の意味において全身の筋肉を動かす「運動」，生活習慣病予防や肥満防止などの目的を重視した健康のための「運動」，ルールや決まりや活動場所が自由で制限のない「運動」，楽しさや知識を与える意味において教育観が強くなる「体育」，ルールが存在し記録や順位，勝敗を争う競技技術向上のための「スポーツ」といった類似する言葉の比較から導入し，日本独特な学校体育の根強さや運動の必要性，取り組み方を自らの環境と照らし合わせ，そこに生涯スポーツとしての観点を加えることで目的意識が高められる。

　その他のテーマとしては，各競技のルールの変遷とその理由，扱う競技の日本と諸外国との実態の違い，トップアスリートのプロフィール，チームスポーツにおける戦術について，日本のプロスポーツの実態，スポーツ解説の読み解

き，用具や道具の発展，ドーピングの現状，パラリンピックの発展と現状や
ルールについて，スポーツ新聞の熟読から学校内のスポーツ新聞の作成や発行，
歩数計やスピードガン，血圧計などのスポーツや健康に関するデジタル機器の
活用など，スポーツを様々な角度から見つめ，日頃からの疑問や課題を発見す
ることでテーマは見つけやすい。さらに，これらのテーマを自由に選択させた
り，ジャンルを決めて個人研究やグループ研究を行い，ICTや壁新聞などを
活用して成果発表の場や討論を交わす場を設けることで「思考・判断・表現」
の評価にもつながっていく。

　文化としてのスポーツを設定し学習するには，コーチングの分野に触れるの
も良い。スポーツコーチングとして心技体の必要性を説き，3方向の調和がス
ポーツとしての文化の基盤となり人間性の向上につながっていく。現在では多
くの理論が開発され，企業経営や様々なジャンルでの人材育成にもその活用が
広がってきており，知育・徳育・体育という教育の原点からの関連性も高く，
生徒の自己実現のためにも有意義な学習となりえる。教育の目標である"人格
の完成"に直結する題材となる。

　身近な学校体育現場でのテーマとしては，運動部活動が挙げられるだろう。
日頃学校内にいる仲間の活動状況や，部活動顧問や教員への取材によるチーム
や選手の活躍調査，勝つための手段としての対策や分析，監督業の仕事紹介や
苦慮している事柄，また働き方改革にともなう部活動の在り方や，日本におけ
る部活動の発展と効果など，情報を集めやすい環境にあり，学校全体を盛り上
げる契機のひとつにもなる。また，スポーツテストの検証，体育大会（祭）の
新種目の創造，地域のスポーツ有名人の取材などもリストアップできるものと
考えられる。

4　指導上の留意点

　体育理論は学習内容より教室などで実施されることが多く，体育を座学で行
うことに慣れていない生徒にとって，関心が薄くなりやすいのも事実である。
しかし最近では，テレビや新聞，ネットなどでどのスポーツ競技においても，
生徒たちとほぼ同じ年代の日本人選手が積極的に世界で活躍している情報を多

く見聞する。よって，学習としての情報や題目は身近なものでありたいへん多く，メディア情報の視覚教材なども作りやすい。まずは興味関心が高まるようにうまく導入を図りたい。総合的に見たスポーツ全般への関心・意欲・態度を授業で行っている体育と照らし合わせ，課題学習として思考・判断させることで知識・理解を深めることができ，体育理論の目標を評価とも関連づけることが容易であり，また何らかの理由で運動が制限されている生徒への対応も可能である。

　教師は運動欲求の高い生徒の心を静め，将来競技スポーツから少しずつ遠ざかるライフサイクルやライフステージをイメージさせる中で「見る」，「支える」，「知る」こともスポーツに関わる術であることを説き，生徒の興味関心を多角度から求めていきたい。

　体育理論における授業は，教師からの一方的な指導による生徒の学びではなく，生徒自身が体育理論における知識の必要性を認識できるような授業を展開しなければならない。「高等学校学習指導要領（平成30年告示）解説　保健体育編　体育編」では，体育の知識は，意欲，思考力，運動の技能などの源となるものであるとし，知識の大切さを実感できるようにすることが必要であると示されている（文部科学省，2019）。

　布田（2023）は，体育理論で身に付けさせたい知識の必要性を認識できる授業モデルとして体験活動を取り入れた「教えて考えさせる授業」を提案している。この授業実践は基礎編・応用編・まとめ振り返りに分けて授業を三段階の構成で行っており，基礎編で基礎的な知識を理解し，応用編で知識を生かすことができる学習活動を行い，まとめ振り返りでこれまでの学習を振り返るものとなっている（図5-7）。

　動くことが好きな生徒にとって，教室で行われることが多い体育理論は興味や関心が低いものとなりやすく，体育理論の意義や必要性を理解させるための工夫が重要となってくる。教師は，体育理論の授業は教室で行うものという捉え方ではなく，体育理論で身に付けさせたい知識のテーマ内容にあった場所・環境を設定して授業を行い，生徒の活動した体験より学習の振り返りを行えるように「体験学習」を取り入れるべきであるといえる。

　配当時間については前述したが，配当された背景としては「主体的・対話的

図5-7　教えて考えさせる授業の構成

出所：布田（2023）より抜粋。

で深い学び」の実現に向けて，事例などを用いたディスカッションや課題解決学習などを各学校の実態に応じて取り入れるように配慮したものである。よって，この点を考慮し指導計画を作成する必要があり，主に概念的，理念的な知識を中心に取り上げ，指導方法などの工夫により確実に習得させるようにすることが重要となる。また，各領域との関連で指導することが効果的となる内容については，各運動に関する領域で具体的事項を中心に実践的に取り上げ，カリキュラム・マネジメントの視点から，体育理論と運動に関する領域を相互に関連させた学習により，知識の重要性をより実感できるように配慮しなければならない。

学習の課題

① 　オリンピックの発祥を調べてみよう。

② 　日本で開催されたオリンピック（冬季を含め）で，自分の興味のある種目のメダルを獲得した選手の功績をグループで発表してみよう。

③ 　運動部活動の公式戦をビデオ撮影し，グループでプレーの分析をしてみよう。また，分析項目にはどんなものがあるか考えてみよう。

④　日本スポーツ振興センターのホームページから，体育8領域の種目で怪我の多い種目や具体的事例をまとめ，それに対する安全策をディスカッションしてみよう。

⑤　各運動種目の歴史や技術史，ルールの変遷をまとめてみよう。

⑥　学習してきた球技領域のゲーム分析と，その種目の日本代表トップチームや選手の戦術と比較してみよう。

⑦　各学校におけるスポーツテスト大会（体力テスト）のデータを昨年度と比較し，その分析と今後の課題を整理し「スポーツ壁新聞」を作成してみよう。

⑧　ICTやデジタル機器を使って，自分のパフォーマンスを知ろう。（例：歩数計，スピードガン，HD映像遅延装置など）

広く学ぶための文献紹介

○佐藤豊（2011）『楽しい体育理論の授業をつくろう』大修館書店

　　体育理論は必修となり，教養としてのスポーツがクローズアップしてきている。広く体育の学習として，生涯スポーツの礎となる体育理論としての授業像がわかるように，学習内容を紹介し実践事例や評価問題例などをまとめている。

引用・参考文献

馬場崇豪（2015）「学校体育授業で行われる陸上競技種目別の事故発生について―学校事故事例検索データベースより―」『阪南論集　人文・自然科学編』51（2），105-110頁。

独立行政法人日本スポーツ振興センター（2018）「学校における水泳事故防止必携改訂版」https://www.jpnsport.go.jp/anzen/Portals/ 0 /anzen/anzen_school/suiei2018/suiei2018_0.pdf。

江刺幸政（2003）「教材構成への新たな視点…山本貞実実践への検討―「8秒間走」「折り返し持久走」「ねらい幅跳び」の相互関連―」『広島大学大学院教育学研究科紀要』51，411-418頁。

布田健人（2023）「知識の必要性を認識できる体育理論の授業―体験活動を取り入れた「教えて考えさせる授業」を通して―」『神奈川県立総合教育センター長期研究員研究報告』21，61-66頁。

学研教育総合研究所（2022）「幼児の日常生活・学習に関する調査」https://www.gakken.co.jp/kyouikusouken/whitepaper/k202209/chapter7/01.html。

後藤幸弘・上原禎弘編（2012）『内容学と架橋する保健体育科教育論』晃洋出版。

長谷川晃一・黒川隆志・平田佳弘（2017）「学校体育における器械運動実践上の問題

　点に関する調査研究─中学校保健体育教員への面接調査を通して─」『環太平洋大学研究紀要』11，161-170頁。

アンデシュ・ハンセン著，御舩由美子訳（2022）『運動脳』サンマーク出版。

平塚卓也（2020）「学校体育授業における器械運動系種目の障害事故─日本スポーツ振興センター「学校事故事例検索データベース」の分析から─」『環太平洋大学研究紀要』17，149-153頁。

市谷浩一郎・岡秀郎・藤川智彦・大島徹・熊本水頼（2001-3）「ヒトの跳躍動作のロボット工学的解析」精密機構学会春季大会。

市谷浩一郎・岡秀郎・熊本水頼（2001-9）「出力方向の異なる跳躍動作に関する筋電図的研究──下肢二関節筋群の制御機構を中心として」日本体育学会第52回大会。

市谷浩一郎・中村政幸・村上佳司・山本忠志（2015）「サッカーのゲーム分析における攻撃戦術の検討」『大阪電気通信大学人間科学研究』第17号，121-132頁。

公益財団法人日本武道館（2018）「中学校武道必修化に関する実態調査」https://www.nipponbudokan.or.jp/pdf/gakkobudo/budo-survey_201910.pdf。

北島奈津・白井麻子・伊藤美智子（2018）「ダンス指導の現状と問題点に関する報告～大阪市立中学校教員を対象として～」『大阪体育学研究』49，81-88頁。

厚生労働省（2007）「遊泳用プールの衛生基準について」https://www.mhlw.go.jp/bunya/kenkou/seikatsu-eisei01/02.html。

厚生労働省，真田樹義（2022）「運動プログラム作成のための原理原則 - 安全で効果的な運動を行うために」https://www.e-healthnet.mhlw.go.jp/information/exercise/s-04-001.html（2022年12月6日閲覧）。

小山裕史（2008）『小山裕史のウォーキング革命』講談社。

久保哲朗（2018）「都道府県別統計とランキングで見る県民性　都道府県公立中学校プール設置率」https://todo-ran.com/t/kiji/23561。

文部科学省（2010）「財団法人日本武道館資料　資料5」https://www.mext.go.jp/a_menu/sports/rikkoku/detail/1293110.htm。

文部科学省（2010）「学校体育の充実」http://www.mext.go.jp/a_menu/sports/jyujitsu/1221013.htm。

文部科学省（2011）「新学習指導要領に基づく中学校向け「ダンス」リーフレット」https://www.mext.go.jp/a_menu/sports/jyujitsu/1306098.htm。

文部科学省（2012）「学校における体育活動中の事故防止について（報告書　その1）」体育活動中の事故防止に関する調査研究協力者会議。

文部科学省（2014）『学校体育実技指導資料第4集　水泳指導の手引き（三訂版）』東洋館出版社，123-140頁。

文部科学省（2017）『中学校学習指導要領（平成29年告示）解説　保健体育編』。

文部科学省（2018）『高等学校学習指導要領（平成30年告示）解説　保健体育編』。

文部科学省（2021）「公益財団法人日本武道館　武道の歴史・現状・課題　資料13」https://www.mext.go.jp/sports/content/20210513-spt_sseisaku01-000014890_13.pdf。

中島由梨・村田芳子（2012）「ダンス学習における「ものを使った表現」の特性と意義に関する研究―新聞紙を使った指導を中心に―」『日本女子体育連盟学術研究』28，1-16頁。

岡出美則・友添秀則・岩田靖編著（2021）『体育科教育学入門［三訂版］』大修館書店。

大畑昌己（2017）『保健体育指導法（中学校・高等学校）』ERP。

小澤治夫（2010）「体力を高める運動の教材づくり・授業づくり」高橋健夫ほか編『新版　体育科教育学入門』大修館書店。

スポーツ庁政策課学校体育室（2019）「「令和元年度武道指導に関する状況調査」の結果」https://www.pref.osaka.lg.jp/attach/4475/00367327/02tyousa_kekka.pdf。

高田康史・筒井愛知（2017）「岡山県小学校における体つくり運動の実施に関する一考察」『吉備国際大学研究紀要（人文・社会科学系）』27。

髙橋健夫・岡出義則・友添秀則・岩田靖編（2010）『新版　体育科教育学入門』大修館書店。

藤堂良明（2015）「学校教育における武道の役割について」『講道館柔道科学研究会紀要』第15輯，講道館。

第 6 章

保健分野(中学校)・科目保健(高等学校)の指導

　前章までに保健体育科全体の目標や趣旨，要点の解説があった。また「体育」についての詳細も示された。関連してこの章では「保健」について見方・考え方を確認し，学習指導要領に示された 4 つの学習（内容）のまとまりについて，時代の変化や新しい科学的な情報や関係性を交え，具体的な指導事項やその例を示す。より専門的な内容や現代における新情報の一端を掘り下げ関連させることで，内容の中心に留まらず，導入やまとめにも活用できる知識として教員が最低限おさえておかなければならない事項を挙げた。なお，「保健」の見方・考え方は "個人及び社会生活の課題や情報を健康と安全に関する原則や概念に着目し，疾病等のリスクの軽減，QOL の向上，環境づくりと関連づける" とされる。

1　保健の授業とは

　保健体育科教育法は保健体育の教員免許を取得するための教職必修科目である。その中で，学生は保健の模擬授業を座学として経験することになる。保健は学習指導要領に定められる目標に沿って，中学校においては保健体育科の保健分野，高等学校においては保健体育科の科目保健として必修教科に位置づけられている。

　"保健" とは，自他の健康を守り保つための知識を深めてその実践力を高める授業である。柱として，児童生徒にとっての「健康の増進」・「安心・安全」な社会生活を送るための基礎・「命の大切さ」の 3 つを大きなキーワードに置き換えることができる。まずは，現在の自分自身の心身を見つめ，一元論的な考えの元に健康課題の気づきと解決の方向性を求めていく。次に，他者や集団，社会全体における環境的健康を問うことにつなげる。そして，人生100年時代と言われるように生涯にわたって生を全うし，個人の健康管理と社会における

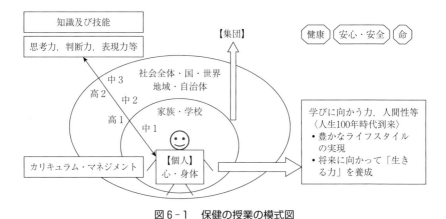

図6-1　保健の授業の模式図

保健システムを知り利活用ができるようにする。このような小中高の学びの継続によって，豊かなライフスタイルを実現するための資質・能力を育成することを学ぶ大切な学問であり，力強く生きるため（生きる力の養成）の真髄とも言い換えることができよう。

　保健の授業は学習指導要領改訂により，体育分野（中学校）や科目体育（高等学校）との横断的な学習を求められている。また養護教諭や学校保健活動との結びつきも強く，さらには学校外の保健指導や安全指導との関連も深い。学習指導要領でも新たに求められているカリキュラム・マネジメントや地域社会に開かれた学校という意味において，学校医や地域保健行政，警察や消防などの新しい情報をキャッチし協働して授業づくりをすることが大切で，その応用範囲は広く深い。ここに保健の見方・考え方との整合性がある。

　戦後からの社会構造の急激な変化により，医療技術の発展や医薬品の進歩，保健衛生環境の改善や労働環境の整備などに伴い，生活が清潔で豊かになった反面，世界的な気候変動や新たな感染症の恐怖，少子高齢化による産業や公的年金制度など社会構造の危機，生活環境が整い物資の豊かさゆえに新たな健康問題が生じ，今後の私たちの生活が脅かされている現状がある。その中で，健康志向や生活習慣の向上による病気などの対策へ社会的な興味関心は高まっているが，健康文化の浸透は低調であり，また健康情報の氾濫は混乱を招き，それに伴う大義的な幸福感の欠如や現状に満足する日本の文化環境に一石を投じ

る上でも，保健の授業は必要，かつ重要な科目であるといえる。

2　保健の目標と内容

　教育基本法の目的から「～心身ともに健康な国民の育成を期して行われなければならない」（教育基本法第1条），学校教育法では「健康，安全で幸福な生活のために必要な習慣を養うとともに，運動を通じて体力を養い，心身の調和を図ること」（学校教育法第21条8）とあり，保健に関連する衣，食，住，情報，産業，職業観，生命尊重，環境保全等についての条項も含まれている。

　保健は中学校で学ぶ保健分野と高等学校で学ぶ科目保健で成り立っており，中高の学習指導要領解説保健体育編ではそれぞれ約20ページを割いて大枠が示されている。その中で目標が表6-1，表6-2のように黒枠内に示されている。

表6-1　保健分野（中学校）：目標

(1)　個人生活における健康・安全について理解するとともに，基本的な技能を身に付けるようにする。 (2)　健康についての自他の課題を発見し，よりよい解決に向けて思考し判断するとともに，他者に伝える力を養う。 (3)　生涯を通じて心身の健康の保持増進を目指し，明るく豊かな生活を営む態度を養う。

出所：文部科学省（2017）。

表6-2　科目保健（高等学校）：目標

保健の見方・考え方を働かせ，合理的，計画的な解決に向けた学習過程を通して，生涯を通じて人々が自らの健康や環境を適切に管理し，改善していくための資質・能力を次のとおり育成する。 (1)　個人及び社会生活における健康・安全について理解を深めるとともに，技能を身につけるようにする。 (2)　健康についての自他や社会の課題を発見し，合理的，計画的な解決に向けて思考し判断するとともに，目的や状況に応じて他者に伝える力を養う。 (3)　生涯を通じて自他の健康の保持増進やそれを支える環境づくりを目指し，明るく豊かで活力ある生活を営む態度を養う。

出所：文部科学省（2018）。

　育成を目指す資質・能力としての目標の三本柱は「(1)知識，または知識及び技能・(2)思考力，判断力，表現力等・(3)学びに向かう力，人間性等」にそれぞ

れ対応している。

　約10年ごとに改定される学習指導要領の変遷を理解し，新しい教育観である目標と評価の３観点や「主体的・対話的で深い学び」としての新しい学習観を軸に，健康教育を保健の科学的な新情報を身近な例と合わせて指導していかなければならない。豊富な教材を科学的根拠に基づいて指導計画を作成し，不易なものと変化や進化するものを見極め，単純な知識の伝達に留まらないように努める必要がある。生徒はSNSの発展による情報の感受性が高く，教員側だけでなく生徒の課題解決に伴う情報の取捨選択や情報のリテラシーを並行して教えることも大切である。

　併せて学習内容（詳細は後述）が示されている。それぞれの単元学習と関連，発展させながら，新たに移り変わる健康課題に対応しながら進めていかなければならない。

　保健分野の配当学年は「⑴健康な生活と疾病の予防」を広く第１学年から第３学年で，「⑵心身の機能の発達と心の健康」を第１学年で，「⑶傷害の予防」を第２学年で，「⑷健康と環境」を第３学年で，それぞれ指導することが示されている。科目保健では，原則として入学年次，及びその次の年次の２ヶ年で履修することになっている。その内容のまとまりは，「⑴現代社会と健康」，「⑵安全な社会生活」，「⑶生涯を通じる健康」，「⑷健康を支える環境づくり」となっている。中学校・高等学校ともに４つの内容のまとまりとして括られている。思春期における発達段階に応じた明確な学年進行における内容のまとまりが中学校の学習指導要領解説保健体育編をベースに，その整理が成されている。校種における中学３年間・高校２年間の括りにも留意しながら，小中高12年間の全体像の見通した中での適切な指導が求められる。

　具体的内容とその細かな教材例は後述するが，ここでは2018年に改訂された学習指導要領と前回の学習指導要領の内容の比較をしておく。「健康な生活と疾病の予防」については，「食事，運動，休養及び睡眠」が，「運動，食事，休養及び睡眠」に変更されている。これにより，運動の重要性がより強調されることとなった。また，生活習慣病に関しては要因に加えて予防方法についての理解を求めている。「心身の発達と心の健康」については，目標の中に「ストレスへの対処」が追加された。「傷害の防止」については，目標の中に「応急

手当をすること」が追加された。また，知識及び技能として，「心肺蘇生など
を行うこと」を目標としており，知識に加え技能を活用することが要求されて
いる。ここから読み解けることは，修得した知識や技能を自らの生活に役立て
ていけるか，健康づくりの基本である QOL の向上を自らが実践していけるか，
健康の保持増進について自他の関心を高め活動することができるかといった，
改訂の課題となっている解決策として対応している。高等学校では，自他の健
康づくりだけでなく社会全体の健康づくりを意識した内容が盛り込まれている。
これにより，小学校で健康・安全に関する基礎知識や技能を学び，中学校でそ
れらを自他の生活で活用し，高等学校で社会全体の健康づくりにも貢献してい
ける人材を育成しようとする段階的な流れが理解できる。

　体育に比べ単位数は少ないが，生きる上で健康・安全を第一義に命を見つめ
る教科であり大切な学習である。

3　保健の授業づくりにおいての配慮点

　保健は医学・生物学・運動学・衛生学・教育学・心理学・栄養学・法学・行
政学・歴史学・環境学……等々が複合的に関連する幅広い知識と視野を教員は
必要とされる。そのため，これまでの教育観のように詰込み的な一方的講義形
式の授業や教科書の解説に終始する授業に偏っているのが現状である。また経
験談が多い授業や学期や年間を通じて調べ学習のみといった授業が多いとも聞
く。広範囲で量の多さと深さのある内容を関連させ，どう興味を持たせて授業
を展開していくか，学習指導要領でも教師側の指導観の変革を全教科で求めら
れている。そこで学生の模擬授業やマイクロティーチングを振り返ると，アク
ティブ・ラーニングと称して安易にグループワークをするという授業形態を行
うケースが多い。能動的に行わせることは良いが教員の持つ知識量と視野の広
さを活かし，グループワークをより充実させ学習効率を上げるためのファシリ
テーター役としての指導が求められる。

（1）主体的な学習につなげる工夫
　思考力や意思決定力を育て，さらに深い学びに発展させるには，思考や判断

の力を起こしやすい新しく，かつ信憑性が高い適切な内容の図やグラフ，科学的データを生徒たちに提示し，それを読み取る力を育みながら主体的な学習のきっかけにしていくと良い。また，これまでの人類における保健衛生の歴史を知ることと現在の実態との比較を通じて，それに対応してきた知恵や工夫を具体的に示すことも興味や関心を高めることができる。

　森（2020）によれば，日本学校保健会の平成28年度保健学習推進委員会報告書から，児童生徒の約90％が保健の授業の重要性を肯定的に捉えており，実生活に役立つ内容で保健を学ぶ価値があると回答している。しかし，保健の学習が好きか，面白いかという問いに対しては，肯定的な意見は50％前後となっている。つまり，価値はあるが好きではない，面白くないという結果となったのである。好きや面白いという感情は学習意欲を高め主体的に関わる態度を形成するものであると考えられる。よって，興味関心の沸く状況が生まれれば，自ずと保健は価値のある楽しい授業になるのである。

（2）教材や教具について

　「教材研究が足らない」と教育実習の指導担当教員や大学の模擬授業で言われた学生は多いであろう。教材とは生徒が学習の目標を達成するために，教員が学習指導要領の内容の中で，生徒によりわかりやすく学習効果の高い授業展開のための本や資料の題材と言える。単元計画全体，また一つの授業の中でも教材の選択は授業展開を考える上でも大変重要なポイントとなる。教材は全て一時間の授業の中で出し尽くす必要はない。本時の目標を達成するためのねらいに向けた種を様々な角度から持っていることが望ましい。学習指導要領の解説はこと細かな内容が示されているものではない。解説の意図を汲み取りキーワードを拾い出し，何を知識として教え，何ができるようになるのかを吟味し，生徒の実態を踏まえどの教材を活用しようと熟慮することが大切である。教材不足という指摘は，単に時間を持て余したからなのか，教材の種類や数が足りないのか，ねらいに達する十分な深みのある教材ではなかったのか，練られた教材ではなかったのかなどを観察者と討議し，指導者は振り返らなければならない。そのためにも学習指導案作りの中で「導入―展開―まとめ」の３段階を組み立て，導入からまとめまでの流れをイメージすることである。中高時に予

習という言葉に抵抗感のある学生は多いのではないだろうか。予習という学習習慣が身についている学生にとっては何でもないことだが，教員にとって予習（＝教材研究）は必須である。学習指導案づくりにあたっては，授業時間の何倍もの時間をかけて教材集めと授業展開を考えることになる。教員の知識が増えて数をこなすことで授業はスムーズに流れ，生徒の反応をうかがう余裕もでき教えるポイントもわかってくるので，教師が教材研究は楽しいと思うレベルまで挑戦し続けて欲しい。

　教材としての資料で科学的データやグラフ，ICT を活用したスライドで時間短縮を図ったり，学習量を増やしたり，YouTube 動画などの視聴覚資料を準備したり，また教材を自分で作成するのも良い。模擬授業で学生は大変良い動画資料を集めて提示する。素晴らしい情報収集力であるが，見せるだけでそれに伴う発展や展開がないケースが多いので，それをどう活かすかが大切である。実演や実習機材，短冊を揃えることも考えられる。注意したいのは，動画などの資料データについて日本では教育に関する活用は基準が緩やかにされているが，その出典を明確にしておくことは教師としての必須のマナーである。情報リテラシーとして，いつ，誰が，誰を対象にしているかなどを必ず明示しなければならない。

　教材をより充実させ理解しやすくするために，教具の活用がある。五感を刺激した実物などの具体物を用意することも実際的な理解や納得感を得ることができる。知識伝達型から触発追求型へ身近な家庭や地域の教材や教具を活用し，生徒のために時間をかけ創造性豊かに努力や工夫の跡があると指導担当者や生徒たちから高い評価を得ることになる。

　また，ICT 化が進む中においても，基本的な教材や教具である黒板（ホワイトボード）やノート，鉛筆，自作のワークシートや短冊など，これまで教育を支えてきた準備物をこの機会に再度その価値を見直して欲しい。生徒にとって書く作業は言語を大切にすることにもつながり，反復して手を使うことは脳を刺激し記憶に効果的であるとされている。動画を見て考える授業に留まらずアウトプットに視点を置き，これまで通りに大切にして欲しい教具であり学習方法である。

（3）授業構成について

　授業の構成要素としては多くの考え方がこれまでに示されてきた。一般的には学習指導案の本時案に多く見られるように、「導入─展開─まとめ」で時間配分を重視したまとまりを示すものや、四大教師行動として教育学の観点から示した、㋐マネジメント行動（準備・片付け・雰囲気づくり・机や人の移動：できるだけ短く）、㋑直接的指導行動（目標の説明・具体的な指導内容・見本・理解：計画的に明確に）、㋒モニタリング行動（生徒観察・机間巡視・学習点検：友好的な環境づくり）、㋓相互作用行動（インタラクション・発問・傾聴・励ましと補足・個人と全体の把握：フィードバック（肯定・矯正））がある（髙橋，1991）。体育と比較すると、体を動かす時間がないことから㋑と㋒が配当時間としては逆転するが、この4点から分析することができる。また、免許資格取得中の学生においては、人前での会話術や目線、身なりなどの初期指導があるので、教師行動として括り「教師行動・授業展開・学習内容」の3段階で授業を振り返る方法も効果的である（第5項で後述）。また、その他アクティブ・ラーニングやICTの活用状況、学習指導案の点検なども網羅することができる。

　授業は教員が思った通りには進まないことを前提に、より良い授業を目指すにあたり、これらを一つのリフレクション項目として独立させるのではなく、多角度から振り返ることが大切である。その際、うまくできたできないと判断するだけでなく、もっといい方法はなかったかと常に問いながら何度も繰り返し模擬授業（生徒役も含め）や現場での授業実践を通し、教材研究に勤しむことがひいては教師力や授業力を高めることに直結する。

（4）言語活動や言葉遣い

　生きる力を育むことを目指すうえで、基本的な知識や技能を習得するために2008年の学習指導要領改訂で言語活動を充実させることが示された。特に3観点の中で「思考力、判断力、表現力等」の育成で課題となる様々な体験を通して課題発見や解決能力、論理的思考力、コミュニケーション能力や多様な観点から考察する能力（クリティカル・シンキング）などを高めるため、文章力や表現力、会話力、ディスカッション力、プレゼンテーション力を日常の中から学んでいく必要がある。言葉は日常の使い方がそのまま出てくる。早口で話が聞

き取れなかったり，方言があまりに強すぎて理解できなかったり，人前で話すことに慣れておらずずっと下を見てボソボソ話し，手持ち資料を不安げに眺めて生徒全員の顔を見ることもできない学生もいる。不要な緊張を呼び言葉がスムーズに出てこないで単発な話が続き，予定した授業展開から逸脱してしまうというケースなどを模擬授業で見受けられる。この対策としてメタ認知の考え方から模擬授業の録画や話し方を録音して自分で聞いてみることをお勧めする。自分の声は思うほど伝わっていなかったり，語尾が聞こえなかったりする。声の大小や抑揚を設け，時間的な間を遣いながら身振り手振りを交え，時には笑いを取ってもいいだろう。語り部として物語を作るような授業や演出家として生徒や教室全体を喋りと話術で雰囲気を盛り上げるのは，メリハリある言葉と明るい笑顔と受容的表情である。

（5）指導者自身の研修

　保健で教える範疇は大変広い。生徒は先生が何でも知っている人だと思っている。特に保健は「健康・安全安心・命」を中心とした学問であることは先に述べた。このテーマに沿った情報は日々更新されている。よって，教師には授業ノートを作ることを推奨する。今の時代はパソコンに残すことも可能であり自分の授業を録画し自己分析すると同時に，単元ごとに教材をまとめることで自分の授業力を上げ知識量を増やす習慣となる。授業展開のバリエーションを増やして欲しい。巧みな話術，内容の精選，生徒の反応，発問に対する予測されるリアクション，教師行動の点検，教材の量と質の点検，板書方法などが挙げられ，自らの教科書を作りあげてみることだ。

　教師は自分の担当する授業の教室では教える側と教わる側で孤立するといえる。責任を感じて個で授業準備に勤しむのは当然だが，可能であればTT（チーム・ティーチング）で行い先輩教員からアドバイスをもらう機会を作ると良い。教授法を学ぶチャンスであり，緊張感も求められ指導を頂く有難みと新たな気づきが校内にいる同僚の先輩教師との交流から得ることができ格好の研修の場となる。単元によっては，養護教諭とのTTも学習効果が高まる方法である。

　社会全体の風潮ともいえるが，現代の中高生世代の特徴として，身の回りに

起きる数々の諸問題が他人事で，私には関係ないといった傾向がみられる。健康問題も同様で視野を広く持ち，他人事にしないことが大切である。図6-1にも示した通り，自分を取り巻く集団全体の環境に視野を向ける指導が必要である。他人事は自分事，自分事は他人事と豊かに逞しく生きる術を学んで欲しい。教師も保健の見本は教師自らの健康実践行動（模範）であり，自分の身体（身体認識）の原理原則論は身近な環境の中の自分の身体への影響と認識であり，続いて広く大きな環境の自分への影響と認識につながっていく。

　最近の生徒指導における具体的な配慮事項として，性的マイノリティに関する理解とその対応を個別事案に応じて生徒の心情に配慮することが示された。社会的にもジェンダー平等の思想は注目が集まっている。中学校ではこれまで性別によって区分される傾向にあった柔道やダンスが必修化され，性別で分かれる授業は少しずつ減りつつある。人権尊重の立場から性の多様性の価値観が認められてきている。体育はもちろん，保健においても生殖に関わる働きや性への関心と行動，性感染症などの単元を扱う際は，事前に生徒の意向を調査し，事情を踏まえ個別に対応しておく必要があるだろう。

（6）アクティブ・ラーニングについて

　アクティブ・ラーニングは2020年の小学校から学習指導要領が経年で進行し，すでに小学校では多くの研鑽が進んでいる。「主体的・対話的で深い学び」から何ができるようになるか，生徒の資質・能力を育成するものである。それを新しい学習観でどのように学ぶか，そこでアクティブ・ラーニングという手法が重要になってくる。模擬授業で学生にアクティブ・ラーニングの視点を交えるよう導くと，グループワークをして発表させて終了という形式的で学習効果が期待できない展開となるケースが多い。一斉授業からの脱皮や3観点による新たな授業改善であるから，どのような方策のアクティブ・ラーニングを行うにしろ，教師側からのアプローチが何を考えさせてどの方向へ導きたいのか，どこを着地点にしたいのか，またどう次の流れやねらいにつなげたいのかを明確化しなければならない。換言すればファシリテーターとしての役割をこなすことになる。生徒に自分自身との対話で個々に発問しているのか，準備したワークシートをどう活用したいのか，またはグループワークで仲間の意見のこ

だわりを傾聴し認識させ，賛同したり再検討で意見に重みをもたせたり，ある時は比較や反論をして議論を深め，最終的には単元目標や本時の目標の達成につなげることがアクティブ・ラーニングであると考える。よって，一方向的授業では導けない活気と深みのある授業が展開されることが期待できる。

　以下に，アクティブ・ラーニングに関する授業形態をいくつか記しておく。どれも一長一短があることを理解し，内容との適性性や生徒の実態に応じて実践と研究を繰り返すことにより，多様に変化させる柔軟性を持ちながらどう学習効果を高めることができたかを常に検証しながら行いたい。形だけのアクティブ・ラーニングにならないよう留意したい。

　グループワーク（協同学習とプレゼンテーション），ICT を活用した授業，ディスカッション（討論），ブレインストーミング（課題発見学習），ケーススタディ（事例学習），ロールプレイング（場面寸劇），実地調査（アンケートやインタビュー），ディベート，その他実習や実験，演習など。

4　模擬授業や教育実習時の保健の授業の振り返りについて

　教員を希望する学生は，子ども好きで会話好きな者が多い。コミュニケーション力も高い。しかし，保健の模擬授業を行うと現代の学生の色々な傾向が見えてくる。新時代に向けての発展的傾向は先人たちが学ぶ必要があるが，教育上不易なものも存在する。その両面を備えることが教員資質と言い換えることができる。現場での経験や立場によって徐々に解決していくものでもあるが，人の前に立つ最低限の生徒を引きつける素養は常に意識して欲しい。その人なりの明るさ，自他への厳しさ，自律心，利他力，カリスマ性は対人奉仕職として必要な資質である。

　ここでは，前述した振り返りについて，さらに具体的な事例を挙げて模擬授業としてアウトプットした後の振り返り作業として詳細に述べておきたい。「教師行動・授業展開・学習内容」の3つの角度から学生が陥りやすい傾向と対策を挙げておく。教育実習に向けての授業改善方法として捉えて欲しい。

（1）教師行動

⑴ 相互作用（インタラクション）

　生徒の前に立つ者として，まずは見た目に注意したい。メラビアンの法則からも第一印象としての視覚情報は影響が大きい。自分は生徒からどう見られているのだろうか，服装や頭髪，身なりは清楚であろうか，声の大きさや抑揚は意識できているだろうか，発声や言葉は正確に伝わっているか，視線は生徒一人ひとりの目と顔を見ながら教室全体の空間を支配しながら話ができているだろうか，いつも同じ場所に立ち続けていないだろうか，などである。

　発問をした場合に，点（教員）と点（一人の生徒）の線で繋がっているだけで，その二人の会話が他の生徒に影響が及ばない。常に点（教員）と面（教室全体）の意識を持つ習慣を身につけたい。生徒の発表に声が小さければ，立たせて大きな声で答えさせるよう指導すればいいし，教員が生徒の発表の主旨を復唱する方法もある。このような相互作用は教員（T）—生徒（S）だけでなく，生徒（S）—生徒（S）もある。アクティブ・ラーニングにもつながるが，教室の雰囲気が参加型になるような雰囲気づくりも大事である。教育実習では特に，生徒やクラスの特徴を見抜く努力を行うことである。自分の与えられた単元や領域の準備に偏り，授業を進行することに集中し過ぎる傾向が見られる。学習指導案上の"生徒観"に他ならないが，仲間の大学生を生徒役にしているのではないので，主体は常に生徒であることを肝に銘じておくことが大切である。また，生徒からの回答や反応に適切に対応するリアクションも重要である。

⑵ 雰囲気づくり

　体育においても同様であるが，教師は生徒と共に学びが大きくかつ楽しい授業を求める必要がある。体力の低下や運動の二極化が叫ばれるなか，体育や保健が楽しく興味あるものでなければならないのは当然である。楽しむには生徒の興味関心が深く面白そうというワクワクする感覚や嬉しいという感情（達成感，上達感，充実感など）が内在する。"楽：らく"が"落：らく"になってはいけない。生徒の好き放題やれる楽しさや騒ぐ楽しさとは異なる。知識を豊富に出し入れしながら遊びの要素を取り入れるなどの工夫をし，目標やねらいが達成できる基盤を作ることが大事である。そのためにも，主体である生徒との肯定的友好的な人間関係を構築することが必須であり，上記⑴にも述べた生徒

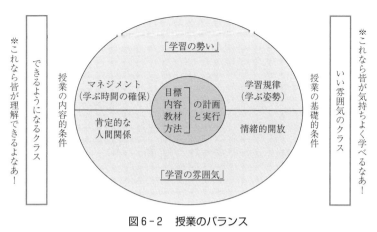

図6-2　授業のバランス

出所：高橋（2010）をもとに加筆。

観を作り上げておくこととつながる。図6-2は「良い授業を成立させるための条件」（高橋，2010）に筆者が加筆したもので，授業のバランスを示唆している。

(3)　言葉の扱い

　教員の発する言葉は生徒にとって非常に大きな影響を及ぼす。何気に発したひと言が後々まで心に残っていたり，忘れてしまっていた言葉を生徒から想起させられたりすることもある。生徒が主体という大前提のもと，広範囲な保健の教材であるからデリケートな内容も多く含まれている。最近では性の多様性やヤングケアラーの問題なども社会の課題とされており，また引き続きひとり親家庭の存在，精神的・身体的障害の有無，現在も含めた過去の体験（地震・被曝・暴力・いじめ・虐待・貧困・孤立など）からのトラウマを抱え格差を感じている生徒は少なくない。人権尊重や言語活動の重視といった観点から，ふとした言い回しが生徒の心を傷つけてしまうことがあるので注意したい。

　保健の授業内容は医療関係などとの関連も深いので専門的な漢字や熟語，言葉が多く英文字も示さなければならない場面もある。難しい内容や言葉をいかに易しい言葉に言い換えわかりやすく話すことが教員としての資質となる。早口にならず，穏やかな語り口調も身につけたい。方言も基本的には標準語で話すよう努力したい。また，日常の話し言葉が修正できない学生も多いので常日

頃から社会人としての正しい口語調を身につけることをお勧めする。生徒との人間関係にもよるが，教室に入る生徒全員とすべて人間関係ができているというのはおこがましい。

　さらに，内容にも関連するが，生徒への簡単な発問に対して"正解"，"当たり"といった返し方や"ここはテストに出るぞ"といった表現は，テストで点数を求める知識偏重を打開し，3観点からの指導や評価が学習指導要領の改訂により求められているので，指導の目的が根本的に違ってくるので言い方を考えたい。

（2）授業展開

(1)　学習指導案づくり

　教職免許資格取得を目指す学生にとって，第一のハードルは充実した学習指導案（以下，指導案）を作成できるようになることである。指導案は授業を構成する際の設計図であり，授業を行う際には進行表となり，授業後には振り返りシートになるとともに次回の授業改善のための原本となるものである。

　教育実習も含め一般社会での紙ベースの資料には，第一に書式に応じた「体裁」が必要となる。まずはこれに慣れることが先決で，たとえ内容の良い指導案が書けていても体裁が悪ければ没となり読んでもらうことさえもできない場合もある。主にパソコンで作成することになるが文書作成アプリの方法を併せて身につけることが早急に必要となる。スマートフォンで作成することは効率や印刷にトラブルが起こることがあるので避けたい。

　次に主たる「内容」である。学習指導要領改訂により「目標―指導―評価」のつながりを明確にするよう指示があった。まずは単元全体を見通して学習指導要領の該当単元の箇所（目標と内容の取り扱い）を熟読する。単元目標（学習指導要領の各単元の黒枠に示されている）や単元計画，具体的な指導内容，3観点からの評価の規準を例示を活用しながら生徒の実態を考慮して作成する。その際に本単元を通して学ばせる事柄や教材，題材の持つ特性や特徴，歴史的背景，教材の系統性や意義，指導的なカリキュラム・マネジメントを考慮して記述し期待できる効果を示す「教材観」，生徒の該当単元に対する学習歴や理解度，興味関心などの生徒の姿，または学校や授業に対するクラス全体の取り組み姿

勢などの実態を示す「生徒観」，教材観や生徒観を踏まえてこの一時間の学習効率を高めるための工夫や具体的な指導方法を示す「指導観」を記入する。

　それが完成すると1時限の授業計画（本時案）を作っていく。単元目標に沿った本時の目標を3観点から設定する。その目標をもとに「導入―展開―まとめ」の大枠で授業内容やタイムマネジメントを含めた授業展開（流れ）を考えていく。ここで十分な教材研究をもとに補足資料を揃え，ICTなどを活用して生徒の理解度を高める指導計画を練る。生徒の効果的な学習に役立つ機能的な指導案を作成することは，充実した授業に直結し生徒の満足感を充足するとともに質の高い学力を身につける上でとても重要である。

　併せて単元全体の計画の中で，総括的評価（記録に残す全生徒の評価）と形成的評価（指導に活かす必要に応じた評価）を3観点からバランスよく配置し，本時案の中にも評価規準と評価方法を明示する。

　教育実習では専門教科の授業の総まとめとして研究授業を実習先で計画される。そこでは，指導案は保健体育科の先生だけが見るわけではなく，校長先生や他教科の先生方も目を通すことになる。よって，誰が見てもわかりやすく体裁と内容を整え充実した指導案を書かなければならない。

(2)　導入の重要性

　"授業は導入で決まる。"と言われる現場の先生方がおられる。研究授業や教育実習指導に携わっていると，教育現場に出て活躍している先生方の保健の授業で感心させられるのが，授業の「入り」や「つかみ」，落語の世界では「マクラ」とも言われる"導入"である。生徒との人間関係ができているからという前提もあるが，その雰囲気づくりは感心することが多い。「導入―展開―まとめ」と時間配分を含めて3段階に整理するなかで，導入は目標や内容の前段階の仕掛けとして用意するとともに，そのアプローチが教室全体に伝わることで一時間の授業の雰囲気と勢いを醸成すると言っても過言ではない。

　学生の模擬授業を観ると緊張感と併せ時間配分の気遣いもあるのか，すぐに本題に入ろうとして雰囲気が硬くなるケースが多く見られる。また，最初の発問で本時の主題をいきなり問いてしまう場面も多い。例えると，最近では新車のような機械ものの慣らし運転は科学の進歩で行わなくなっているというが，授業においては目標やねらいを生徒の現状と照らし，単元への意識を引きつけ

る"慣らし"の工夫は必須である。

　具体的には，教材に照らした連想ゲームで全員に回答させて興味づけをし，社会情勢にも関心を持たせるために最近話題のトピックスや流行している言葉や人物など日常的な視点を意識して生徒の心をつかみ，導入に重きを置いて工夫と話術で生徒から発言しやすい友好的な雰囲気づくりをしていきたい。また，歴史や時代の流れ，世界保健機関（WHO）や健康増進法，健康日本21の取り組みなどをおさえた導入も，現代の課題とリンクし系統立てた指導がしやすい。授業のねらいを黒板やワークシートに記入させて常に目につくようにしておくことも導入で大事なことである。

(3)　時間配分

　教材研究に時間をかけて学習内容に集中していると教えたいことや伝えたいことが増えていき，時間配分を忘れ無視して進行しまったり，早口になってしまう学生が多い。指導案の中にタイムスケジュールを明記することが大切である。そのためにはストップウォッチを使って，鏡の前で必要な時間を確かめ事前のシミュレーションを必ず行うことである。教員の説明がどれくらい必要なのか，発問や考えさせる時間は何分が妥当なのか，グループワークは何分設定すれば良いか，短すぎても長すぎても負の要素は発生する。実際に授業を展開すると，生徒のアクシデントや機械トラブルなど思ってもみない事態が起こることもあり得る。指導重要箇所を落とすことなく，時間調整できるテクニックも少しずつ覚えていかなければならない。時間の超過で休み時間を使うようになると生徒たちからの信頼を失うことになり，授業のまとめや一番言いたい内容やポイントが不明瞭で，尻つぼみ感で慌てた授業の終わり方になってしまう。逆もあってはならないが，時間が余ってしまった授業では勝手に終了してしまうのではなく，まとめを充実させ本時の内容をテスト形式で復習を行ったり，次回との関連性を話してもいいだろう。それだけに与えられた1時限を責任もって全うしなければならない。

(4)　ICT教育

　GIGAスクール構想という国の施策により，現場において小・中学校では1人1台のタブレットの設置がほぼ完了している。ICT教育が浸透し教育機器の発展も目覚ましい。それに伴う教員側の新しい指導法の模索と対応が進んで

いる。これまでとの違いは視覚的で生徒が理解しやすい教材やデータ資料を多く準備することができ，生徒にとって学習の幅や深さを追求でき学習効果が高まることが予想される。教員側からも授業準備の短縮や板書時間の削減によりアクティブ・ラーニングに充てる機会が増えて授業の質を高めることにもなる。そこで，気をつけたいのが単に資料を多く提供するだけでなく，思考力を高めるために教員がどう導くかが重要である。生徒にとっては消しゴムが不要で簡単に修正が可能なため文章の記述量は増えているが，ノート作りなどの筆記する力や文語調に文章でまとめる力が弱く，漢字は読めても書けないことがデメリットと言われている。講義的な時間にはこれまで通りに内容のまとめや振り返りに文を書く習慣も必要であることを伝えたい。

　双方向型の授業や一人ひとりに寄り添った授業，リアルタイムで情報を共有する授業などがメリットであるが，ツールを使えばいい，機能を使えばいいということではなく，あくまでも一つの教材としてICTを活用し，3観点による学習効果を高めることが目的であり見失わないようにしたい。また情報を提供する際はいつ，誰が，誰を対象にしたデータの発信をしているのか，出典を明示することが必要である。情報には誤情報や曖昧な情報も氾濫しており，政府や自治体のサイトや権威ある研究機関のHPからの引用を心掛けたい。その他のICT活用に関する詳細は別章（第8章）に委ねることにする。

（3）学習内容

　この項目については，後述する【章末資料】と照らしながら学習を進めて欲しい。授業形態を考慮し系統性や内容の幅を広げ深堀りをしながら，目標の達成を目指し内容を吟味していくことになる。

　最後に教育実習へ参加するにあたり，実習校に挨拶に行った折に生徒の状況を指導担当から伺い授業の雰囲気や生徒の取り組み姿勢を把握し，自分が担当する単元や項目を知りことができれば，直ちにその準備の教材研究を開始できる。可能な限り学校訪問を繰り返し，教頭先生や教育実習担当教員の先生方との人間関係を構築しておくことをして誠意を示して欲しい。教育実習は教職のプロフェッショナルとして仮の立場を数週間頂ける貴重な社会勉強のできるチャンスである。対象の生徒たちは模擬授業で仲間に行う授業展開することとは

異なり，本物の思春期を迎えている悩み多き子ども達である。大変貴重な自分磨きの場であり，己の教員や社会人としての教養や資質能力があるか見極める大事な時間であり，機会であることを心して臨んで欲しい。

学習の課題

① 「健康」とは何ですか。
② 中学校や高等学校期を「思春期」と称するのはなぜですか。
③ 「WHO」が行っている役割を説明してください。
④ 「飲酒」で体内に取り入れたアルコールが最終的に水と炭酸ガスに分解されるまでの過程を説明してください。
⑤ 「熱中症」の応急処置を説明してください。
⑥ 「自然治癒力」と「免疫」の違いを説明してください。
⑦ 救急隊員に患者を受け渡すまで行う「心肺蘇生法」の一連の流れを説明してください。
⑧ 「ネット犯罪」の危険を回避する方法を説明してください。

広く学ぶための文献紹介

○近藤真庸（2002）『保健授業づくり　実践論』大修館書店

　小学生を対象とした現場の授業実践を理論化しまとめた著書である。中・高ではすでに理解されている内容であるが，難解な保健教材を小学生にどのように解りやすく教えているか，その視点や工夫を知ることは教員養成課程の学生には価値ある内容と思われる。

引用・参考文献

後藤幸弘・上原禎弘編（2012）『内容学と架橋する保健体育科教育論』晃洋出版。
木宮敬信・大矢隆二・黒岩一夫・大胡田茂夫・森啓彰・伊石晋司・左口直人・澤入光広・松本恵子（2017）「次期学習指導要領に向けたこれからの保健体育科の方向性」『常葉大学教育学部紀要』38，185-204頁。
文部科学省（2011）『言語活動の充実に関する指導事例集　中学校版』。
文部科学省（2017）『中学校学習指導要領（平成29年告示）解説　保健体育編』。
文部科学省（2018）『高等学校学習指導要領（平成30年告示）解説　保健体育編』。
文部科学省（2021）「端末利活用状況等の実態調査（確定値）」https://www.mext.

go.jp/content/20211125-mxt_shuukyo01-000009827_001.pdf。

森良一編（2020）『中学校・高等学校　保健科教育法（改訂版）』東洋館出版社。

日本保健科教育学会編（2019）『保健科教育法入門』大修館書店。

大畑昌己（2017）『保健体育指導法（中学校・高等学校）』ERP。

杉山正明（2017）「保健体育科における保健授業の現状と改善の方策について」『体育科教育学研究』33，67-72頁。

髙橋健夫・岡出美則・友添秀則・岩田靖編（2010）『新版　体育科教育学入門』大修館書店。

【章末資料】

保健（中高）の４つの「学習（内容）のまとまり」についての具体例

　ここでは，教員が知っておきたい知識を広く深くするため，中・高の保健における具体的内容に関連した新情報やキーワードを多く示し，教育実習や模擬授業に膨らみを持たせることができるよう具体例を拾い上げた。中学校をベースに中高各４つの学習のまとまりを関連させた。また，学習指導要領の内容の取扱いを網羅し，内容の取扱いで扱わない指示のあるものは下線で示してある。図や表については，学習のまとまりの中で基礎となるものを示している。

Ⅰ：【中１〜中３：健康な生活と疾病の予防①，高：現代社会と健康】
（ア）健康の成り立ちと疾病の発生要因（中１）／（ア）健康の考え方（高）
　※高校の精神疾患については，中１の（ウ）精神機能の発達と自己形成の項で述べる。

　まずは，保健の授業を展開するにあたり重要なキーワードである"健康"についての価値観を植え付けたい。

　健康の定義（WHO憲章），WHOの存在の重要性と現状→コロナを通じて見えてきたもの，自分自身の健康について知る，現在の健康状態の把握，社会の変化における戦後の歴史的変遷から保健衛生環境の向上と医療技術の発展，自分自身の健康への気づきと比較（身近な親や年寄りなどの家族の健康について比べる），同世代の仲間の健康の価値観の差異，過去の疾病経験とその原因，病気と疾病の違い，寿命と健康寿命及びその現状，体重の変化（標準体重と肥満），

障害者や疾病者との共生等。

　主体（己の生についての理解），元々備わっている不変要因と後天的な生活習慣，主体を取り巻く環境要因（物理的要因や化学的要因，生物学的要因，社会的要因），主体に与える影響の実際，環境は人的な原因が時代の流れと共に悪化してきたことの理解，改善していくのも我々人間がしなければならないこと，変えられるものと変えられないものの存在を見極めるための知識が必要なこと，日本の健康課題とその対策，日本の健康水準，平均寿命と健康寿命，乳児死亡率，時代における疾病構造の変化，医療技術の進歩の実際，生活様式の変化と具体例等。

　主体要因については，中高生時期の遺伝的要素や生き物としての性質の違いを理解させたい。思春期におこる第二次性徴の心身に与える変化，生まれつきの特徴，性差や性の多様性に関するもの，障害者の仲間の存在，障害者スポーツの発展との関連，若年層における疾病，疾病傾向の変化とその回復方法，解明されていない疾病の存在，新たな病気の発生と発見，生活習慣や健康に関する知識と理解及びその行動について等。

　環境要因については，人間（自分）を取り巻くすべての包括する自然界を含めた要因として，生き物として生かされていることの理解と感謝の念を理解させたい。社会環境の変化に伴う物理的・化学的・生物学的な具定例の提示，自ら環境を改善する術（生き方）の模索，日本以外の世界での健康を取り巻く環境の比較，過去の疾病傾向から自らの健康を振り返る等。

　これらを含めた健康観の構築として，将来を見据えた自他の健康増進を視野に入れた実践と環境づくりに視点を置く。

　ライフワークと生きがいの重視，QOL の向上，幸福感との関連，生き抜く源としての健康，ヘルスプロモーション社会の実際，地域コミュニティーの存在，健康格差の是正，自然環境と社会環境，健康に対する知識の質の充実，意思決定と行動選択等。

（イ）生活習慣と健康（中２）

　生徒が持つ学習指導要領に準拠した教科書では項目ごとに提示されているが，単元の前後で密接につながっていることを理解させる。

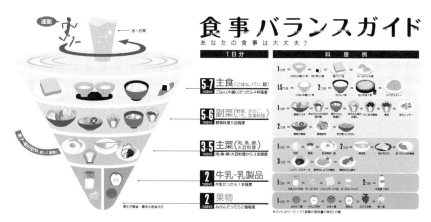

図6-3　食事バランスガイド

出所：厚生労働省，2005。

　後天的生活様式の変化に伴う健康への影響，地域や国の文化や歴史の違いによる生活や健康についての特徴の比較，運動・食事・睡眠等の適正値の理解，日常の家庭生活における他者との健康意識の比較，個人や集団での健康課題の変化，正しい情報収集とその活用法等。

　人間は身体を動かすことによって生命維持されていることの理解，運動の健康へのメリットとデメリット，一日の運動量，一週間の運動頻度，適切な運動強度，運動を習慣化する方法，骨格系や心肺機能への影響，思春期における急激な身体形成，運動による精神面の向上，ストレス軽減，脳神経や内分泌系への好影響，運動部活動との関連，運動がもたらす幸福感の増大，体育の授業との関連，地元での地域スポーツの実例，呼吸循環器の発達に留まらず代謝機能や抵抗力の向上，将来に向けて健康的な生活を送る基礎，肥満・やせ・骨粗しょう症などへの対応，中高生の体力や運動能力低下の実態，体力・運動能力調査結果の活用（スポーツ庁資料），体育とスポーツの違い，女性とスポーツ等。

　五大栄養素とバランスの良い食事の理解，食事バランスガイド，エネルギー産出と代謝，食物繊維（六番目の栄養素）の摂取，栄養学の活用，人を良くすると書く"食育"の視点，健全な心身の育成期である思春期に必要な生活習慣，食べず嫌いの実態とその解決方法，適切な食事量や摂取時間，運動との関連，朝食の摂取率向上，睡眠との関連による夕食の摂取方法，自分の生活リズムを

知り習慣化する重要性や家庭の協力，食材そのものの栄養価，食品添加物，世界の食事事情，スポーツ活動と食事，食物アレルギーとアナフィラキシーショック等。

　成長ホルモンの分泌とその意味，レム睡眠とノンレム睡眠，睡眠の量と質，睡眠の周期性，疲労感の自覚，疲労の程度や種類（肉体疲労・精神疲労），日常の緊張状態の自覚，脳神経や自律神経に及ぼす影響，スマートフォンの進化に伴う影響と対策，電磁波の影響，メラトニンとセロトニン，ストレスマネジメント，リラクゼーションの方法，積極的休息（アクティブ・レスト），昼寝の効用，記憶と睡眠との関連，不眠症について，メンタルヘルスチェック等。

（ウ）生活習慣病などの予防（中２）／（ウ）生活習慣病の予防と回復（高）

　成人病から生活習慣病へ，日本人の三大死因と追随するその他の生活習慣病，血管障害，糖尿病，腎臓病，脂質異常症，歯周病（口腔衛生），肺炎，COPD（慢性閉塞性肺疾患），高血圧症，若年性生活習慣病，感染症（病原体）による発がん，生活習慣病の進行の特徴等。

　がんの発症率，がんの特徴（悪性腫瘍の増殖と浸潤・転移・死に至らしめる），癌の漢字の示す意味，腫瘍と潰瘍，良性腫瘍と悪性腫瘍，がんの種類，がんの進行度，リスクの高い生活習慣，早期発見早期治療と予防，定期的な健康診断の必要性，がん克服者の活用，治療技術の向上（免疫療法他）等。

（エ）喫煙・飲酒・薬物乱用と健康（中２）／（エ）同（高）

　有害化学物質の種類と特徴，受動喫煙，喫煙防止の社会的取り組み，法的対応とその意味，健康増進法の制定とその内容と目的，健康日本21における国民健康づくり運動，妊婦への影響，煙草製造会社の在り方，煙草の値段の意味（高騰化，税金），新しい煙草の開発（電子煙草），国際的な取り組み等。

　化学物質としてのアルコール，心身への影響，急性アルコール中毒の現状，慢性アルコール中毒（依存性），百薬の長のウソ，ノンアルコール飲料の実際，パッチテストの実習，アルコールの分解（ADH・ALDH・アセトアルデヒド・肝臓・酢酸・二日酔い），妊婦への影響，飲酒運転による交通事故の実態，人類における嗜好品の歴史，社会的な取り組み等。

薬物の種類と名称，耐性と強度の依存（禁断症状），フラッシュバック（幻覚・妄想），脳への悪影響，取り締まる法律，空港や港での水際対策，芸能人の使用，身近な存在である理由，水際対策，人生を棒に振る事例，更生保護施設の存在（ex. ダルク），スポーツとドーピング，誘惑からの対処の仕方等。

（オ）感染症の予防（中3）／（イ）現代の感染症とその予防（高）

病原体の意味，細菌とウイルスの違い，現在流行中の感染症とその病原体，過去の歴史から人類を脅かしてきた感染症とその病原体，感染と伝染の違い，感染と発病，潜伏期間，感染経路の種類，新興・再興感染症，感染症法に基づく分類，感染症の3大対策（感染源・感染経路・感受性者）とその具体的な対策例，マスクの適切な使用と効果，学級閉鎖や学校閉鎖の法的根拠，予防接種の実際と考え方，グローバル化の影響，WHOや世界の取り組み，日本の取り組み，新型コロナ感染症の例，性感染症，性的接触，母子感染，後天性免疫不全症候群（AIDS：エイズ），HIV，免疫の意味，日和見感染，適切な性情報，コンドームの具体的使用方法（実習），パートナーを敬う心，自分の命は自分で守る等。

（カ）健康を守る社会の取り組み（中3）

国の活動（厚生労働省・環境省），民間の活動（日本赤十字社・各種ボランティア団体），地域の保健所や保健センターの役割と保健サービスの活用，健康情報の収集，かかりつけ医，健康診断，お薬手帳，医薬品（対症療法）の特徴と効果，取扱説明書の読み方，西洋薬と漢方薬（統合医療の増加），自然治癒力と免疫力（抵抗力），副作用の理解等。

（ウ）精神機能の発達と自己形成（中1）／（オ）精神疾患の予防と回復（高）

心の不調やストレスの早期気づき，目に見えないものへの認識，心身相関，精神疾患の種類と症状，精神疾患の現状，脳神経系の機能，調和のとれた生活と習慣，原因の追究と回復法，リラクゼーション（ストレス緩和）の具体策，呼吸法，生活のメリハリ，体育分野（科目体育）の体つくり運動との関連，不登校や引きこもりの実態，思春期に多発する要因，うつ病や自殺の背景，教育

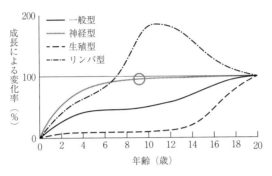

図6-4　スキャモンの発育発達曲線

相談やカウンセリングの活用，家族・友人や周囲の支援，生き抜く上での人付き合い，社会的な支援や対策，多様性の尊重，差別や偏見をなくす，心の健康社会等。

Ⅱ：【中１：心身の機能の発達と心の健康，高：生涯を通じる健康】
（ア）身体機能の発達，（イ）生殖に係わる機能の成熟，（エ）欲求やストレスへの対処と心の健康（中１）

　思春期，発育急進期（第二次性徴期），スキャモンの発育発達曲線，身体各器官の発達と個人差，性機能の成熟（性差），受精・妊娠は取り扱うが，“妊娠の過程”は取り扱わない（中），性意識の多様さと性情報の氾濫，異性の尊重と責任，ホルモンの意味とその分泌と影響，身体各臓器の役割と関連性，循環器（心拍数の測定），呼吸器（呼吸数や肺活量の測定），脳の各部位の役割と心の発達（知的機能・情意機能：感情や意思），社会性の向上（依存から自立へ）欲求と欲求不満，欲求の種類，マズローの欲求五段階説（自己実現理論），耐性，障壁，葛藤，適応機制，自律神経系（交感神経と副交感神経）と内分泌系（ホルモン），ストレスの二面性，心身相関，男女の生殖器の機能，性周期による生殖の仕組み（受精・着床・妊娠）等。

（ア）生涯の各段階における健康（高）

　多様で積極的な経験や体験による成長，自立と自律，自己制御，メタ認知，

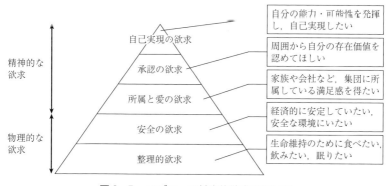

図6-5　マズローの基本的欲求の階層図

自己形成価値観，自己実現と目標や夢の設定，神経伝達物質の存在，出産と母体の回復，周産期における母体の変化，家族計画，避妊法の仕組みとその歴史，人工妊娠中絶の実際，出生率の変化を読み取る，受胎調節の歴史，避妊の現状，産婦人科医からの提言，ピルの開発の歴史，低用量ピル，緊急避妊薬，新たな避妊法の開発，父親としての家庭生活への協力，母子健康手帳，性の多様性（LGBTQ+），セクシャル・ハラスメント，社会性の構築，加齢に伴う心身のリスクと病気や怪我のリスク，核家族化，認知症，介護保険制度の設立，社会とのつながり，高齢化社会，ユニバーサル社会の実現，ソフト面とハード面のバリアフリー，ライフサイクルを見通す力等。

（イ）労働と健康（高）

　日本人としての勤労の権利と義務（憲法27条），働き方の多様さ，働き方の変化，交代制勤務，フレックスタイム制，産前産後休暇，男性の育児休暇，女性の社会進出とその影響，就業による生きがい，プロフェッショナルとしての自覚とその対価，労働者を守る仕組み，労働基準法，労働安全衛生法，働き方改革，労働災害，職業病の事例，労働を通じた健康問題，余暇の活用，休暇制度の活用，各種行政の支援，ライフワーク・バランス等。

Ⅲ：【中2：傷害の防止，高：安全な社会生活】
（ア）交通事故や自然災害などによる傷害の発生要因，（イ）交通事故などによ

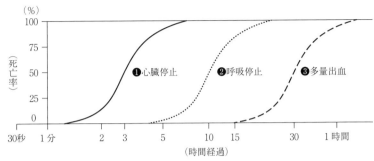

❶心臓停止後約3分で50%死亡
❷呼吸停止後約10分で50%死亡
❸多量出血後約30分で50%死亡

図6-6　カーラーの救急救命曲線

る傷害の防止，（ウ）自然災害による傷害の防止，（エ）応急手当の意義と実際
（中2）／（ア）安全な社会づくり，（イ）応急手当（高）

　けがの起こる要因（人的・環境），現場にいる当事者の責任へ，ヒヤリハット
体験，自転車の加害事故と民事賠償責任，交通事故の起こる要因（人的・環
境・車両），特殊自転車の扱い，道路交通法とその改正，道路標識の理解，犯罪
被害の増加と三原則，危険予測と危険回避の実演，ネットワーク犯罪の多発，
犯罪被害の防止，熱中症とその対策，事故の種類（天候・火災・水難・爆発・家
庭内・学校内他），体育水泳授業との関連，予測される自然災害（地震・津波・火
山・土砂崩れ等の二次災害他），災害情報の獲得，救急車の出動状況の実際，命に
かかわる応急処置の対応，症状に応じた応急処置の実習，校内のAED（自動
体外式除細動器）設置場所と技能実習，心肺蘇生法までの手順と技能実習，119
番への連絡の仕方，各自治体の消防署からの情報活用，カーラーの救急救命曲
線，胸骨圧迫，死戦期呼吸，気道確保と人工呼吸，止血法・包帯法・固定法の
技能実習，防災訓練とリンクした災害防止活動，地震大国日本と緊急地震速報，
内閣府からの情報，日頃からの気象条件への関心等。

　中高生における不慮の事故，独立行政法人日本スポーツ振興センターのデー
タ，様々な場面で発生する事故とその防止（日常の生活と照らし），年齢別の事
故発生状況，自転車による事故の実際，二輪車や自動車の視点から，地元警察
の各種事故の事例，事故責任の在り方（刑事・民事・行政），事故等の補償の現

実，正常性バイアスの怖さ，事故等の裁判事例，各自治体が発出するハザード
マップ，避難経路とタイムラインの作成，事故時の自助共助意識の確立，支援
の必要な人々への安全配慮等。

Ⅳ：【中3：健康と環境，高：健康を支える環境づくり】
（ア）身体の環境に対する適応能力・至適範囲，（イ）飲料水や空気の衛生的管
理，（ウ）生活に伴う廃棄物の衛生的管理（中3）／（ア）環境と健康，（イ）
食品と健康，（ウ）保健・医療制度及び地域の保健・医療機関，（エ）様々な保
健活動や社会的対策，（オ）健康に関する環境づくりと社会参加

　恒常性の維持機能（ホメオスタシス），人間の適応能力とその活用，適応能力
の限界（熱中症・凍傷・低体温症），気象状況と健康被害（光化学スモッグ・
PM2.5・紫外線・花粉・黄砂），暑さ指数計（WBGT），輻射熱，至適範囲とその
数値（気温・湿度・気流・照度等），ブルーライト，シックハウス，二酸化炭素濃
度，一酸化炭素とその発生と症状，適切で計画的な換気，地球上の限られた水，
生命維持に必要な水，飲料水の種類，水道法と飲料水の実際，水質基準，世界
と比較した日本の水質状況，上下水道の意味と各地域の現状，優れた日本の浄
水システム，し尿処理の歴史と感染症，ごみの分別，行政のごみ処理の工夫，
焼却場とトリハロメタン，廃棄物の処理と最終処分所の実際，3R（Reuse・Re-
duce・Recycle）の意味と現状，防災の日常化（フェーズ・フリー），ローリン
グ・ストック，被災地の健康環境問題と工夫，災害時の適切な情報収集，公害
の歴史とそれに伴う健康問題（水質・大気・土壌・海洋・温暖化・放射線等），日
本の四大公害病，プラスチック問題，有害金属の問題，原子力による放射性物
質問題，環境基本法，監視体制と環境アセスメント制度，世界の国々の環境問
題，酸性雨，オゾン層の破壊と身近なフロン類，SDG's（持続可能な開発目標）
と一人ひとりができること，ESD（持続可能な開発のための教育），循環型社会の
構築等。"生態系"は取り扱わない（中）。

　食の安全（食中毒・農薬・食品添加物・食物アレルギー・食材そのもののエネル
ギー・遺伝子組み換え食品・サプリメント・健康食品の種類と効果・輸入食品・検疫
等），食品安全基本法，食品衛生法，食品表示法とその実際，消費期限と賞味
期限，HACCP（危害要因分析重要管理点），保健センターと保健所の役割，行政

が行う保健サービスの実際，生涯スポーツとの兼ね合い，介護保険，臓器移植，献血制度への協力，日本の医療保険の仕組みと国民皆保険，インフォームド・コンセント，セカンド・オピニオン，かかりつけの医院と薬局，医薬品の種類と販売方法，処方箋，薬剤師，後発医薬品（ジェネリック医薬品），薬害（ex. サリドマイド・エイズ等），ヘルスプロモーション，国際機関の保健活動（ODA・JICA・UNICEF），日本の民間保健機関（日本赤十字社・NGO・NPO），ユネスコ（国際連合教育科学文化機関），健康格差をなくす社会環境づくり，幅広く異分野の協力による健康づくり等。

　知識・技能についての具体的な範疇を広げたが，3観点から思考・判断・表現に対応した教授法と主体的に学習に向かう深い学びやそれを基礎に応用発展する力を養いながら，保健を通じた人間性の向上を将来に向けての礎として工夫し学び続けなければならない。

　今後はさらに広範囲な分野でスピードを伴う技術医療革新に伴い，保健で扱う内容は大きく変化を伴うことが予測される。教師は常に正しい新情報を継続して確保し学び続けていかなければならない。

第7章

集団行動について

　人は誕生した瞬間から，家族という小集団に属する。それを起点に国や県，市町村，あるいは就職すれば会社など，様々な集団に属して生きていく。学校という狭義で見れば，学校や学年，学級，班，グループ，生徒会，部活動，委員，同窓会など様々である。人の一生はいかに多くの集団に属し，また複数の集団に属して生活しているかがわかる。集団はある意味では組織という言葉に置き換えることも可能であろう。集団という表現は体育科教育においてはよく使われる言葉であり，集団行動として学習指導要領にもその記載があり，教科体育に限らず，小学校から高等学校における学校の教育活動全般において，秩序正しく，能率的にかつ安全に行動ができるよう必要なものであるとされている。ここで，集団行動を項目として取り上げたのは，体育科教員としてけじめある安全な運動実践の授業にするため，また生徒が学びのための取り組み姿勢が準備されているか，授業をする側と受ける側で相互作用関係が確立しているか，授業導入の必須事項として学習規律を生徒に理解させ，必ず身につけておかなければならないものと確信するからである。改めて集団行動の在り方を確認し，実践することで学校教育活動全般に必ず好影響と好秩序をもたらすことになり，生活指導の基礎となる大切な学習であることを認識して欲しい。

1　集団行動の歴史的背景

　日本人は団体行動や集団行動をすぐに行えることで諸外国から高く評価されている。一つの集団に属することで集団としての利益確保を得ることができ，精神的な安心感も得られる。現代の日本の社会においても個単独の主張より集団あっての個，個は集団にあって生かされるという文化は根深い。学校体育・警察学校・自衛隊などにおいて，初期の授業で実施されることが多い。
　学校教育の中での体育は，明治時代の富国強兵のための兵士育成の役割を担

う経緯から始まった。1876年に Physical Education として「身体に関する教育」として扱われたのが最初で，その後運動に関する教科として，遊戯，体操，教練，体練と用語を変えた。体練は戦時中の体制によって作られ，教練・体操・武道の3分野からなる科目であった。戦後の昭和22（1947）年にアメリカ占領政策の一つとして学校体育指導要綱が定められ，教練が体育という言葉に当てはめられた。よって，精神論や強制性，管理主義や体罰などと結びつきやすい性質を持っていることは否めない。個人および部隊（銃を持った動作を含め）の基本動作を統制する一定の動作様式である教練は軍事教練，体操は兵式体操であり，その根底には基本姿勢といわれる「気をつけ」や「整列」，「休め」，「敬礼」，「その場での方向変換」などの一定場所動作や，「行進」や「止まれ」，「行進しながらの方向変換」，「駆け足」などの行動間動作における行動様式が最低限の基本動作として習得させられた。これらが，少しずつ時代の流れによって考え方が変化し，形式を変えながら残存しているのが，現在の学校教育における集団行動としての背景といえる。

　現代社会において，日常生活で集団行動を強制される機会は少なくない。しかし，社会の流れは，集団から個性化や多様化への変換を求められ，教育もそれに対応するよう求められている。ある意味においては，集団主義とは逆の方向に進んでいるといえる。しかし，日本経済を復活させた要因の一つでもある伝統文化としての良さを教育現場に落とし込みたい。また，個人の自由を奪う，個性の埋没であるという意見があることも理解したい。

　なお，ここでいう集団とは主従関係の中に共通の目標があり，コミュニケーションにより目標が確認され，その目標達成のために役割分担を行い，規範が成立する中で共有した集団の自己同一視する意識があるものであり，流言やパニックなどの群衆行動とは区別しなければならない。

2　集団行動の意義と役割

　集団行動は各種の組織・集団が，同一の目標の下に，規律のある行動を取ることと定義できる。集団には，その集団における行動様式があり，これを集団行動として身につけなければならない。それには以下の観点が必須条件となる。

指導者側からみれば，この3条件を教授できる力が必要であるということになる。

① 共通目標の認識

② 役割分担

③ 規範を理解し守ること

また，将来的に社会の一員として，一度その行動様式を習得し経験したことがあれば能率的に行動すると共に，周囲の状況を見極めて安全に行動することが可能であり，日常生活において身体の安全を脅かすような不測の事態においても，的確にかつ安全に行動することができる。

さらには，行動様式を身につけるだけではなく，それを指揮できる人材育成としてのリーダーづくりも個性の伸張の意味からも考慮に入れるべき指導観点である。発達段階に応じてできるだけ多くの生徒にリーダー役になる機会を与え，自主的，先導的な態度の育成を促すことも必要である。学校現場では，生徒会役員，学級委員や体育委員などのリーダーの存在は集団の発展にも寄与し，自主的，創造的な集団の方向性が加味され，スムーズな運営が可能になってくる。リーダー講習会などの設定も望ましい。

最近では，集団行動を「美」として評価される取り組みをしている大学や学校が増えている。運動会や各種発表会における集団演技やマスゲームとして脚光を浴び，世界中の人々や地域の人々の心を魅了させる力も兼ね備えている。体育科教員としては授業や他の教育活動に有効活用しない手はない。さらに，単なる集団として枠を閉鎖的に留めるのではなく，文化や価値観の多様性を容認しつつ共通のルールを模索し，公共的なレベルへ積極的に発展させることも可能である。特定の地域，企業，政党など自分が所属する集団の私的な利益のためだけに行動することではなく，ネット社会を利用しつつ，他集団や他校との交流や年齢を超えた輪の広がりを求めたり，市民活動につなげたり，ボランティア活動やNGOなどにも自発的に参加する精神性も育成していかなければならない時代であるといえる。集団に属するということは，その集団の一員として，集団の発展に寄与していかなければならない関係性も求められる。

3　学校教育現場での集団行動のあり方

　学習指導要領での集団行動の取扱いについては，中学校と高等学校共に以下の文章で通達されている。

　「集合，整頓，列の増減，方向変換などの行動の仕方を身に付け，能率的で安全な集団としての行動ができるようにするための指導については，内容の『A体つくり運動』から『Gダンス』までの領域において適切に行うものとする」

　さらに，「集団として必要な行動の仕方を身に付け，能率的で安全な集団としての行動ができるようにすることは，運動の学習においても大切なことである。 能率的で安全な集団としての行動については，運動の学習に直接必要なものを取り扱うようにし，体つくり運動からダンスまでの各運動に関する領域の学習との関連を図って適切に行うことに留意する必要がある。なお，集団行動の指導の効果を上げるためには，保健体育科だけでなく，学校の教育活動全体において指導するよう配慮する必要がある」としている。

　学校教育の中での集団行動は，授業をはじめとする学校教育活動が安全にかつ，効率よく運営できるようにするために行われる。具体的にそのメリットとしては，以下の通りである。

　　①　集団としての秩序を保つことができ，指示や説明の時間が短縮，効率よく学習できる。
　　②　安全に行動ができる（集団の安全が確保しやすい）。
　　③　指導者や他者の行動を察知し，自分の役割や責任が明確に行動につなげられ，他者への気配りができるようになる。
　　④　集団としてのまとまり（所属感，チームワーク）を共有でき，協調性や協力性が高まることで規範意識が向上する。また，その他の諸活動にも好影響をもたらす。
　　⑤　一度その行動様式を習得すれば，進路活動の面接時等の場面においても有効活用ができる。
　　⑥　リーダーの育成。

⑦　指導者側から見れば，多くの人数を把握することができ点呼等も取りやすく，体力差，能力差，男女差を問わず働きかけができる。

などが挙げられる。

　保健体育科の教師として，行事や集会で多くの人（集団）を動かさなければならない場面は実に多い。日常の授業の開始と終了における挨拶，非日常的な活動としては集団での移動（遠足や修学旅行等の団体行動など）や統率（校外学習や校外実習など），各種の集会（学年集会や全校集会などの大集団）や入学式や卒業式などの式典での運営や司会進行，体育の授業を含めた座学ではない現場での集団把握，また，生徒の中からのリーダーの育成も学級経営や学校経営にも大きく関与する。リーダーの育成も現場の教員に求められている課題である。また，グループワークなどのアクティブ・ラーニングの場でも好影響を与えることができる。

　このような場では，特に体育科教員が生徒集団の統率を図り，てきぱきとした行動をさせるための指導模範が期待される。しかし，学校教育活動全体に及ぶものであり，性別も問わず，体育科教員以外の教員にも必要なことであり，また学校を離れた社会的な組織集団でもそのニーズは高い。

4　体育科教員としての集団行動の指導上の留意点

　これまでに述べてきたように，集団行動による指導にはメリットとデメリットが存在する。指導者は歴史的背景を含め，社会の流れやデメリットをよく理解した上で，プラスの集団意識となるように配慮しなければならない。

　なぜその行動が大切なのか，なぜ今その号令がかかるのか，生徒自身で考え理解させることやその行動が自分のため，集団のためになることを実感させることを理解させ，楽しくその後の主たる授業内容の実践や学級活動に好影響をもたらす起点にしたい。

　体育という教科の特性上，広いフィールドで行う授業であり，生徒は椅子に座っているのではなく動いて活動をしている。体育の授業内での集合や整列，点呼，交替など，迅速な行動により指示の確実な伝達やタイムマネジメントが学習効率を高める。また，授業やゲームの始まりに活用するお互いの礼は生徒

の集中力を高めるだけでなく，相手を思いやりながら，一つの区切りやけじめ
として「さあ，ここから始まるぞ」という意識づけにもなる。また指導者は全
体を見回し，表情を観察し体調管理や授業準備ができているか，導入時の決し
て落としてはならない教授行動が開始していることを認識したい。その後の一
時限の授業が整然と執り行うことができるよう，開始時の礼や挨拶は授業規律
として特に大切にしたい。

　授業やゲームの終了時においても，主運動のやりっぱなしで終わらず，振り
返りへの参加や，施設・用具の点検と片付け，清掃の指示，また怪我なくいい
汗をかきいい表情をしているかなど，体調管理を含めたすべての安全確認をす
る終了時の集団行動の一つとして，大切にしたい授業のまとめの教師行動であ
る。

　生徒の集団行動への取り組みは，やる気のあるなしが明確である。上記の意
義を理解させると共に，指導技術として長時間の指導や同じ姿勢が長くなった
り，単なる行動様式を反復する形式的な指導は避けるべきである。よって，他
の領域同様に発達段階に応じて，計画的に順序良く内容を選択していくことが
肝要である。内容としては，集合と解散の反復をしたり，礼の仕方をケースバ
イケースで種類を変えたり考えさせたり，小集団にグループ分けして教え合わ
せたり，競争したりと興味関心を持たせながら指導の工夫をしたい。教具の一
つである"笛"は体育科教員に特化した必須アイテムであり，集団行動におい
ても有効活用できる。常に鳴らし続けているのでは効果は半減であり，生徒の
身体活動を止めてしまうデメリットもある。体育科研究ではいかに笛を吹かな
いで授業を展開する方法を実践研究している学校などもある。また，集団の大
小や施設の大小，音響の有無などを考慮しながら，指導者の立ち位置を決め，
指示が集団全体に行き渡るよう努めなければならない。特に指導者から遠い位
置にいる生徒の動向にも注意を払う必要がある。また，集団行動の学習に特化
しすぎないことも心に留めておきたい。

学習の課題

① 　あなたは体育の授業の中で，集団行動をどのレベル，またはどの項目まで
　指導すべきであると考えますか。

② 　集団行動や授業規律で行う「礼法」について，日常生活の「マナー」とし，
ての関係性をまとめくください。
③ 　年度初めのオリエンテーションで生徒に伝える，授業規律として示す約束
事（ルール）を体育と保健の双方から作成してください。

広く学ぶための文献紹介

○清原伸彦（2018）『心を一つにまとめる小学校集団行動　演技指導のコツ』
　ナツメ社
　日本体育大学の集団行動演技指導で世界的にも有名な著者が，教育現場で活
用できる集団行動の基本と，発展した演技指導のカリキュラムを紹介している。
中学校や高等学校でも取り入れられる基本的な内容で，安全に体育の授業を実
践し，かつ集会や式典でも活用できる内容である。

引用・参考文献
愛知県教育委員会（2008）『集団行動指導の手引き』。
文部科学省（2017）『中学校学習指導要領（平成29年告示）解説　保健体育編』。
文部科学省（2018）『高等学校学習指導要領（平成30年告示）解説　保健体育編』。
文部省（1993）『集団行動指導の手引き（改訂版）』。
大畑昌己（2017）『保健体育指導法（中学校・高等学校)』ERP。

第 8 章

情報と ICT

　新しい情報社会の在り方となる Society5.0 や Web3.0, デジタルトランスフォーメーション（DX）などが提唱される中, 情報通信技術（ICT：Information and Communication Technology）が急速に進化している。保健体育の現場においても積極的な ICT の利活用が推奨されており, 情報に関する知識を有する人材育成が求められている。そこで, 本章は保健体育科の教員を目指す大学生に向けて, 情報学の観点から「動き方・技能等の伝授」と「ICT の利活用」について解説する。第 1 節は, 技の情報を伝える教師と児童生徒とのコミュニケーションについて説く。続く第 2 節では, 教育現場の ICT の現状を紹介し, ICT の利活用と課題について概観することで, 情報に関する基本的な理解をめざす。さらに第 3 節では, ICT を用いた授業の状況と実際の授業で使用される ICT 機器について解説し, ICT 教育の実践における特徴と傾向を紹介する。

1　保健体育における情報

（1）児童生徒に伝える情報とは

　人間は日々, 他者や環境から実にさまざまな情報を受け, 考え, 意思を決定し, そして行動する。もちろん保健体育の現場も例外ではなく, 教師が児童生徒に伝える情報の中には, 保健体育科に関する専門知識はもとより, 受講上のルールや規則など枚挙に暇がない。そこで本節では, 特に運動に関する「動き方・技能等」の情報に焦点を当て解説する。

　体育の指導において, 教師は言語的指導（言葉がけ）および, 実演やジェスチャーなど身体表現を通して動き方・技能等の伝授を試みる。この身体を介した学びについては, 学術的な観点から非常に注目されている研究テーマで, スポーツ科学やバイオメカニクスのみならず, 認知科学や人工知能など情報分野

図 8-1　動き方・技能等の指導風景

出所：Adobe Stock 通常ライセンス取得。

においてもその関心は高い（今井・他，2014）。その理由として，人間の知的シ
ステムや身体性を情報学の観点から解明することで，将来的にロボットやエー
ジェントなどの技術に応用する目的が一つに挙げられる。また，レベッカ・フ
ィンチャー・キーファー（Fincher-Kiefer, 2021）が述べるに思考と身体は密接に
関連し共に進化するとされており，「身体化された認知」として多くの領域で
研究が進められている。

　教育的な視座からみても，スキルやコツを獲得する際の経時的な認知プロセ
スに特徴的な傾向や共通性が認められれば，学習者の主観的な言語情報から熟
達度合を把握することができる。たとえば，走方向転換動作のスキル獲得と認
知過程を検討した研究では，スピード・加速の体感や下肢動作に共通性が認め
られ，またスキルの熟達が認められなかった被験者に関しては，重心に関連す
る認知が多く示された（Yamada et al., 2022）。内部感覚を意識し過ぎると運動
パフォーマンスが低下することが知られているが，この知見で示されるように
学習者の言語報告から動き方・技能等に対する認知の共通性や特徴を導くこと
によって，主観的な思考を指導に役立てることができる。

　もちろん，動き方・技能等に対する学習者の認知は状況に依存しており，さ
らには身体固有性から個々人により違いがある。そのため，一般的に教師は，
外部から観察可能な客観的指標の動作のみを評価する場合が多い。しかし一方
で，学習者が動作を実践した際に「どのように感じ，何を考えたのか？」とい
う主観的な認知も合わせて評価することも大切であり，そのためには学習者の

言葉によく耳を傾ける傾聴の姿勢が教師に求められる。

（2）動き方・技能等の指導における言語使用の限界と工夫

　スキルやコツといった技能の伝授は，手本となる実演や言葉がけを行う教師と，主体的に動き方・技能等の獲得を目指す学習者との円滑なコミュニケーションがあって成立する。この両者のやり取りの初期フェーズでは，教師の理想とする型やフォームを言葉がけによって学習者に強く動作を意識させて，何度も繰り返し実践させることが指導の中心となる。この理由として，学習者が今まで意識していなかった動き方を新たに学ぶには，型やフォームなど目に見える形にして言葉で表現した方が理解し易く，効率の良い学習ができることにある。

　ここで，言語的指導を行うにあたって注意が必要となる。マイケル・ポランニー（Polanyi, 2015）は「私たちは言葉にできるより多くのことを知ることができる」と述べるが，運動に利用される情報のほとんどが意識に上がらないとされている。また知識には，明確な言語や数字・図表などで表現可能な形式知と，明示化されていない言葉として表現し難い（もしくはできない）暗黙知に大別されるが（人工知能学会，2017），感覚に関する情報は暗黙知的性質を持つため，伝達が難しく上手く共有できない場合も往々にしてある。指導する教師の主眼は身体動作に伴う感覚を学習者が体感することにあるが，教師は言葉にして表現することが難しい暗黙知的な情報を学習者に伝えていることを十分理解しなければならない。さらに，学習者は感じたコトや考えたコトをできるだけ言葉にして教師に示すことも重要であり（生田・北村，2014），対する教師は動作の指導に加えて，評価や改善点を言葉で伝えるといった言語的コミュニケーションを通した相互の情報共有が大切となる（図8-2参照）。

　教師と学習者との言語的コミュニケーションにおいて，限られた授業時間内に動き方・技能等を教えるためには，教師の言葉がけに工夫が必要となる。一方で，言語には恣意性や線条性[1]などの性質があり，さらには個々人によって言

---

(1)　恣意性：言語が指し示す内容（シニフィエ）とそれを表現する言語記号（シニフィアン）の間には必然的な関係はないこと。線条性：発話の文脈が一本の線のように時間に沿って継起すること。

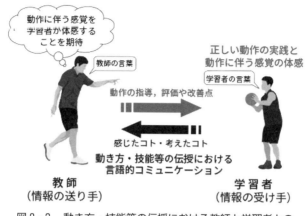

図 8-2　動き方・技能等の伝授における教師と学習者との
コミュニケーション

葉の持つ意味が違うため，動き方や技能等を伝授する上で言葉が有効なツールになる場合もあれば，足枷になる時もある。したがって，指導においては「使いやすいこと」や「分かりやすいこと」など機能的かつ効果的な言葉がけが求められる。

　そこで本項では，オノマトペと集団語に注目したい。はじめに，五感による感覚印象に近いイメージを表現する擬音語や擬態語のオノマトペは，教師と学習者との感覚の共有が得られやすいとされる（日本認知科学会・秋田・内村，2022）。たとえば，ジャンプを教える場合に「膝を曲げて力を抜いて高く飛ぶ」ではなく「フワッと飛ぼう」とオノマトペを使って説明した方が動作をよりイメージし易い。またオノマトペを使用するメリットとして，動作のイメージを喚起しやすいだけでなく，言葉がけが冗長にならず簡潔に説明できるメリットも挙げられる。

　次に，社会集団に特有的・特徴的な言葉となる集団語も動き方・技能等の指導には有効である。集団語は，集団成員の相互の連帯感や親愛感を確認・強化し合い，心理的な結合を強化する機能があるとされる（渡辺，1982）。また，話し言葉は教師が発話した順に学習者に理解される線条性の性質を持つが，集団語を使用することによって短く簡潔に説明することができる。たとえば，「身体の姿勢を低くして早くスタートしよう」と長い言葉がけを何度も学習者に伝

えることは効率が悪い。そこで，たとえばSAT（サット）[(2)]など集団語を合目的
的に作り学習者と共有することで，簡潔な説明が可能となる（山田・他，2019）。
このように教師が言葉がけを工夫することによって，学習者の認知的理解を深
め，動き方・技能等の獲得をより促すことができる。

2　ICT を利活用した教育指導

（1）教育現場の ICT 化

　仮想空間におけるサービスのメタバースに代表される Society5.0 や，ブロッ
クチェーン技術を応用した Web3.0，さらには情報技術により人間の生活をよ
り良い方向に変化させるデジタルトランスフォーメーション（DX）など新た
な情報社会の風潮が高まる昨今，ICT が飛躍的な進化を遂げている。情報技
術革新に伴いパソコンやスマートフォンが急速に普及し，IoT（Internet of
Things：モノのインターネット）によりクラウドを通して相互にビックデータを
交換することができるようになった。また，X（旧 Twitter）や Instagram，
YouTube などソーシャルネットワーキングサービス（SNS）により多様なコミ
ュニケーションが実現され，さらに深層学習に代表される人工知能（AI：Arti-
ficial Intelligence）の技術は，高度の予測や最適なアドバイスの提供を可能にし
た（総務省，2022）。
　ICT による情報化の流れは，教育現場も例に漏れない。文部科学省は
「GIGA スクール構想（Global and Innovation Gateway for All）」と題して，児童生
徒一人１台のコンピュータと高速大容量の通信ネットワークの整備を図り，教
育現場の ICT 化を目指している（文部科学省，2022）。文部科学省「令和３年度
学校における教育の情報化の実態等に関する調査結果」によると，教育用コン
ピュータ１台当たりの児童生徒数は0.9人／台と令和２年度の4.9人／台に比べ
て急激に数値を伸ばしている。また，普通教室の無線 LAN 整備率は93.3%，
インターネット接続率（30Mbps 以上）は98.8% と，ここ数年でインターネット

---

(2)　SAT（サット）とは，第42期ラグビー高校日本代表チームで実際に使用された集団語
　　で，加速してスタートするために脛（Shin）の傾き（Angle）によって低い構えを作る動
　　作テクニック（Shin Angle Technique の頭字語から命名）を意味する（山田・他，2019）。

環境の整備が大きく向上したことが示されている（文部科学省，2022）。

　文部科学省（2022）による令和3年度学校における教育の情報化の実態等に関する調査結果によると，「授業にICTを活用して指導する能力」や「児童生徒のICT活用を指導する能力」が他の大項目と比べて平均値が低いことが示され，特にICTを活用して学習者が協働してレポート・資料・作品などを制作する指導や，コンピュータやソフトウェアを用いてお互いの考えを共有する指導については自己評価が特に低い結果となっている。

　以上の報告から専門職者として活躍できる体育教師を目指すためには，保健体育科教育に関する十分な専門知識と実践力を養うことに加えて，ICTを利活用できる学習者を育てるための幅広い情報への理解が必要であることが分かる。また昨今では，少子化に伴う小中高等学校の統廃合やアフターコロナの対策としてICTの重要性がより一層高まっていることからも，これらの課題に柔軟に対応できる教員育成が期待される。

（2）情報機器とアプリケーションの利活用と課題

　学習者が技能等の動きを実践する際に，自身の思い描く印象と動作が一致するとは限らない。その差を埋めるための一つの方略として，ビデオカメラを使って学習者の動作を撮影して確認することで，学習者は次に何を改善すべきかを視覚的に理解することができる。このビデオカメラは，数年前までは高価なものが多く手軽に購入し利用することが難しかった。また動作を解析するアプリケーションを利用するには，被験者の各関節点に複数の反射マーカーを取り付けて撮影する必要があった。特に，運動強度が高い動きになると被験者に付けたマーカーが外れることがあり，さらには各関節点を誤認識するなど複雑な身体動作を解析することは難しかった。

　一方で，近年ではスマートフォンやタブレット型コンピュータ，アプリケーションを比較的に安価で購入することができ，手軽に身体動作をその場で撮影し，リアルタイムで確認や分析することが可能となった。たとえば，「見比べレッスン」（図8-3参照）というアプリケーションを使うと，指導前後の動作の変化を画面上で比較することができ，学習者の気づきや学びを促進することができる。また，近年ではAI（Artificial Intelligence）の深層学習の技術を応用

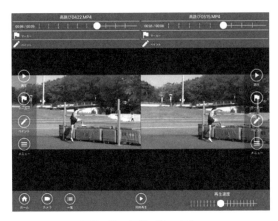

図 8 - 3　見比べレッスン

出所：大修館書店より提供。

することにより，複雑な動作を自動的に骨格検出し人間の動作解析ができるアプリケーションも開発されていることからも，体育の教育現場において ICT 利活用の需要がますます高まると予想される。

　一方，保健体育における ICT の利活用の必要性が高まる中で，「最新の情報機器やアプリを使えば良い教育ができる」，「便利そうだから授業で ICT を使う」と安易に考えるのは早計に過ぎる。当然のことながら情報機器の購入やアプリケーションの準備・操作方法の修得には費用や時間がかかり，さらに学習者の運動実践の時間も減ることが多い。もちろん，これらは体育現場におけるICT の利活用の必要性を否定するものではないが，教師は身体活動そのものの低下を招かないよう「担当する授業で利用が可能であるか」，「学習者の教育的効果が上がるのか」，「授業準備など教員の負担が増えないか」など遂行性に留意することが重要となる。鈴木ら（2019）は，国際連合教育科学文化機関のICT 利活用のステージモデルを参考に，体育における ICT 利活用を 4 つの段階「導入，適合，融合，転換」に区分し，各段階で成果と課題がそれぞれあることを指摘している。そのため，教師は授業で ICT を利用する際にどの段階にいるのかを把握しながら授業を実践しなければならない（表 8 - 1 参照）。

　また，個人情報の保護や本人の同意がない状況で身体の撮影や公表されない肖像権など法律を遵守することも大切である（鈴木ら，2019）。撮影した学習者

表 8-1　ICT 利活用の 4 つの段階

段階	成　果	課　題
導入	体育の授業における ICT 利活用の可能性を模索	実際の授業の中での ICT 利活用には及ばないこと
適用	従来の指導の補助ツールと教科指導の改善	運動時間を減少させずに増加させるような利活用を行うこと
融合	最適ツールの選択と学習者の学びを促進する教師による学習支援	動作改善に特化するのではなく，学習者の動作への気づきの促進
転換	教師や学習者の ICT 利活用に関わる学びの転換	革新的な学習環境を創造と核心的な学習内容の深化

出所：鈴木ら（2019）の文献に倣い筆者らが作成。

の画像や動画，収集データをホームページに公開することや，学会・勉強会などで発表する際，学習者が未成年である場合には，保護者や学校責任者への説明に加えて，書面により同意書を取るなどインフォームドコンセントを得ることが必要となる。

3　ICT 教育実践における特徴と傾向

（1）ICT を用いた授業状況

　スマートフォンやタブレットの普及のほかソーシャルメディア等の利用などわれわれの日常生活にとって ICT は，必要不可欠なものとなっており，ICT 化はライフスタイルだけでなくワークスタイルにも大きな変化をもたらしてきている。教育の分野においても，IT 等を活用した教員の授業力を向上させる取り組みの強化を求めており，子ども 1 人に対して 1 台の端末となる体制とともに安定した無線 LAN 環境の構築が必要だとしている（日本再興戦略，2016）。これらのことは，教師および教師を目指すものは「ICT 活用指導力」を身につける必要があり，デジタルデバイスを通して，児童生徒の発育発達の段階や学習の進捗状況に応じて教材を提供できるかが重要となってくるものである。

　すでに学校現場では，ICT を活用して「一斉指導による学び（一斉学習）に加え，子どもたち一人一人の能力や特性に応じた学び（個別学習），子どもたち同士が教え合い学び合う協働的な学び（協働学習）」（文部科学省，2011）といった授業が実践されるようになってきており，多くの事例が報告されてきている。

　ICT 機器については，教育 ICT 活用実践事例集（日本視聴覚教育協会，2012）

より，その活用状況をみてみると，電子黒板49.6％，タブレット19.6％，実物投影機14.8％，PC14.4％などとなっており（図8-4），これらは，学校ICT環境整備事業において整備された機器が，現場において活用されていることがいえ，また，多くの推進事業やプロジェクトなどの取り組みによりICT機器の活用の試みが進められた結果であるものと考えられる。

　活用されたコンテンツの種別状況についてみてみると，静止画22.9％，教材コンテンツ18.6％，動画12.9％，指導者用デジタル教科書11.5％，実物10.8％，Web上のコンテンツ9.7％などとなっており（教育ICT活用実践事例集。日本視聴覚教育協会，2012），視覚的に効果が出るものを取り入れ，興味や関心を高める等の工夫が行われているものと考えられる。また授業の進行の状況を示したり，注意させたいポイントを画面へ書き込んだり，生徒のノートなど実物を提示することによって共通理解や授業の課題やテーマを把握しやすくさせていることが窺い知れる。特に体育での実技においては，限られた時間に板書やルールブックを開かせて読ませるといったことが困難となることもあり，ICT機器を用いて生徒の理解を深めさせることは有効的なツールとなるものである。

（2）ICT機器を用いた授業

　中央教育審議会（2016）において，平成29・30年の学習指導要領の改訂に伴い，学校教育における質の高い学びの実現に向けて，「主体的・対話的で深い学び」という視点に立ち，授業改善の取組を活性化していくことが重要であることが示された。この「主体的・対話的で深い学び」の実現には，教育現場におけるICT環境の整備とともに，教師のICTを適切に活用する能力が求められるものとなる。文部科学省（2020）は，各教科等の指導における効果的なICT活用の事例をYouTubeで配信するなどの提供を行っている。担当する科目だけでなく他の科目にも目を向け，多くのICT機器を活用した優れた授業を参考にして，授業計画や教材研究などに取り組んでもらいたい。

　体育の学習におけるICTの活用としては，器械運動の授業において活用されることが最も多く，松木・加藤（2019）は動きを振り返る場面において活用され，何かしらの問題を解決させるためのツールとして用いられていることを報告している。このように個人を対象に技術力向上にICTの活用は効果を発

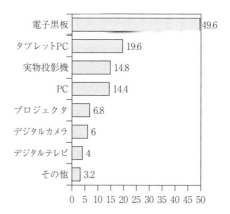

図8-4　ICT 機器の活用状況
出所：日本視聴覚教育協会，2012。

揮されていることが窺い知れる。集団を対象とした事例として，岩永ら（2015）は，球技のバスケットボール種目に着目し，タブレットで撮影したゲーム映像を作戦タイムで視聴させることによって，チーム課題の認識や作戦の立案に効果があったと報告している。このように ICT の活用は，集団におけるチーム理解や課題発見についても効果を発揮しているものといえる。特に，戦術的認識を高めることを目的にゲーム分析アプリケーションを用いることは，自分や他人の動きを比較したり，修正するのに非常に適したツールといえる。

　図8-5は，ゲーム分析アプリケーション（バスケプラス製 Basketball Analyst）を用いて入力を行っている授業場面（図中左）とそのアプリケーションの機能より得られたデータ（図中右）である。自チームのベンチメンバーや他チームのメンバーなど試合がない生徒たちが，3人ほどのグループを形成して，ゲームを見ながら情報端末（iPad）の画面のコート図にシュートした選手の番号やシュートされた位置および成否などをマークしていくというものである。入力のみならばデジタルのスコアブックとしてのみの活用となるが，このアプリケーションは，そこからシュートチャートの機能を用いることで，エリア別のシュート数とシュート成功率が表示できるものとなっている。得られたデータから「どこからのシュートが高確率であったか」，「相手チームにどこから多く点数を決められたか」，「自分やマークマンの得意・不得意なエリアはどこか」

 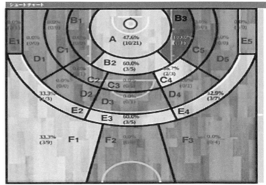

図8-5　ゲーム分析アプリケーションの活用

出所：BasketPad2：バスケプラス。

などの戦術的認識を高めるのに有効的なものとなっている。教師にとっての利点としては，ゲーム理解から戦術などの集団的技能の向上だけでなく，得点・審判以外にもゲーム運営に参加させることができ，プレーしていない者や見学者への配慮も可能となるとともに，運動する時間を確保できるものとなる。また，生徒がこれらのデータを見て考えることで，作戦タイムで会話される内容の質的な向上が見込まれるものとなる。

　体育における ICT の活用としては，運動場面における動作映像の撮影が中心となることが多くなるものといえる。運動の撮影に関しては，カメラ機能による携帯電話での撮影や1秒間で数百枚の撮影が可能なハイスピードカメラまで多くの機材が使用され，多種多様な角度より撮影が行われている。その撮影機器の中でも施設の影響が少なく，手持ちカメラでは撮影困難となる高い画角で撮影ができるという小型無人飛行機のドローン（図8-6）が注目されている。

　近年，スポーツ指導の現場においてドローンを使用してパフォーマンスの評価や強化が行われ始めている。2015年のラグビーワールドカップで活躍した日本代表は，ドローンの空撮技術を導入し，選手たちの各々のポジションやフォーメーションを評価しながら，戦術面のブラッシュアップに役立てたと言われている。陸上やサッカーなどの体育授業においても，個人や集団の動きを上空から撮影できるドローンは，戦術学習や運動動作の評価およびフィードバックに有効的に発揮できる可能性があるものと考えられる。

　図8-7は，ドローン（DJIカメラド
ローン Mini 3 Pro）を用いた陸上競技の授
業場面である。走者以外の生徒がコント
ローラーでドローンを操作して撮影を行
うものである。ドローンについては様々
な機種が販売されているが，授業へ導入
するのであれば，真正面のみの撮影では
なく下方を撮影できることが可能な機種
であり，安定したホバリング（空中停止）

図8-6　ドローン
出所：Adobe Stock 通常ライセンス取得。

ができ，撮影中においてもモニターなどで操作者が手元で撮影状況の確認がで
きる機種が，適した条件になると考えられる。
　図8-8は，ドローンより撮影された映像の連続写真である。撮影された動
画や静止画像を確認し，自分自身の課題発見やフィードバックなどを行うこと
が可能となるが，ドローンによる撮影に加えて，アプリケーションを活用する
ことで，よりデータから動作の分析を行うことができることになる。図中の画
像は，MediaPipe（Python パッケージ版）を用いて，身体部位を画像認識させて
スティックピクチャーとして検出されたものである。スティックピクチャーと
は，棒人間などと呼ばれヒトを模写した簡易的なモデルのことを指し，身体の
各部位を線でつないであらわすため，客観的に分析しやすくなるものである。
スティックピクチャーによって「身体部位の変位」，「関節角度」，「ストライド
幅」などの客観的に数値化でき，それを考察させることは，お手本や他者との

比較を容易にさせ，課題解決の糸口を
つかむ材料となり動作を習得するため
の有効的なものとなる。教師にとって
の利点としては，動作やパフォーマン
スの変化を客観的に数値で示すことが
でき，動きの変化・教材の特徴・パフ
ォーマンスの関係を客観的に説明でき，
運動への深い洞察力を身につけるため
の教材を提供することが可能となるも

図8-7　ドローンによる走者の撮影風
　　　　景

図8-8 ドローン撮影による連続写真と骨格検出後のスティックピクチャーの生成

のである。

体育授業は，他教科のように教室で行われるものと違って屋外環境であったり，屋内であっても天井が高くカメラなどが設置しにくい特殊な環境といえる。しかしながら，ドローンを用いれば上方からの撮影を容易にすることができるものであり，上から撮影される映像は，個人の運動動作だけでなくチームの動きやフォーメーションなどの組織的な動きについても評価することが可能となる。また，多くの人数が集まる機会がある授業においては，生徒の活動の把握をはじめ事故を未然に防ぐため，ドローンを用いて集団組織の行動を観察するなど安全配慮のツールとしても役立てられるものと期待される。

以上，本章では動き方・技能等の情報を伝える教師と学習者とのコミュニケーションについて情報学の観点から説明し，体育現場における ICT 利活用の利点と課題について概観した。さらに実際の授業で使用される ICT 機器と ICT 教育の実践を紹介した。新しい情報社会の在り方が提唱されている昨今，情報を正しく理解し，ICT を適切に使いながら児童生徒に指導できる即戦力の教師が教育現場で求められている。

学習の課題

① 学習者に運動の動き方・技能等を伝える際に，どのような言葉がけが理解しやすいのか，また逆にどのような場合に足枷になるのかを考えてレポートにまとめましょう。

② 教育実習で学習者の動き方や技能等を指導する際に情報機器やアプリケーションを使用することを想定し，ICT の利点と課題点を自身で考え，グループ間で話し合ってみましょう。

広く学ぶための文献紹介

○生田久美十・北村勝朗編（2011）『わざ言語 感覚の共有を通しての「学び」
へ』慶應義塾大学出版会

　技を伝承する際に使用される特殊な言葉の「わざ言語」に関して，理論的ア
プローチに加えて，スポーツや医療，歌舞伎・創作和太鼓などの実践的側面か
ら報告し，さらに暗黙知的性質を持つ技と言語との関係を紹介している。

○今井むつみ・佐治伸郎・山﨑由美子・浅野倫子・渡邊淳司・大槻美佳・松井
智子・喜多壮太郎・安西祐一郎・岡田浩之・橋本敬・増田貴彦（2014）『言
語と身体性　岩波講座コミュニケーションの認知科学第1巻』岩波書店

　認知科学の観点からコミュニケーションを多角的に捉え，言語獲得における
意味の成立過程（記号接地問題）や，知覚・感情と身体との結びつき（身体
性），さらにジェスチャーや手話言語の生成・役割についての内容がおさめら
れている。

○ Rolf Pfeifer・Josh Bongard 著，細田耕・石黒章夫訳（2010）『知能の原理
身体性に基づく構成論的アプローチ』共立出版

　脳による処理として知能を考える古典的アプローチの限界を指摘し，人間が
身体を持つという観点から，身体と環境との相互作用が知能に及ぼす影響につ
いて研究事例を交えながら解説している。

引用・参考文献

中央教育審議会答申（2016）「幼稚園，小学校，中学校，高等学校及び特別支援学校
　の学習指導要領等の改善及び必要な方策等について」。

生田久美子・北村勝朗編（2014）『わざ言語　感覚の共有を通しての「学び」へ』慶
　應義塾大学出版会。

今井むつみ・佐治伸郎・山﨑由美子・浅野倫子・渡邊淳司・大槻美佳・松井智子・喜
　多壮太郎・安西祐一郎・岡田浩之・橋本敬・増田貴彦（2014）『言語と身体性　岩
　波講座コミュニケーションの認知科学第1巻』岩波書店。

岩永智子・堤公一・福本敏雄（2015）「作戦タイムと活動の振り返りから見る「わか
　る」と「できる」の現状について：中学校2学年「バスケットボール」のゲームで
　のICTの利活用を通して」『佐賀大学教育実践研究』32，349-358頁。

町田健（2004）『ソシュールのすべて　言語学でいちばん大切なこと』研究社。

Masatoshi YAMADA, Masaki OHATA, Daisuke KAKOI (2022) A Study on Cogni-
　tive Transformation in the Process of Acquiring Movement Skills for Changing

Running Direction, IEICE TRANS D, E105-D(3), pp.565-577.

松木友和・加藤謙一（2019）「体育科及び保健体育科授業における ICT 機器の効果的な利活用に関する基礎研究—文献調査をもとに—」『宇都宮大学教育学部教育実践紀要』6，189-196頁。

マイケル・ポランニー著，高橋勇夫訳（2015）『暗黙知の次元』筑摩書房。

文部科学省(2013)「教育の情報化ビジョン〜21世紀にふさわしい学びと学校の創造を目指して〜」https://www.mext.go.jp/component/a_menu/education/micro_detail/__icsFiles/afieldfile/2017/06/26/1305484_01_1.pdf（2024年 1 月23日閲覧）。

文部科学省（2020）「ICT の効果的な活用に関する資料等について」https://www.mext.go.jp/a_menu/shotou/zyouhou/detail/000006851.html（2024年 1 月25日閲覧）。

文部科学省（2020）「GIGA スクール構想の実現へ」https://www.mext.go.jp/content/20200625-mxt_syoto01-000003278_1.pdf（2022年 8 月14日閲覧）。

文部科学省（2021）「教員の ICT 活用指導力の向上，体育科，保健体育科」https://www.mext.go.jp/a_menu/shotou/zyouhou/mext_00009.html#kou（2022年 8 月14日閲覧）。

日本認知科学会監修，秋田喜美著，内村直之ファシリテータ（2022）『オノマトペの認知科学』新曜社。

日本視聴覚教育協会（2012）平成23年度文部科学省委託「国内の ICT 教育活用好事例の収集・普及・促進に関する調査研究事業」教育 ICT 活用実践事例集 https://www.javea.or.jp/eduict/h23jirei/all.pdf（2024年 1 月25日閲覧。）

レベッカ・フィンチャー・キーファー著，望月正哉・井関龍太・川﨑惠里子訳（2021）『知識は身体からできている——身体化された認知の心理学』新曜社。

総務省（2016）「日本再興戦略2016　第 4 次産業革命に向けて」https://www.soumu.go.jp/main_content/000425445.pdf（2024年 1 月23日閲覧）。

総務省（2022）「情報通信白書令和 4 年度版」https://www.soumu.go.jp/johotsusin-tokei/whitepaper/ja/r04/pdf/01honpen.pdf（2022年12月 1 日閲覧）。

鈴木直樹・鈴木一成（2019）『体育の「主体的・対話的で深い学び」を支える ICT の利活用』創文企画，7 -10頁，122-131頁。

高橋健夫・岡出美則・友添秀則・岩田靖（2008）『体育科教育学入門』大修館書店。

渡辺友左（1982）『隠語の世界　集団語へのいざない』南雲堂。

山田雅敏・里大輔・坂本勝信・砂子岳彦・竹内勇剛（2019）「ラグビー高校日本代表チームで使用された疾走に関する集団語の成立過程の考察」『ヒューマンインタフェース学会論文誌』21（2），97-110頁。

人工知能学会（2017）『人工知能学大事典』共立出版，梅本勝博「ナレッジマネジメント19- 2　暗黙知と形式知」1339-1340頁。

コラム：トップリーグのミ　ティングに見る ICT 発展の歴史

　日本のバスケットボールにおけるトップチームの「ミーティング」を通して，ICT（データ情報分析）発展の歴史について紹介したい。その歴史は，1990年代のAV機器（ビデオカメラ・再生機など）の機種開発と共に発展し，PCの普及で活性化され，スマートフォンの出現により革命が起きたと言える。

　1990年代は，選手が一箇所に集まり，試合を録画したビデオをそのまま見る「アナログミーティング」がどのチームでも行われていた。チームにはアナライザー（分析担当者）のポジションもなく，コーチやマネージャーが，シューティングチャート（紙上のコートに，誰がどこからシュートを打ったのかマークした用紙）を作成し，選手に配布していた。それが1990年代後半，PCが普及し始めるとシューティングチャートや選手の動きを動画で可視化できるようになり，タッチパネル式ディスプレイに映し出すことでよりアクティブに可視化して情報を伝える「ペーパーレスミーティング」へと発展した。

　やがて，2000年代に入ると，試合動画を効果的に編集できる専用ソフトが続々と開発され，練習や試合の現場にもノート型PCやタブレットが導入されるようになった。「情報をより早く，よりわかりやすく」の要望から試合データがLIVEで分析され，ハーフタイムや試合後のミーティング等でも情報伝達のできる「デジタルミーティング」が主流になった。

　そして2010年を超えたあたりから，スマートフォンの出現により革命が起こる。高価なPCや大型ディスプレイがなくても，情報が「手の中に収まった」のである。選手はあらかじめ分析された対戦相手の情報データ・動画をスマートフォンで受け取り，「いつでも・どこでも・何度でも」視聴することができるようになった。コンピュータよりも手軽に持ち運べるタブレット端末やスマートフォンを使用して，チーム・アナライザーが分析したデータ・編集動画の情報伝達を行う「パーソナルデータミーティング」の到来である。これらの革命は，運動部活動や体育の授業でも使用できるアプリケーションが開発されたことで，学校現場にも一気に普及した。

　もちろん課題もある。「日進月歩のテクノロジー文化をチーム（コーチや顧問・教員）が受け入れられるか」という心理的な障壁や，機材やアプリケーションにかかる経済的な負担等である。しかし，それらを上回る可能性をスマートフォンは生み出し，今や「ミーティングさえ不要」の時代になりつつある。部活動の練習や試合後，帰りの電車の中でスマートフォンを片手に，仲間が分析したスコアや編集された動画を視聴し，先生やコーチのアドバイスを得ることができるのだ。この「パーソナルリモートミーティング」は，コロナ禍の時代を経て「対面しないミーティング」としても評価されている。

　今後，スポーツのICTはどこに向かうのか？「メタバースミーティング」や「AIが試合中に起こり得る状況を予測しながら対応策を導き出す技術」の到来もすぐ目前に迫っている。近い将来「コーチさえもいらないスポーツの世界」が来るかもしれない。

第Ⅱ部

教育実習に向けて

第 9 章

中高保健体育科の教育実習指導

　教育実習を終えた事後面談指導では，多くの学生の変化に驚かされる。無論，それは人間的によい方向へ成長した変化であり，その時の姿勢，眼差し，生徒観，教師観など，全体から醸し出される雰囲気と言動などから実感する。大抵，そのような学生は「実習を終えて以前に増して教師になりたいという思いが強くなりました」と目を輝かせながら力強く語る。

　教育実習については，保健体育科教育法の履修後に，教育実習指導の授業で理論と演習を学びながら準備を進めていくことになるが，本章ではその前段階として中学校，高等学校での教育実習の基本及び保健体育科教員を目指す者として留意すべき事項について解説する。

1　教育実習とは

　教育実習は，学校教育法，教育職員免許法に基づいて行われる。中学校教諭の免許状取得を目指す場合はおおよそ4週間程度，高等学校教諭の免許状の取得を目指す場合は2週間程度の現場実習をすることが必要とされている。学校現場での教育実践を通じて学生自らが教職への適性や進路を考える貴重な機会であり，教育実践能力を身につけるための教育プログラムである。

　教育実習の意義について，教育職員養成審議会（文部省，1987）は，「教育実習は，現実の学校環境における児童・生徒等との直接的な接触の過程を通して，経験豊かな指導教員の下で教職的な体験を積み，教員となるための実践上，研究上の基礎的な能力と態度を養うところに，その本質的な意義が認められる」と説明している。また，教職課程コアカリキュラム（文部科学省，2017）では，「教育実習は，観察・参加・実習という方法で教育実践に関わることを通して，教育者としての愛情と使命感を深め，将来教員になるうえでの能力や適性を考

えるとともに課題を自覚する機会である。一定の実践的指導力を有する指導教員のもとで体験を積み，学校教育の実際を体験的・総合的に理解し，教育実践ならびに教育実践研究の基礎的な能力と態度を身に付ける」ことを目標に据えている。

　以上のように，教育実習は実際の教育現場で経験豊かな指導教員などからフィードバックを受けながら，授業の計画・実施・評価などのスキルを身につけるとともに，教師に必要なコミュニケーション能力や教育者としての倫理観など，多様な教育的な価値観を学ぶことができる唯一の機会である。実習にあたって大事なことは，何を得るために実習に参加するのかという目的意識を明確に持つことである。以下のような，大学が示す目的に加え，保健体育科教育法の模擬授業などの中で表出した各自の課題克服に向け，しっかりと準備をして臨んでもらいたい。

　　　　　　　　　　―教育実習の目的―
「自分を見つめ，教師としての職務の自覚と実践的指導力を身につける」
○ 教育活動全般にわたっての認識を深め，自分自身を知る。
○ 常に謙虚さと目的意識をもって教育活動にあたり，実体験を通して
　　教師としての専門的知識・技能や態度を習得する。
○ 困難から決して逃げず，子ども理解を基にした学習指導および生徒指
　　導の基礎・基本を身につける。
　　　　　　　　　　　　　桃山学院教育大学　教育実習ハンドブックより

2　教育実習に臨む心構え

　「教育実習の単位や教員免許さえ取得できればよい」という安易な考えで教育実習に行くことは絶対にあってはならない。実習依頼の手続きを始める以前に，以下の3点についてよく考え，確固たる決意と信念をもって教育実習に臨むことが肝要である。

（1）先生と呼ばれる覚悟

　「あなたは先生と呼ばれる覚悟ができていますか」。教育実習指導の1回目の授業の冒頭において，履修学生に向かって必ずこのように問いかける。自分が小学校，中学校，高等学校の児童・生徒であった時，あなたにとって先生はどのような存在であったであろうか。どのような先生を尊敬し，憧れ，そして自分も教師を目指そうと考えたのだろうか。その先生と同様に「先生」と呼ばれることを想像すると，絶対にいい加減な気持ちで教育実習に行くことはできないはずだ。

　授業はもとより，日常の身だしなみ，言動，言葉使い，態度，学校外の行動も含めて「先生のくせに，○○○だ」などと「くせ者先生」呼ばわりされることのないよう，常日頃から教員を目指す者として自己研鑽に励む姿勢を持つことが大事だ。

（2）感謝の気持ち

　学校に，教育実習生を受け入れて指導しなければならない義務はない。先生方が多忙にも拘わらず実習生を受け入れてくれるのは，当該校の卒業生ということや，将来の日本の教育の担い手を育成するという義務感によるものに他ならない。時には，「想像していた実習とは違った」，「指導が厳しくとてもつらい」など，不満や心が折れそうな場面もあるかもしれないが，先生方が自分の成長のために多くの時間と労力をかけて指導していただいている，多くの生徒が協力してくれている，という感謝の気持ちを忘れてはならない。管理職や指導教員をはじめ，日常業務で多忙な先生方がさらに実習生に時間を割いて指導していただいていることをしっかりと肝に命じておくべきである。

（3）一生懸命の姿勢

　実習では授業や生徒の対応がうまくできずに落ち込むこともある。指導教員に授業の拙さを叱責されることもあるかもしれない。しかし，初めて教壇に立ち，初めて実際の生徒に指導する実習生がうまくいかないことがあるのは当然であり，ほとんどの教員が通ってきた道でもある。大事なのは少々の苦しさから逃げだすことなく，「やる気，元気，根気」の3つの気をもって粘り強く頑

張り続けることである。

　実習生が未熟なことは指導教員も生徒たちも理解している。少しでもいい授業にしたいと必死に教材研究をしている姿，失敗して叱責されてもめげずにチャレンジする姿，そんな一生懸命な姿は必ず誰かが見てくれている。そのような実習生には先生方が手を差し延べてくれ，生徒たちからも認めてくれるようになるものだ。先生方からかわいがられ，生徒たちから別れを惜しまれる実習生になってもらいたい。

3　教師力を磨く

　教師力とは，一般的に優れた教師に求められる資質・能力のことといえる。教員は教育委員会などが主催する種々の研修に参加するとともに，平素の自己研鑽により教師力向上に努めている。教育実習を控え，教員を目指す人たちが今しなければならないことは，この求められる資質・能力について理解し，実践的授業力の向上と総合的な人間力を高めることに努めることである。

　そのためには大学の講義や部活動のみならず，スクールサポーター，部活動支援，海外留学，ボランティア活動などの学外活動に積極的に参加し，経験値を重ねることだ。大学で学べない，人として成長できることは学外に溢れている。こうした活動の中で多くの子どもたちや魅力的な大人たちに接すること，いろいろな失敗や成功をすることなどの経験こそ，優れた教師の骨格を形成する栄養となるのだ。また，教育実習においては，経験に基づいた考えを自分の言葉で語ることができるようにもなる。

　アインシュタインは"何かを学ぶのに，自分自身で経験する以上に良い方法はない"と述べている。ぜひ，様々な活動にチャレンジしてもらいたい。

　1997年の教育職員養成審議会においては，いつの時代にも求められる資質・能力と，変化の激しい時代にあって今後特に求められる資質・能力などについて示した。要約すると以下のようになる。

1．いつの時代にも求められる資質・能力
　・教育者としての使命感

> ・人間の成長・発達についての深い理解
> ・幼児・児童・生徒に対する教育的愛情，教科等に関する専門的知識
> ・広く豊かな教養
> 　⇒これらを基盤とした実践的指導力等
> 2．今後特に求められる資質能力
> ・地球的視野に立って行動するための資質能力
> ・変化の時代を生きる社会人に求められる資質能力
> ・教員の職務から必然的に求められる資質能力
> 3．得意分野を持つ個性豊かな教員
> ・積極的に各人の得意分野づくりや個性の伸長を図る

また，2005年の同審議会の答申「新しい時代の義務教育を創造する」においては，優れた教師の条件について，以下の3つの要素が重要であるとしている。

> 1．教職に対する強い情熱
> 　教師の仕事に対する使命感や誇り，子どもに対する愛情や責任感など
> 2．教育の専門家としての確かな力量
> 　子ども理解力，児童・生徒指導力，集団指導の力，学級づくりの力，学習指導・授業づくりの力，教材解釈の力など
> 3．総合的な人間力
> 　豊かな人間性や社会性，常識と教養，礼儀作法をはじめ対人関係能力，コミュニケーション能力などの人格的資質，教職員全体と同僚として協力していくこと

4　実践的授業力の向上すること

教育実習という現場での学びにおいて，その中心を占めるのはやはり授業である。指導教員に代わって貴重な授業時間をいただいて行うわけであるから，指導教員の指導を受けながら十分な準備をして臨まなければならない。よい授業のために必要なのは深い教材研究であり，不十分な教材研究のままに授業に臨むことは，生徒に対する背信行為と云える。

今般の学習指導要領改訂において，主体的・対話的で深い学び（アクティ

ブ・ラーニング）の実現に向けた授業改善などが求められていることを踏まえ，実践的な授業力の向上に努めることが重要である。

（1）アクティブ・ラーニングを活用した授業

　アクティブ・ラーニングはこれまでのような教員による一方通行型の授業ではなく，生徒や学生が主体となって関わり学べる学習方法である。グループワークやディスカッション，ディベートなどに加え，ジグソー法[(1)]，KP法[(2)]などが具体的な実践例として挙げられ，その目的は，正しい知識を修得することではなく，正解のない議論（課題）を通して問題解決へのアプローチ方法を身につけることといえる。

　決して毎授業時間に実施しなければならないものではなく，単元を通してその量や質，方法を検討して導入するように考えればいいだろう。今日，文部科学省，都道府県教育センターなどからさまざまな実践例が発表されているので，教材研究としてそれらを参考にしつつ，自分なりの工夫を加えながら授業を計画することが望ましい。

（2）ICT機器の活用

　学習指導要領（文部科学省，2017）の総則において，「情報活用能力の育成を図るため，各学校において，コンピュータや情報通信ネットワークなどの情報手段を活用するために必要な環境を整え，これらを適切に活用した学習活動の充実を図ること。また，各種の統計資料や新聞，視聴覚教材や教育機器などの教材・教具の適切な活用を図ること」と明示された。文部科学省によるGIGAスクール構想によって1人1台端末の整備が始まり，ICTを活用した教育が活発化している。これまでプロジェクターを使って，写真，動画，資料などをプレゼンテーションソフトで提示していた程度のものから，今後，授業の様子

---

(1)　ジグソー法：あるテーマについて書かれた数種類の資料を個別に担当させ，パートごとに話し合いながら知識を深める。その後，グループに戻ってから各パートの話をもちより，テーマ全体への理解を深め，別途課題を解決していくという形式。
(2)　KP法：紙芝居プレゼンテーションの略称。黒板ではなく，あらかじめ紙に授業の内容をまとめておき，進行に合わせ黒板やホワイトボードに貼り付けながら説明していく手法。

は日進月歩のスピードで変容していくだろう。

　しかし，ICT は単なる教具のひとつにしか過ぎないことを忘れてはならない。大事なことはそれらの教具を使って，どのようなアクティブ・ラーニングの授業を展開して目標を達成するかである。事前に実習校の ICT 環境の把握に努め，一人一台のタブレットが配備されているのであれば，ぜひそれらを活用した教材研究に努めチャレンジするべきである。ただし，変容の中にあっても不易流行という諺があるように，黒板，ノート，鉛筆は不易な基本教具としていつまでも大切にしなければならない，と筆者は考えている。

（3）指導案の作成

　授業づくりの基本は，指導案の作成からである。指導案を作成することによって授業の目標や内容を整理し，教育方法について考え，授業の準備や実施がスムーズに行うことができる。

　これまで担当してきた学生の中には，その指導案作成の大変さや苦しさに根をあげて実習を中断しかけた者も複数いる。実習中に何時間分の指導案を作成しなければならないのか，研究授業以外は略案でもよいのか，そうしたことについて規定されているものは何もなく，すべては実習校しだいだ。いい授業はいい指導案からということを念頭に，いい指導案を一定の時間内に作成する力をつけておくことが重要である。参考にできる優れた指導案を収集するとともに，指導教諭との実習前の打ち合わせ時に担当予定の領域や単元項目，生徒の様子などを聞き，事前に準備しておくことが効果的だ。

　～先輩からのアドバイス～
　女子学生Ａ：自分の教材研究の不十分さを痛感しました。生徒の実態把握・発達
　　　段階の理解・現代の課題や情報収集の不十分であったことに加え，生徒のこれ
　　　からの生活に十分に活かせる授業ができませんでした。保健体育の特性を活か
　　　して生徒と関わりを持ち，もっと，先生方との情報共有を行い，生徒のよりよ
　　　い生活について考えていかなければならないと思った。
　男子学生Ｂ：2年生で行った保健の授業は1コマも上手くいかず，生徒にとても迷
　　　惑をかけてしまった。理由は，教材研究や授業準備など全てにおいて不足。そ
　　　れで困るのは私自身ではなく，生徒であり，生徒の大事な学習の時間をいただ

いて授業させてもらっているのに，準備不足の授業を行うと生徒の学習を止め
てしまうことになると気づいた。

5　生徒指導

　教員の仕事は，大きく分類すると「授業」「生徒指導」「学校運営（校務分掌
等）」の３つといえる。教育実習生が学校運営に関わる場面は少ないが，生徒
指導は授業と並ぶ教員の職務の根幹であることから，先生方がさまざまな事案
でどのように生徒を指導しているのか，よく観察・記録し自らもよく考えるこ
とが大切である。

　生徒指導の意義について，文部科学省（2010）は次のように示している。
「生徒指導とは，一人一人の児童生徒の人格を尊重し，個性の伸長を図りなが
ら，社会的資質や行動力を高めることを目指して行われる教育活動のことです。
すなわち，生徒指導は，すべての児童生徒のそれぞれの人格のよりよき発達を
目指すとともに，学校生活がすべての児童生徒によって有意義で興味深く，充
実したものになることを目指しています。生徒指導は学校の教育目標を達成す
る上で重要な機能を果たすものであり，学習指導と並んで学校教育において重
要な意義を持つものと言えます」。

　教科指導以外のあらゆる生徒の指導が生徒指導と言え，その対象は広範にわ
たっていることから，実習に際してとくに留意してほしいポイントを以下に挙
げておく。

（1）生徒理解

　児童生徒の一人ひとりを理解することが生徒指導の基本である。クラス担任，
授業担当をはじめ，養護教諭の先生方から生徒の様子を聞くなどにより生徒理
解を深めることができる。そして，その第一歩として生徒の名前を覚えること
が重要である。生徒指導は，生徒との信頼関係があって初めて成り立つもので
あり，名前を呼びあいさつを交わすことによって互いの信頼関係も生まれる。

（2）積極的に生徒と関わる

　生徒の個性や長所は多様で，授業だけでそれらを理解するのは難しい。授業以外の休み時間，放課後，学校行事，部活動などでの交流は，人間対人間の関係から生徒の理解をより深めることができる。授業では気づかなかった生徒の良さ，人間性に触れることによって生徒理解が深まり，授業での指導でも大きな力となる。様々な場面を捉えて積極的に生徒に声をかけ，コミュニケーションをとることが大切である。

（3）問題行動の対応

　教育実習中には暴力行為やいじめ，飲酒，喫煙などの問題行動の場面に遭遇することがあるかもしれない。その場合の対応として大事なことは，決して見過ごさないこと，一人だけで問題に対応しようとしないことだ。まず，当該行為を止めさせる指導を行い，近くの人に手伝ってもらって先生の応援を求めることだ。後は先生方に任せることになるが，先生方がそれらの対応，指導をどのように組織的に動いていくのかを観察しておくことが大事である。

（4）安全配慮義務

　学校においては生徒が安全な環境で安心して生活できるよう，学校や教員は安全配慮義務を負っている。実習生も大切な児童生徒の命を預かっていることを念頭に，生徒の安全には最大限の注意を払わなければならない。保健体育科教育法の中で学んでいることとは思うが，授業中だけでなく，休憩時間，放課後の部活動など，生徒が活動中は安全確保に万全を期した指導に心がけることが重要だ。そのため，常に生徒の様子や周りの状況を観察し，危険を的確に予測できる力を養う必要がある。

（5）特別支援教育

　文部科学省が2012年に実施した調査では，学習障害（LD），注意欠陥多動性障害（ADHD），高機能自閉症など，学習や生活の面で特別な教育的支援を必要とする児童生徒は，通常学級に6.5％程度在籍している調査結果が出ている。このような生徒が通常学級に在籍していることを踏まえ，学級担任，養護教諭

などから生徒の情報収集に努めるとともにその支援方法について事前に指導を受け，当該生徒が失敗経験をすることがないようにすることが重要である。

~先輩からのアドバイス~

女子学生Ｃ：生徒たちとコミュニケーションを多くとり，一人ひとりのことを知り，理解することが必要だと感じた。教育実習生は４週間という短い期間の中だが，限られた期間の中で自分にできることを考え，関わっていくことで，生徒たち自身の心の面を少しでもサポートできるかもしれない。

男子学生Ｄ：生徒には積極的に声をかけることが大切。私は体育の授業では全員に一回は声をかけた。勇気を出して自分から声をかけることで，生徒との関係性を作ることができ，授業のやり易さにもつながる。授業はもちろん授業外でも生徒と積極的に関わり，生徒と一緒にいる時間を増やすことが大切だと思った。

6　部活動指導について

部活動はほとんどの中学校，高等学校で行われており，児童生徒の個性を伸ばし，心身を鍛え，人間性を豊かにする上で有意義な活動であるが，この部活動の地域移行が重要な教育課題となってきている。スポーツ庁においてモデル地域の取組みも紹介され，各市町村での検討の動きも徐々に始まっているが，実際に広く浸透するにはまだ時間を要すると予測される。

保健体育科の教員志望者には，部活動指導をすることに強い希望を持っている者が少なくないが，実習中に指導に携わる場合には，以下のことに留意しながら取組むよう心がけてもらいたい。

（1）できる範囲で参加する

学校によっては朝の授業前や放課後の遅くまで練習をしている場合がある。教育実習は教科指導，学級指導が最優先である。決して無理をしてまで参加する必要はなく，余裕があればできる範囲で参加するという基準でよい。

（2）得意でない部活動でも

　実際に教員になった際には，その経験の有無にかかわらず部活動の顧問を引き受けざるを得ない場合もある。既述のように部活動指導は生徒理解のいい機会であり，将来に向けて貴重な経験になるので，得意な活動でなくても参加するよう心がけてもらいたい。

（3）安全第一の心がけ

　身体活動を伴う運動部ではケガのリスクがつきまとう。練習に際しては顧問の先生とよく相談し，常に安全に配慮しながら指導するように心がけることが大切である。また，熱中症時の対応方法，除細動器（AED）の位置確認など，万一に備えた危機管理をしっかりと行っておくことが重要だ。

7　服務規律の遵守

　教育公務員（教員）は，一般社会人より高度な倫理観を求められる。実習期間中は教育実習生もチーム学校の一員であり，実習校に"勤務している"ということを自覚し，服務規律を遵守して臨むことが肝要だ。「これくらいならいいだろう」と，学生気分の甘い考えで行動することは許されない。

　以下のようなケースでは大きな問題に発展し，実習が継続不可となる場合もあるので厳に注意しなければならない。

（1）秘密を守る義務（守秘義務）

　教育実習中には，生徒の成績や家庭事情，教職員の個人情報や学校内の秘密事項など，様々な情報を見聞することになるが，絶対に外部に漏らしてはならない。近年ではSNSを通して流出する例が見られることから，誤解を招かないためにも学校内でスマートフォンを使用しないことが賢明である。

（2）生徒との距離感

　生徒理解のためには積極的に生徒と接することは大事だが，距離感に気をつける必要がある。若い教育実習生に興味を持つ生徒もおり，「SNSのアドレス

を教えて」，「休日に一緒に遊びたい」と，個人的なつながりを求めてくる場合がある。先生と生徒という関係を忘れず，アドレス交換や学校外での接触は実習終了後もあってはならない。

（3）教育実習生として不適切な態度

・不適切な言動・服装・頭髪・衛生状態であった。
・無断で遅刻・早退・欠席をした。
・SNSに実習中の写真をアップしたり生徒情報の書き込みをした。
・教員になるという意志と情熱が見られなかった。
・指導教員などに反抗的な態度をとったり，指示に従わなかったりした。
・実習日誌や学習指導案などが不十分で，提出期限が守れなかった。

　教育実習指導は，「事前指導」「教育実習」「事後指導」の3段階があり，3つがセットになっている。実習校での実習期間が過ぎれば終了ではなく，事後指導として大学の実習担当教員への報告，実習校への礼状作成，報告書作成，報告会での発表などがある。それらを通して実習全体を振返り，リフレクション（省察）することが大切であり，以後の大学での学び，教員採用試験など，次のステージへの飛躍台となるのだ。
　教育実習では実践的な知識と技能を習得するとともに，生徒の成長のために日々奮闘している先生方の生きざまを間近で見る経験をすることだろう。近年，教師という仕事はネガティブなイメージで語られることがあるが，教師という仕事はやはり素晴らしいと筆者は考えている。実習でお世話になった先生方や生徒たちへの恩返しのためにも，教員への道に向かって頑張ってもらいたい。

学習の課題

①　実習校に事前訪問した際，指導担当教員から「今回の実習の目標や抱負は何ですか？」と聞かれました。あなたはどのように答えますか。
②　教育実習の初日，職員室での先生方への挨拶，配属学級での生徒たちへの挨拶ではどのように話をしますか。それぞれ1分程度にまとめなさい。
③　教育実習中に，ある生徒から「いじめを受けている」という相談がありま

した。あなたはどのように対応しますか。

広く学ぶための文献紹介

○栗田正行（2021）『高校教師の授業づくり——最高の学びを生み出す仕事術』
明治図書出版

　授業準備，授業の導入と説明，指示と発問，板書，ノート指導とグループ活動，課題・テストの6章から構成され，どの教科，どの校種の教員にあっても大いに参考になる。

○栗山英樹（2019）『栗山ノート』光文社

　WBCで侍ジャパンを優勝に導いた栗山監督の思考力の原点がわかる。四書五経などの古典や経営者の著書から感銘を受けた言葉をもとに，人間力を培うためのヒントが網羅されている。

引用・参考文献

土井進（2017）『テキスト 中等教育実習「事前指導・事後指導」―教育実習で成長するために』ジダイ社。

梶田叡一（2017）『教師力の再興―使命感と指導力を』文溪堂。

桃山学院教育大学教職センター（2022）「教育実習ハンドブック」。

文部科学省（2010）「生徒指導提要」。

文部科学省（2012）「通常の学級に在籍する発達障害の可能性のある特別な教育的支援を必要とする児童生徒に関する調査結果について」https://www.mext.go.jp/content/20221208-mext-tokubetu01-000026255_01.pdf （2023年4月20日閲覧）。

文部科学省（2017）「中学校学習指導要領（平成29年告示）」。

文部科学省中央教育審議会（2005）「新しい時代の義務教育を創造する（答申）」。

文部科学省，教職課程コアカリキュラムの在り方に関する検討会（2017）「教職課程カリキュラム」https://www.mext.go.jp/component/b_menu/shingi/toushin/__icsFiles/afieldfile/2017/11/27/1398442_1_3.pdf（2023年4月3日閲覧）。

文部省教育職員養成審議会（1987）「教育実習の改善充実について」。

文部省教育職員養成審議会（1987）「教員の資質能力の向上方策等について」。

文部省教育職員養成審議会（1997）「新たな時代に向けた教員養成の改善方策について（第1次答申）」。

杉山重利・高橋建夫・園山和夫編（2009）『保健体育科教育法』大修館書店。

第10章

教育実習生から新規採用教員へ

　教育実習は，生徒との様々な関わりの中で，教員の苦労を感じたり，感動を味わったりすることを通して教員としての資質・能力が飛躍的に高まる機会である。

　学校では，教育実習生といえども生徒の成長に責任を持ち，実習校の教育目標の実現に貢献することが望まれる。そのためには，教育実習校の教育目標を知り，実習校はどのような生徒を育てようとしているのかを理解することが必要である。また教員採用試験に合格し，新規採用教員として教壇を目指すためには，各教育委員会が新規採用教員にどのような資質・能力を求めているか理解することが必要になる。教育実習は，それらを実践的に身に付ける貴重な機会でもある。

　本章では，はじめに「保健体育科の教育実習生にはどのような期待があるのか」を解説し，次いで「実習校の教育目標の実現に寄与し，各教育委員会が新規採用教員に求める資質・能力を身に付ける機会」として教育実習に臨む観点から，教育実習前に確実に把握しておかなければならない事項について解説する。

1　教育実習校の不安と期待

（1）教育実習の後始末

　筆者が高等学校において副校長として勤めていた時のことである。職員室で，次のような教員同士の会話を聞いた。

　「今日から，教育実習生がやった授業の後始末だ。生徒たちは全然理解ができていないから，もう一度やり直さなければならない。」

　「教育実習生がホームルームを受け持って，クラスの雰囲気にけじめがなくなった。今日から引き締めていかなければならない。」

　いずれも，教育実習が行われた後の学校で，教育実習生の教科指導や学級指導に問題を感じた教員の本音が漏れた会話である。教育実習生に対する不信感

が現れている。

　教育実習生を受け入れて指導に当たる教員は，その期間に通常の業務に加えて「教育実習生の指導」という業務を担うことになる。担当教員は，教育実習生の教員としての資質・能力を高めようとその指導に当たるが，教育実習に臨んだ学生の教職に対する知識や意欲が十分でない場合には，指導教員にとって教育実習生の指導が重い負担となるだけでなく，実習後の授業や学級経営の修正が必要となるなど，結果として教育実習が実習校を混乱させることがある。教育実習生を受け入れることは，教員の負担が増大することである。受け入れ校の校長は，「教員採用試験の合格を目指し，教員として働く意欲が旺盛な学生」を望んでおり，学生といえども，その期間は実習校の「教員」として生徒に向き合い，生徒の成長に貢献してほしいと願っている。

　教育実習が時として教育実習生の不信感を買ってしまうことは，先述のとおりである。教育実習に臨む際には，実習校における校長や指導教員の期待を胸に刻み，教育実習校の教育目標の実現に寄与するよう努めなければならない。

（2）保健体育科の教育実習生への期待

　表10‐1は，2021（令和3）年に静岡県内の高等学校で教育実習を受け入れて指導に当たった教員に対し，静岡県教育委員会（2020）が策定した「静岡県が目指す教育実習（教育実習の実施方針）」について，その理解度等を5段階（「5：とてもそう思う」〜「1：全くそう思わない」）のリッカート尺度で調査した際の質問項目である。調査は，2021（令和3）年6月から7月にかけて，静岡県内高等学校において，教育実習生の指導に当たった教員を対象に，教育実習生の教育実習への取組等について調査したものである。指導を担当した教員の教科は，「国語」「地理歴史」「公民」「数学」「理科」「保健体育」「芸術」「外国語」「家庭」「農業」「工業」「商業」「福祉」「養護」であり，合計132名から回答が寄せられた。これらの回答を，保健体育科の指導に当たった教員と他教科の教員と比較してみると，保健体育科教員が有意に高い値を示した項目が見出された。それらは，筆者の校長としての勤務経験において，「保健体育科の教育実習生は教育実習に献身的に取り組む学生が多い」と感じていたことを裏付けるものとなった。

表10-1　「静岡県が目指す教育実習(教育実習の実施方針)」に関するアンケート質問項目

No.	質　問　項　目
1	教育実習生は，教員になろうとする意欲が十分ありましたか。
2	教育実習生は，貴校における教育実習の目的を十分に達成できたと思いますか。
3	担当した教育実習生は，教員として採用されて欲しいですか。
4	教育実習生は，指導教員等先輩教員と接したことで，教職への思いは確かなものになったと感じますか。
5	教育実習生は，教育実習を通じて，職業としての教員の魅力に気が付いたと感じますか。
6	教育実習の計画を作成する際，「静岡県教員育成指標」における「採用時の姿」を参照しましたか。
7	教育実習生は，生徒と触れ合う時間を十分に確保できたと思いますか。
8	教員の魅力を，教育実習生に伝える時間は十分確保できたと思いますか。
9	指導教員自身が生き生きと働くことで，実習生に教員の魅力を伝えることができたと思いますか。
10	教育実習生は，教育実習を通じて，教員になった場合の課題が明確になったと思いますか。
11	教育実習生を指導するに当たり，指導が十分できなかったと感ずる指導項目はありますか。
12	教育実習生を指導するに当たり，最も重視して指導した事項は何ですか。
13	教育実習生が生徒と触れ合う時間を確保するため，従前と比べ簡略化した書類はありますか。
14	教育実習生の指導は，指導教員が一人で抱え込むことなく，チームで指導できたと思いますか。
15	教育実習生が相談しやすい雰囲気や環境をつくることができたと思いますか。
16	教育実習生は，教育実習を行うに当たって，十分な準備ができていたと思いますか。
17	教育実習前に，担当する単元や教材等について，実習生と十分な打ち合わせができましたか。
18	教育実習生は，教育実習を勤務時間の中で行うことができたと思いますか。
19	教育実習生への指導は，勤務時間の中で行うことができましたか。
20	教育実習生の指導は，負担に感じましたか。

出所：笠井・清宮 (2021) より。

　表10-2は，保健体育科の平均値が他教科よりも高かった項目をまとめたものである。質問5「教育実習生は，教育実習を通じて，職業としての教員の魅力に気が付いたと感じますか」，質問3「担当した教育実習生は，教員として採用されて欲しいですか」，質問14「教育実習生の指導は，指導教員が一人で抱え込むことなく，チームで指導できたと思いますか」との各質問について他教科の教員よりも平均値が有意に高くなっていた。

　このことは，保健体育科の教育実習生は他教科の実習生に比べ，教育実習を

表10-2　実習生および指導の状況（保健体育比較）

質問項目	保健体育教員		保健体育以外の教員		t 値
	平均値	標準偏差	平均値	標準偏差	
5　教員の魅力に気付く	4.4	0.65	4.09	0.71	2.00*
3　教員としての採用に期待	4.48	0.71	4.09	0.87	2.07*
14　教育実習生をチームで指導	4.2	0.76	3.71	0.91	2.47*

出所：笠井・清宮（2021）より。

通じて教員の魅力を味わうことが多い傾向にあること，他教科に比べ教員として正式に採用されて欲しいと期待される実習生が多い傾向にあること，さらには，教科の教員が全員で実習生の指導に当たるという体制が他教科に比べて備わっているということが示唆される。

　保健体育科の教育実習に臨む学生は，これらの保健体育科における教育実習の傾向を心得ておくことが必要である。保健体育科の教育実習生は，専門とするスポーツに取り組んでいる場合が多い。それらの専門性を，例えば部活動に参加するなどして生かすことにより，生徒と関わる機会とともに教員の魅力を味わう機会が増幅すると考えられる。可能な限り，部活動指導に携わると良い。

　また，教育実習では担当の指導教員が決められ，その教員が指導に当たるのが通常であるが，保健体育科では「保健体育科の教員が担当の有無に関係なく教育実習生に関わる体制がある」ということである。教育実習では，多様な体育や保健の見方を学ぶために指導教員以外の保健体育科教員にも積極的に指導を仰ぐことが重要である。

2　教育実習と学校の教育目標

（1）学校の教育目標

　教育実習前に必ず把握しておくべきは実習校の教育目標である。

　なぜなら学校の教育目標はその学校の拠りどころであり，どのような生徒を育てるのかが示されているからである。日々の授業，学級指導，部活動指導などの教育活動は，その目標を達成するための手段である。決して，「授業を行うこと」，「学級の指導を行うこと」，「部活動指導を行うこと」が目的ではない。

表10 - 3　静岡県立高等学校（2校）の教育目標

1　静岡県立静岡商業高等学校（2021）
校訓「剛健進取」のもと，創立123年目の歴史と伝統を誇る静岡県を代表する商業高校として，地域を担う有為な人材育成を目指す。そのために，授業・学校行事・部活動を通して，生徒個々の特性を最大限に伸ばし，知徳体のバランスのとれた人材を育成する。 ア　ビジネスに関するマナーや技能・実践力を身に付け，社会人基礎力を育成する学校。 イ　学ぶこと働くことを尊び，高い志を持って生涯学び続ける姿勢を育成する学校。 ウ　進路目標に向けて実力を高め，多様な進路希望を実現する学校。 エ　行事や部活動等を通して，豊かな人間性や健やかな心身を育成し，活力にあふれる学校。 オ　地域社会との連携を深め，地域に学び，地域社会から信頼される学校。
2　静岡県立富士宮東高等学校（定時制課程）（2021）
校訓「健やかなからだ　豊かな心　たゆまぬ努力」のもと，時代や地域が求める人材を育成する。 　育てたい生徒像 ①心身ともに健康で社会や学校のルールを守る生徒 ②他者を尊重し好ましい関係をつくる生徒 ③学業と仕事の両立ができる生徒 ④目標達成に向け努力し続ける生徒

出所：令和3年度各校学校要覧をもとに筆者作成。

生徒が身に付けるべき力を育んでいくための手段が，種々の学校教育活動である。その力を具体的に示しているのが教育目標であり，学校には必ず教育目標が掲げられている。それらは，法令や教育課程の基準を踏まえ，各学校の課題解決を目指しつつ，どのような資質・能力の育成を目指すのかを具体的に明らかにしながら設定され，家庭や地域と共有していくものである。家庭や地域との共有を図るために，ホームページで公表されており，誰でも確認することができる。

　教員は，学校の教育目標に示された力を育むことを目的に勤務しており，教育実習に臨む学生も教員と同様に，実習校の教育目標を確認し，そこに示された力を生徒が身に付けられるよう教育実習に臨む必要がある。

（2）学校の教育目標実現に貢献するために

　ここから，筆者が勤務した静岡県立高校のうち，2校の2021（令和3）年度教育目標（表10 - 3）を例に，保健体育科の教員としてどのように学校の教育目標の実現に貢献していくことができるのかを考えていこう。

　静岡商業高等学校（2021）は，創立120年を超える伝統ある静岡県を代表する専門（商業）高校である。高校卒業後は，社会人として働く生徒が多数在籍

している一方で，商，経営，経済学部などの大学やビジネス関連の専門学校への進学をする生徒が一定程度いることから，「ア　ビジネスに関するマナーや技能・実践力を身に付け」と示されている。またエには，「行事や部活動等を通して，豊かな人間性や健やかな心身を育成し」とあり，同校が部活動や学校行事を重視していることが分かる。ビジネスに関するマナーや技能・実践力を保健体育の教育実習生として，どのように育んでいけば良いかを考える必要がある。「ビジネスに関するマナーや技能・実践力」とは，どのような場面でどのように行動できる姿を指すのかを想像し，具体的な場面を描くことである。

　高等学校学習指導要領（2018）の科目「体育」の目標のうち，「学びに向かう力・人間性等」の育成に向けた目標は，次のように示されている。

　　「運動における競争や協働の経験を通して，公正に取り組む，互いに協力する，自己の責任を果たす，参画する，一人一人の違いを大切にしようとするなどの意欲を育てるとともに，健康・安全を確保して，生涯にわたって継続して運動に親しむ態度を養う。」

　科目「体育」の目標に示された「公正に取り組む，互いに協力する，自己の責任を果たす，参画する」などの意欲を育てることは，「ビジネスに関するマナーや技能・実践力」に通ずるものであり，体育の授業と「ビジネスに関するマナーや技能・実践力」を身に付けることを関連付けて授業を構想し，授業の目標を立て，目標を達成するための授業を展開することで静岡商業高校の教育目標の実現に貢献することが可能となると考えられる。

　次に，県立富士宮東高等学校夜間定時制課程（2021）の教育目標を紹介しよう。仕事と学習の両立に困難が生じ，長期欠席者や不登校傾向にある者が在籍しており，心身の健康や安全を確保することが学校生活の第一歩であるとの観点から，「心身ともに健康で社会や学校のルールを守る」ということ，コミュニケーション能力の育成に重点を置くとの観点から「他者を尊重し好ましい関係をつくる」ことが，富士宮東高校定時制課程の教育目標として示されている。

　それらは，科目「保健」の目標と通ずる。高等学校学習指導要領（2018）の科目「保健」における学びに向かう力・人間性等に関する資質・能力の育成を目指す目標は，次のように示されている。

　　「生涯を通じて自他の健康の保持増進やそれを支える環境づくりを目指

し，明るく豊かで活力ある生活を営む態度を養う」。

　保健の授業において，科目の目標を達成するための授業を実践することにより，富士宮東高等学校定時制課程の教育目標の達成につながると考えられる。富士宮東高等学校定時制課程においては，「保健」が極めて重要な科目で，学校運営の中核を担う科目と言える。

　以上，筆者が勤務経験のある2校の教育目標を例として，それぞれの学校において，「体育」「保健」の授業との関連について考察した。

　学校の教育目標と「体育」「保健」の授業を関連付けて考え，「体育」「保健」の授業を実践することで実習校の教育目標の実現につながっていくことになる。教育実習校の教育目標と学習指導要領に示された育成を目指す資質・能力とを関連付けて授業を構想し実践することにより，授業づくりの根拠となり，確かな自信をもって授業に臨むことができる。

　保健体育科の教育実習生として，教育実習校の教育目標を理解しその実現に貢献しようする観点での授業構想が大切な視点である。

　門屋ら（2018）は，「教科指導において，常に良い授業を求めていく，改善の意欲，教科や関連する学問等に関する深い識見というより，授業における規律や規則，ルールを守ること，安全，健康への配慮といった点において期待されている」ということに加え，「保健体育科教員は，豊かな感性を身に付け，教員の職責を自覚し，困難な状況・課題に挑む姿勢（使命感）が求められている一方，教科や関連する学問等に関する深い識見，常に良い授業を求めていく改善の意欲といった教科指導に関する事項においてあまり求められていないことが明らかになった」と述べている。すなわち，保健体育科教員は教科指導において，常に良い授業を求めていく授業改善への意欲よりも，困難な状況・課題に挑む姿勢といった生活指導への期待が高いという現場の実態を指摘している。

　筆者の経験からも，多岐に及ぶ学校教育活動において，「体育」「保健体育」を「国語」や「算数・数学」，「英語」などの教科に比べ軽視する傾向があることや，「生活指導は体育教員に任せればよい」，「体育教員が生活指導の担当である」といった空気がある学校現場の現実があったことを否定はしない。

　しかしながら，各学校の教育目標には，保健体育科教員の貢献なくしては実

現できない内容が必ず示されており，そのことは保健体育科教員の教科指導における指導力の発揮やその向上が学校の運営には欠かせないことを意味する。保健体育科の教育実習生として体育や保健の見方・考え方を働かせながら体育や保健の授業を担当することが，「実習校の教育目標の実現という教科の枠を超えた学校の運営に関わることになる」ということを認識して欲しい。

　教育実習は，教育実習生として，「心と体を一体として捉え，生涯にわたって心身の健康を保持増進し豊かなスポーツライフを実現，継続するための資質・能力」を育成することを目指す授業を実践する機会である。

　保健体育科の教育実習生が，自身のウェルビーイング（Well-being）の実現を目指し，自らの心身の健康を保持増進し，豊かなスポーツライフを実現，継続しようとしていることが実習校の生徒にとって貴重なロールモデルであり，憧れの存在になる。

3　新規採用教員に求められる資質・能力を磨く

（1）新規採用教員の着任

　本節では，いよいよ新規採用教員として学校に赴任することになった教員を迎える学校の状況を述べ，新規採用教員に求められる資質・能力について考えていく。

　4月1日，学校は新年度の準備等で極めて慌ただしいが，校長は新たに着任することになった新規採用教員を個別に迎える。

　事前に教員採用試験受験の際に提出された「面接カード」や「履歴書」の写し等の資料を見ながら，「あなたは本校に赴任することになりました。心から歓迎します」と電話連絡をしているが，直接顔を合わせるのは今日が初めてである。

　「どのような先生なのだろう。生徒の成長をしっかり支えることができるだろうか」，「先輩教員から様々なことを教えてもらえるような，他の教員と上手にコミュニケーションをとることができる人だろうか」などと，期待半分，不安半分の思いを抱きながら校長は新規採用教員と面会する。

　教員は新規採用教員であろうと，定年退職を目前に控えた教員であろうと，

当該校において学ぶ生徒たちの人格の完成を目指し，その資質の向上を促すという極めて専門性の高い職責を担っている。校長は，新規採用教員に歓迎の態度を示しながらも，「目の前にいるこの新規採用教員はそうした職責を担うことができるようになるだろうか」などと考えている。

　教員採用試験等幾多の関門を乗り越え，めでたく正規の教員として出勤初日。迎える校長は，新規採用教員にどのような期待をしているのか。

　「新規採用教員が着任した」ということは，前任者が転退職したか，または当該教科の教員定数が増加したかのいずれかである。定数の増加は稀であり，多くの場合，前任者の後任ということになる。

　人事異動作業において校長は，転出が濃厚の教員の後任を誰にするのかを教育委員会と進めていく。人事異動に関する校長の要望は，必ずしもかなうものではないものの，中には「新規採用教員は充てないでほしい」という校長もいる。前任者の業績が大きいなど，前任者の業務を新規採用教員では担えないと判断していたり，新規採用教員が採用された場合，初任者研修のための授業持ち時間数の軽減がなされ，軽減された分の授業を担当する非常勤講師を探す必要が生じたりするためである。そのように，新規採用教員の着任は，学校において良くも悪くも大きな影響を及ぼすものであり，校長としてはまさに「期待半分，不安半分」である。

　新規採用教員が前任者と同等の任を担うことは不可能であるが，教員採用試験に合格し，新規採用教員として学校に着任するということは，教員としての資質が一定程度備わっていると任命権者が判断している証しである。

　校長が期待し任命権者が一定程度備わっていると判断する，教員としての資質とは一体どのようなものであろう。

　それは「何かができる」ということではなく（もちろん「何かができる」にこしたことはないが），「どのように時代が変化しても，その時代の背景や要請を踏まえながら，自らが子供たちの道しるべとなるよう，常にその資質の向上を図り続ける」という資質である。校長は眼前にいる新規採用教員に対し，現時点で備えている教員としての資質を，自らさらに向上させ続けることがきるような人であることを期待している。前任者の後任としての業務を全うすることなどは期待していない。

（２）教員の育成指標

　2016（平成28）年の教育公務員特例法の改正により，教員の任命権者には，任命権者として求める教員の資質を明示することが義務付けられた。教員を目指す際，どのような資質を身に付けるよう努めるべきか，必ず知っておく必要がある。

　2016（平成28）年の法改正を受け，2017（平成29）年に文部科学省は，「公立の小学校等の校長及び教員としての資質向上に関する指標の策定に関する指針」（平成29年文部科学省告示第55号。以下「指針」という）を定めた。そして，その指針を参酌して，地域の実情に応じて，「当該校長及び教員の職責，経験及び適性に応じて向上を図るべき校長及び教員としての資質に関する指標」（以下「指標」という）を定めることが，各任命権者には義務付けられたのである。それらにより各都道府県教育委員会等（任命権者）は，教員が高度専門職としての職責，経験及び適性に応じて身に付けるべき資質を明確かつ具体的に示すことになった。特筆すべきは，指標の策定に際し，「必ず，新規に採用する教員に対して任命権者が求める資質を第一の段階として設けることとする」と示されていることである。すなわち，全国すべての教員の任命権者は，新規採用教員に求める資質を指標によって具体的に示さなければならない。校長としては任命権者が示す新規採用教員として身に付けるべき資質が一定程度備わっているからこそ，教員採用試験に合格し本校に着任してきたのだと期待している。

（３）新規採用教員に求められる資質・能力

　各任命権者が新規採用教員に求める資質を「指標」に具体的に示すことが定められた中，さらに，教員免許更新制を発展的に解消して任命権者による教員の研修等の実施を義務付けるなどの教員の資質向上に関する制度改正が行われた。2022（令和４）年８月，「公立の小学校等の校長及び教員としての資質向上に関する指標の策定に関する指針」（以下「指針」という）の全部が改正され，教師に共通的に求められる事項が，①教職に必要な素養，②学習指導，③生徒指導，④特別な配慮や支援を必要とする子どもへの対応，⑤ICTや情報・教育データの利活用という５項目に整理された。その改正を受け，各任命権者は「指標」を見直していくことになる。新規に採用する教員に対して任命権者が

求める資質は，引き続き「指標」において第一の段階として設けるとされており，新規に採用される教員に求められる資質について明示されていくことは変わりがない。

　各任命権者が新たに策定する「指標」について，その内容を注視し，新規採用教員が身に付けるべき資質として把握していくことが不可欠である。

　新規採用教員に求められる資質・能力が各任命権者によって明示されていることを踏まえれば，それらの資質・能力が確実に身に付いているかどうかを評価するために，各任命権者が実施する教員採用選考試験において問われることになるであろう。

　各任命権者が新規採用教員に求める資質・能力を十分に把握し，それらを確実に身に付けていくために教育実習に臨むという姿勢も大切である。

学習の課題

①　保健体育科の実習生の特長を踏まえ，教育実習に臨むに当たって，どのような心構えで臨むべきか意見を述べましょう。

②　教育実習校の教育目標を調査し，「体育」や「保健」の授業を通じて，達成することができる目標を抽出し，どのような学習活動が適切か考察してみよう。

③　教員採用選考試験の受験を考えている都道府県・政令市教育委員会が明示している「指標」を調べ，新規採用教員にはどのような資質・能力が求められているのかを確認しましょう。

広く学ぶための文献紹介

○堂前直人編『教育実習パーフェクトガイド BOOK』学芸みらい社
　教育実習前の不安の解消につながる。
○岡出美則・友添秀則・岩田靖編『体育科教育学入門［三訂版］』大修館書店
　優れた体育教師の理論と実践が集約されている。
○小澤治夫・小林博隆編『体育の教材・教具ベスト90』大修館書店
　教育実習中の授業に生かせる教材や教具が豊富である。

引用・参考文献

中央教育審議会（2022）「『令和の日本型学校教育』を担う教師の養成・採用・研修等の在り方について～「新たな教師の学びの姿」の実現と，多様な専門性を有する質の高い教職員集団の形成～（答申）」https://www.mext.go.jp/content/20221219-mxt_kyoikujinzai01-1412985_00004-1.pdf（2023年4月11日閲覧）。

門屋貴久・清宮孝文・後藤彰・松平昭二・大塚幹太・菅真彩（2018）「学校が求めている保健体育科新規採用教員への資質や指導力に関する研究」『日本基礎教育学会紀要』23。

笠井義明・清宮孝文（2021）「「静岡県が目指す教育実習（教育実習の実施方針）」に関する現状と課題に関する一考察～高等学校へのアンケート調査結果から～」『静岡産業大学論集「スポーツと人間」』6（2）。

文部科学省（2017）『中学校学習指導要領（平成29年告示）』東山書房。

文部科学省（2017）「公立の小学校等の校長及び教員としての資質の向上に関する指針に基づく教師に共通的に求められる資質の具体的内容」。

文部科学省（2017）「公立の小学校等の校長及び教員としての資質向上に関する指標の策定に関する指針」https://www.mext.go.jp/content/20220901-mxt_kyoikujinzai01-000023812_1.pdf（2023年4月9日閲覧）。

文部科学省（2018）『高等学校学習指導要領（平成30年告示）』東山書房。

文部科学省（2018）『高等学校学習指導要領（平成30年告示）解説　保健体育編体育編』東山書房。

静岡県教育委員会（2020）「静岡県が目指す教育実習（教育実習の実施方針）」（https://www.pref.shizuoka.jp/kodomokyoiku/school/kyoiku/kyoshokuin/1003850/1031730.html（2023年4月11日閲覧）。

静岡県立富士宮東高等学校（2021）「令和3年度学校要覧」。

静岡県立静岡商業高等学校（2021）「令和3年度学校要覧」。

第11章

部活動指導における知識と心得

　本章では，第1節で部活動が現在置かれている状況と課題を挙げ，第2節では実践的な運営の知識を述べている。教育活動（教育実習）において，運動部・文化部問わず部活動指導に携わることは，一歩踏み込んだ生徒との関わりを持つ絶好の機会でもあり，生徒と共に自身も成長する機会でもある。本章は運動部活動を前提に述べているが，教育実習という二度とない機会を有意義なものにするため，文化部活動指導者にも部活動の実状を理解し，種目や規模にとらわれずに学びを深めていくことをめざす。

1　部活動指導の現状と課題

（1）部活動の意義

　「部活動の意義と生徒の学校満足度とは相関関係にある。部活動継続者にとって，クラスだけでなく部活動においても中学生の欲求が満たされていれば，充実感や学校生活への満足度が高まる可能性がある。特に，クラスでの欲求満足度の低い中学生にとって，部活動は学校生活への満足度を高めてくれる要因となりうることが示唆されている」（角谷・無藤，2001）。お互いを認め合う仲間や励まし合う仲間がクラスにおらず，自分を表現する場や受け入れてくれる機会が少ない場合，部活動（部活動の仲間同士でおしゃべりをする，一緒に登下校するという行動を含む）が，学校生活の満足度を高めてくれるということである。すなわち，部活動が楽しいから，学校が楽しいという図式が成立する。さらに，「学校の運動部活動は，体力や技術の向上を図る目的以外にも，異年齢との交流の中で生徒同士や生徒と教師等との好ましい人間関係の構築を図ったり，学習意欲の向上や自己肯定感，責任感，連帯感の涵養に資するなど，生徒の多様な学びの場として，教育的意義が大きい」（スポーツ庁，2018）。近年，少子化問

題において兄弟の関わりが少なくなってきている中，異年齢と交流する機会は社会に出る準備段階の初期として，大いなる学びの場となる。そのような意義を踏まえ，部活動の指導に臨みたい。

（2）部活動の現状

　部活動の大きなトピックの一つに，中学校での部活動地域移行があるが，教員たちの部活への思いは一様ではない。「教員に選択権を与え，やりたい人がやれる制度を整えるのも大事だと思う」（朝日新聞，2023）。また，「部活動そのものが問題なのではない。それを無理に教員に指導させることが問題」（内田，2017）であり，部活動地域移行も，教職員の限度を超えた労働時間からくる偏った働き方から議論がスタートされた。文部科学省が実施した2016年度の教員勤務実態調査によると，部活動指導の負担は近年，重さを増していて，中学教諭が部活指導に使う時間は1日当たり土日は2時間9分，平日は41分。前回調査の2006年度と比べて土日は1時間3分増えて2倍になっている（部活指導をしていないなど様々な教諭を含めた平均値のため，顧問をしている場合はこれより多くなるとみられる）。部活動が地域へ移行する声が高まった背景には，こうした状況の改善が必要との判断がある。ただ，現場が大きく変わるかは見通せない。2021年度に全国102自治体の一部の中学校で地域移行を先行実施したところ，45自治体で教員が指導を担っていた現状（スポーツ庁）が浮き彫りになったからである。地域移行後も，部活動顧問が引き続き指導する状況と並行して議論が続くと予想される。

（3）部活動の課題

　部活動の現在は，「二極化」構造が進んでいる。「二極化」とは，大会・試合での「勝利」を第一に追い求め，競技としてレベルの高い練習・トレーニングを行う競技的部活動と，仲間との居場所を提供し健康的に活動するレクリエーション的部活動である。それぞれの特徴を述べると，競技的部活動は選ばれた者の活動であり，学校でいう「推薦入試制度」によって選抜された生徒が主に活動する。ハイレベルな技術と体力を増進すると同時に，専門的な指導者と共に戦術戦略を学ぶことによって，試合での「勝利」を第一に目指す。一方，レ

クリエーション的部活動は誰でも参加できる。勉強や部活動以外の習い事がメインの場合もあるので，その負担にならないよう活動し，大会での勝利よりも爽快感や健康の維持増進や仲間との交流等を主たる目的としている。よって，専門的な指導者でなくとも部活動を管理運営することができる。この「二極化」のバランスをとることは非常に難しい。なぜなら，多くの保護者や生徒自身が，勝利と同様に人間的な成長も望んでいるからである。当然，試合の目標は勝つことであるが，そのプロセスから人間性を高めるという目的も追求するダブルゴールが，指導の理想型と考える。そこには，誰もが「価値」ある3年間を送りたいという思いがあるからである。

　「二極化」を加速させる原因の一つが，指導者不足の問題である。部活動顧問に憧れ，部活動を指導したいがために教員を志望する者もいるであろうし，プロスポーツやアマチュアスポーツを問わず現役を引退後に指導者として新たな道に進みたいと希望する選手・学生は多いと考えられるが，教員採用の枠は限られている。今後は，さらに少子化が進み採用枠の減少も予想され，さらに狭き門になっていくのは明白である。休日を返上してまでの部活動指導や試合の引率等の労働時間の問題とそれに見合う報酬も十分ではない。熱心な保護者からの要望も，多種多様あるであろう。教員が希望通りの部活動指導ができず，モチベーションの低下と共に「二極化」が進行する状況も含め，魅力ある部活動指導の環境整備が求められる。

　体罰・暴言がなくならないことも，大きな課題の一つである。「体罰容認派の割合について，体罰を受けたとする学生と受けなかったとする学生で比較すると，「受けた」の容認派は28％。「受けなかった」の12％より，16ポイント高かった。前回も，容認派は「受けた」の方が16ポイント高く，体罰を受けた者が肯定的に受け止める「負の連鎖」の傾向は続いてみられた」（朝日新聞，2022）。このデータの意味するところを，スポーツの体罰問題に詳しい日本体育大学の南部さおり教授（スポーツ危機管理学）が，「体罰問題はかなり改善されていることが伺えるが，殴る蹴るの“わかりやすい体罰”を行う指導者は減った一方，ボールをぶつける行為や罰走など，罰の形で肉体的苦痛を科すパターンは減っていないと推測できる。殴る蹴るだけではなく，懲罰の目的で，生徒の納得が得られない形で肉体的苦痛を与えることは体罰だ，という認識を

スポーツ界全体が持つ必要があり，言葉の暴力や人格否定は心を追い詰められ，むしろダメージが大きい。心をむしばむ権利は指導者にはないことを，啓発していくしかない」（前出）と解説している。"体罰とは何か，何が体罰なのか"という定義のところから，広く認識させていかないと根絶は難しいということである。教育実習中に部活動を指導する場合，生徒との信頼関係は皆無から始まる。教育実習という短期間内での競技成果を出すために，強い負荷をかけた練習や不条理な罰走，同意のない接触を伴う実技指導，コミュニケーションを図るための何気ない一言や仕草が，相手の受け取り方一つで体罰・暴言になり得ることを十分に認識しておかなければならない。教育実習中であっても，体罰・暴言は絶対にあってはならない。

2　部活動の実践的な運営の知識

（1）緊急時の対応と救急救命

　保健体育の授業同様，部活動における最優先事項は「安心・安全」である。予測できる事故，防ぐことができたかもしれない事例をなくすために，突発的な事象が起こる場合を想定し，AEDの設置場所や最寄りの救急医療機関の連絡先・連絡方法なども事前に確認しておく必要がある（顧問は常にスマートフォンを携帯しておく）。また，心肺蘇生法とAEDの使用方法については，毎年研修を受けることも大切である。なぜなら，心肺停止が起きた場合は時間との戦いでもあり，生徒の生命がかかっているからである。また，顧問が何らかの理由で不在，もしくは同時に複数人の受傷者が発生した場合，生徒にも心肺蘇生法やAEDを使用させる場合があるかもしれない。生徒にもその必要性を説明し，研修を受講させたい。このように，緊急時の対応は，防止対策の準備を常日頃からしておくことに尽きる（図11-1）。

　独立行政法人日本スポーツ振興センター[(1)]では，運動部活動の事故防止対策として，令和元年度の災害共済給付（医療費）のデータから，中学校・高等学校

---

(1)　独立行政法人日本スポーツ振興センター：「スポーツの振興」と「児童生徒等の健康の保持増進」を図るために2003年に設立された日本のスポーツの中核的機関。

BLSアルゴリズム

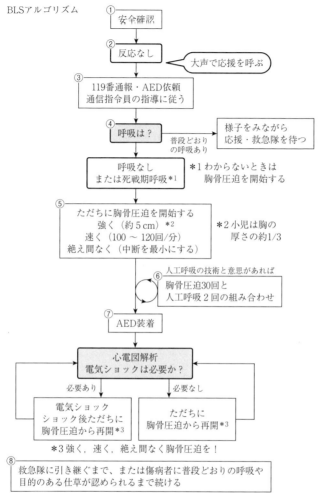

図11-1　主に市民が行う一次救命処置（BLS）の手順

出所：文部科学省（2018）。

等・高等専門学校で発生した運動部活動の事故約29万件のうち，重傷事故の約10万7,000件を対象にデータ分析を行い事故防止の留意点をまとめている。さらには，学校事故事例検索データベースとして災害共済給付において平成17年度から令和2年度に給付した，総数8,404件の死亡・障害事例が閲覧できる。

十分な防止対策や準備をしていたにもかかわらず，教育現場においては登下校や校外活動，部活動を含めて思わぬ事故が発生する可能性が残される。気象状況についても十分な配慮が必要である。ゲリラ豪雨と呼ばれる突然の雷雨，局所に見られる降雪や熱中症対策等も，事前に対策を十分に検討し無理のない活動計画を立てなければならない。このような過去の事例と気象状況を常に想定し，事故が発生した場合でも落ち着いて対応できる心の準備と緊急連絡体制を整備しておくことが最も重要である（図11‐2）。

（2）発育発達期の指導

発育は連続的であるが一定のスピードで進むのではなく，新生児期に次いで思春期が二番目に発育し（HPSC）[(2)]，部活動の指導時期と一致する。思春期になると第二次性徴が出現し，女子は9歳，男子は11歳ごろから急激に発達する。特に女子は初経が始まり心身ともに不安定になるので，相談できる女性の教員の配置などの配慮が必要になる。同時に，男性指導者には月経についての知識と理解が必要である。

発育発達の時期は，保護者との連携が欠かせない。生徒個々の性格，家庭環境に加えて既往症やアレルギー等の身体の特徴を知っておく必要がある。中には，特別の配慮が必要な場合もある。特に，ジェンダー・セクシャリティについては，デリケートなことなので慎重に扱う必要がある。「ジェンダー・セクシュアリティの視点を持った研究が行われることによって，「運動部活動問題」の解決に向けた議論を展開する」（三上，2022）声もある。

一方で，保護者との連携の必要性においては身体の特徴のみならず，学校生活での友達関係や出来事，部活動での何気ない素振り，家庭でのちょっとした心配事を共有しておくだけでも柔軟な生徒対応が可能になる。「部活動では授業に比べて保護者からのクレームが多く，管理職・同僚・保護者のなかでは，保護者からの期待を強く認知しているほど指導時間がより長くなる」（内田，2022）。これは，部活動のあり方は，学校外からのまなざしと強い関係性を有

---

(2) HPSC：ハイパフォーマンススポーツセンターの略。日本のトップアスリートの拠点として国立スポーツ科学センター（JISS）と味の素ナショナルトレーニングセンター（NTC）の機能を一体的に捉えて支援を実施している機関。

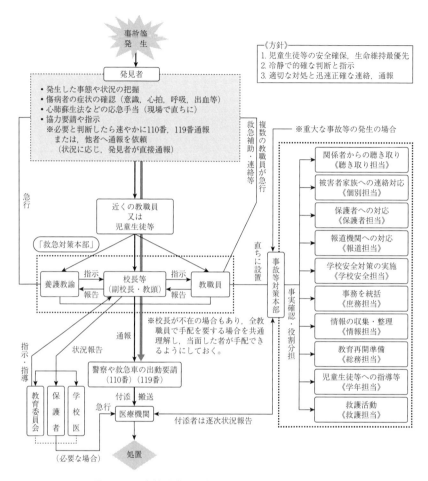

図11-2　事故発生時の対処，救急及び緊急連絡体制

出所：文部科学省（2018）。

していることを示しており，保護者が我が子に期待するほど，指導に熱を帯び，指導に対しての要望も増えるということである。保護者の理解と協力は部活動の運営にとって必要不可欠である。保護者の期待や要望が，生徒へのプレッシャーに変容したり，指導者に対する指導の足枷になったりしないよう子どもたちを温かく見守ってもらえる環境と雰囲気作りも大切である。

（3）推奨する3つの研鑽

　指導者の永遠に学び続ける姿勢や尽きない向上心こそが，教師としての資質である。そのためには，様々な講習会へ参加するなど日々研鑽し，指導の質を上げることである。次に挙げる3項目は部活動を指導する場面だけではなく，学校現場すべてで円滑なコミュニケーションを図る上でも推奨できる。

　1つ目は，自分の感情をコントロールするための「アンガーマネジメント[3]」。アンガーマネジメントの理念は，怒りの感情をネガティブにとらえることではない。怒らないことを目的とするのではなく怒る必要のあることは上手に叱る，怒る必要のないことは怒らなくて済むようになることを目標とするトレーニングである。体罰や暴言が起こる時は，感情をコントロールできていない場合が多い。指導者が，怒りの感情に対して冷静に対処できれば生徒と正しく向き合うことができる。

　2つ目は，生徒への声かけのタイミングや方法・モチベーションアップの効果が期待できる「ペップトーク[4]」。「PEP（ペップ）」は英語で元気・活気・活力という意味があり，部活動指導の現場はもちろん，家庭や職場でもすぐに実践できるシンプルでポジティブな言葉を使ったコミュニケーションスキルであり，生徒のモチベーションを高めることに大いに役に立つ。

　3つ目は，児童生徒の自主性を引き出す「ボトムアップ理論[5]」。部活動を通して，課題を見つけ解決する力を養うための理論であり，社会に出て最も必要な要素としてぜひ実践していただきたい理論である。まさに，これからの部活動指導（生徒指導全般）を具現化した理論とその実践施策といえる。

　以上が推奨する自己研鑽3項目である。自己研鑽を続ける姿勢が大切な理由は，「中学校・高等学校の部活動（運動部員）は指導者である教員から熱心かつ長時間の指導を受けることで，生活や将来の進路などについても，大きな影響

---

(3)　アンガーマネジメント：1970年代にアメリカで生まれたとされている怒りの感情と上手に付き合うための心理教育，心理トレーニングであり，怒りの感情を科学的に分析し，実践的な対処法を享受できる手法。

(4)　ペップトーク：もともとアメリカ発祥のコミュニケーション方法で，スポーツの試合前に監督やコーチが選手を励ますために行っている短い激励のスピーチのこと。

(5)　ボトムアップ理論：一人ひとりが主体的に考え，行動を起こす，"自主自立した組織づくり"の基本になる理論のこと。

コラム：尊敬される先生の言葉

　あなたにとって，尊敬できる先生とはどんな先生ですか。今まで関わった先生は何十人といたはずですが，今でも記憶に残る先生はそう何人もいないはずです。そして，その先生には心に響く言葉の力があったのではないでしょうか。いつも毅然としていた担任の先生の朝礼の言葉，食い入るように授業を聞いた得意教科の先生の褒め言葉，親身になって一緒に悩んでくれた進路の先生の助言，落ち込んだ時に励ましの言葉をかけてくれた部活動の先生を思い浮かべた人もいるのではないでしょうか。尊敬する先生の言葉は，あなたの人生に少なからず影響を与えています。では，その先生の言葉は何を根拠に生まれたのでしょうか。私の周りにも，生徒から尊敬される先生がたくさんおられました。それらの先生は，確固たる信念を持ち，どの生徒とも隔たりなく公平に向き合っておられました。それらの先生に指導方針をお聞きすると，いつも強い言葉が返ってきました。とある中学校の校長は，「100回裏切られても，生徒の笑顔を1回見るだけで十分幸せ」と言われ，卒業式に保護者からお礼の列ができる生徒指導に定評のある先生は，「どんな生徒でも必ず事情がある。こっちに振り向かせること」と言われました。いつも生徒に囲まれ，元気溢れる保健体育の先生は，「生徒と接するコツは，ティッシュを1枚1枚取り出すように丁寧に且つ繊細に向き合うこと」と言われました。このように，生徒から尊敬される先生は強い信念を持ち生徒のことを常に思いながら，生徒の心に強い言葉を響かせていたのではないでしょうか。

を受けると考えられる」（大石，2016）からである。部活動指導は，単に体力の増進や専門スキルの習得，仲間と交流する場の提供だけではなく，子どもたちの人生を方向づけ，夢を実現するための羅針盤の役割を担っているということを忘れてはならない。

学習の課題

①　部活動を指導する場面で，Aさんの保護者からは「もっと厳しく指導してほしい」と要望があり，Bさんの保護者からは「もっと休日を増やしてほしい」という要望がありました。解決策をグループで話し合ってみましょう。
②　中学校の部活動を指導していると仮定して，近隣の中学校へ練習試合に行く場合の注意点を，前日と当日に分けてレポートに整理してみましょう。

広く学ぶための文献紹介

○畑喜美夫（2019）『図解ボトムアップ理論　自ら考えて行動できる，自主自
　立した組織づくり』ザメディアジョン出版

　広島県立広島観音高校をインターハイ初出場・初優勝に導いた畑喜美夫氏が，
選手の自主性や主体性を引き出し，選手全員で考えながらサッカーを創造して
いくボトムアップ型の指導の基礎，実践，応用を図解で解説している。

○岩﨑由純（2018）『スクールペップトーク』学事出版

　「短くて」「わかりやすく」「肯定的な」励ましの言葉がけで子どもが変わ
る！をモットーに，ペップトーク活用の様々な学校場面での成功事例を紹介し
ている。講演会を文章化した書籍である。

引用・参考文献

朝日新聞（2022）「姿変える体罰　撲滅なお課題」（2022年12月23日朝刊19面掲載）。

朝日新聞（2023）「今先生は　第３部　部活顧問の苦悩・上」（2023年２月６日朝刊１，
　29面掲載）。

BOTTOM UP HATA KIMIO OFFICIAL WEB　https://hata-kimio.net/（2023年２
　月14日閲覧）。

ハイパフォーマンススポーツセンター　https://www.jpnsport.go.jp/hpsc/（2023年
　２月23日閲覧）。

一般社団法人アンガーマネジメント協会　https://www.angermanagement.co.jp/
　（2023年２月14日閲覧）。

一般財団法人日本ペップトーク普及協会　https://www.peptalk.jp/（2023年２月14日
　閲覧）。

三上純（2022）「運動部活動の効果研究」の批判的レビュー：「性」はいかに扱われて
　きたのか？」『体育学研究』67，255-271頁。

文部科学省「2016年度の教員勤務実態調査」https://www.mext.go.jp/a_menu/sho-
　tou/uneishien/1297093.htm（2023年２月23日閲覧）。

文部科学省「学校の危機管理マニュアル作成の手引」https://www.mext.go.jp/a_
　menu/kenko/anzen/1289310.htm（2023年２月23日閲覧）。

大石千歳（2016）「本学体育学部学生の保健体育科教員志望動機に中学校・高等学校
　の運動部活動指導者である教員が及ぼす影響」『東京女子体育大学紀要』51，１-11
　頁。

スポーツ庁「学校部活動及び地域クラブ活動の在り方等に関する総合的なガイドライ
　ン」https://www.mext.go.jp/sports/b_menu/sports/mcatetop04/list/1405720_00014.
　htm（2023年２月23日閲覧）。

スポーツ庁「運動部活動の在り方に関する総合的なガイドライン（2018）」https://

www.mext.go.jp/sports/b_menu/shingi/013_index/toushin/__icsFiles/afieldfile/
　2018/03/19/1402624_1.pdf（2023年 2 月23日閲覧）。
角谷詩織・無藤隆（2001）「部活動継続者にとっての中学校部活動の意義——充実
　感・学校生活への満足度とのかかわりにおいて」『心理学研究』72（ 2 ）, 79-86頁。
内田良編（2017）『ブラック部活動 子どもと先生の苦しみに向き合う』東洋館出版社。
内田良（2022）「統計から見る部活動指導者の意識」『スポーツ健康科学研究』44,
　 1 - 9 頁。

第**12**章

道徳，総合的な学習（探究）の時間，特別活動

　教育課程は，中学校では教科，特別活動，道徳及び総合的な学習の時間によって編成され，高等学校では教科，特別活動及び総合的な探究の時間によって編成される。中学校，高等学校の教員は，自身の専門教科である教科・科目だけでなく，中学校では道徳を含めて，特別活動及び総合的な学習（探究）の時間を担当することとなる。

　各教科以外の活動については，学習指導要領の示す目標に加え，学校の教育目標を踏まえて計画・実施されるものであり，学校全体で考えていくものである。これらの活動を推進・充実したものにするためには，教職員の共通理解と協力体制が不可欠のものとなっている。

　ここでは，創意工夫をした取組みを実践するために，それぞれの活動について，まず基本的な理念を理解することをめざす。

1　道徳

（1）「総則」における道徳教育

　学校における道徳教育について，中学校学習指導要領（平成29年告示）（以下「中学校学習指導要領」という）には次のように記載されている。

総則　第1の2の(2) 2段目
　学校における道徳教育は，特別の教科である道徳（以下「道徳科」という。）を要として学校の教育活動全体を通じて行うものであり，道徳科はもとより，各教科，総合的な学習の時間及び特別活動のそれぞれの特質に応じて，生徒の発達の段階を考慮して，適切な指導を行うこと。

　中学校における道徳教育は，自己の生き方を考え，主体的な判断の下に行動し，自立した一人の人間として他者と共によりよく生きるための基盤となる道

徳性を養うことを目標とする教育活動であり，社会の変化に対応しその形成者
として生きていくことができる人間を育成する上で重要な役割をもっている。
　道徳教育は，「特別の教科である道徳」（以下「道徳科」という）だけでなく，
各教科や総合的な学習の時間，特別活動のそれぞれの特質に応じて行うことを
基本として，あらゆる教育活動を通じて適切に行われるものである。各教科等
の目標に基づいて指導の充実を図るなかで，道徳性を育むことを考え，見通し
をもって指導することが大切となる。
　保健体育科において配慮すべきこととして，「体育分野における様々な運動
の経験を通して，粘り強くやり遂げる，ルールを守る，集団に参加し協力する，
一人一人の違いを大切にするといった態度が養われる。また，健康・安全につ
いての理解は，生活習慣の大切さを知り，自分の生活を見直すことにつながる
ものである」とされている。
　また，高等学校における道徳教育について，高等学校学習指導要領（平成30
年告示）（以下「高等学校学習指導要領」という）には次のように記載されている。

総則　第1款の2の(2)2段目
　学校における道徳教育は，人間としての在り方生き方に関する教育を学校の教育
活動全体を通じて行うことによりその充実を図るものとし，各教科に属する科目
（以下「各教科・科目」という。），総合的な探究の時間及び特別活動（以下「各教
科・科目等」という。）のそれぞれの特質に応じて，適切な指導を行うこと。

　高等学校における道徳教育は，人間としての在り方生き方に関する教育の中
で，小・中学校における「道徳科」の学習等を通じた道徳的諸価値の理解を基
にしながら，自分自身に固有の選択基準・判断基準を形成していく。これらは
様々な体験や思索の機会を通して自らの考えを深めることにより形成されてく
るものであることから，生徒が自ら考え，自覚を深める学習とすることが重要
である。高等学校においては，生徒の発達の段階に対応した指導の工夫が求め
られることや，小・中学校と異なり「道徳科」が設けられていないことからも，
学校の教育活動全体を通じて行う道徳教育の指導のための配慮が特に必要であ
る。
　科目「体育」において配慮すべきこととして，「様々な運動の経験を通して，

粘り強くやり遂げる，ルールを守る，集団に参加し協力する，自己の責任を果たす，一人一人の違いを大切にするといった態度が養われる。また，健康・安全についての理解は，健康の大切さを知り，生涯を通じて自らの健康を適切に管理し，改善することにつながるものである」とされている。

　指導計画については，学習指導要領に次のように記載されている。

中学校学習指導要領　総則　第6の1の前段
高等学校学習指導要領　総則　第7款の1の前段
　各学校においては，第1（款）の2の(2)に示す道徳教育の目標を踏まえ，道徳教育の全体計画を作成し，校長の方針の下に，道徳教育の推進を主に担当する教師（以下，「道徳教育推進教師」という。）を中心に，全教師が協力して道徳教育を展開すること。

　道徳教育は，学校の教育活動全体を通じて行うものであり，校長が明確にした方針に基づき道徳教育推進教師を中心に全教師が協力して展開すべきものである。そのため，全体計画には，学校の道徳教育の基本的な方針を示し，その方針を具現化し，学校としての道徳教育の目標を達成するために，重点的に取り組む内容や各教育活動との関連，家庭や地域社会との連携などについて総合的に示すことが必要である。

（2）特別の教科　道徳

中学校学習指導要領　第3章の第1
　第1章総則の第1の2の(2)に示す道徳教育の目標に基づき，よりよく生きるための基盤となる道徳性を養うため，道徳的諸価値についての理解を基に，自己を見つめ，物事を広い視野から多面的・多角的に考え，人間としての生き方についての考えを深める学習を通して，道徳的な判断力，心情，実践意欲と態度を育てる。

　平成27年3月学校教育法施行規則が改正され，「道徳」を「道徳科」とした。この改正は，いじめの問題への対応の充実や内容の改善，問題解決的な学習を取り入れるなどの指導方法の工夫を図ることを示したものである。これを受け，中学校において，「特別の教科　道徳」は平成27年4月からの移行措置をへて

平成31年4月から全面実施となった。

　道徳的価値とは，よりよく生きるために必要とされるものであり，人間としての在り方や生き方の礎となるものである。学校や家庭などにおける様々な体験や他者との会話などにより，自己と関わりを問い直しながら本当の理解につなげていくものである。道徳性の発達の出発点は，自分自身であり，様々な葛藤や経験の中で自分を見つめ，自分の生き方を育んでいく。

　道徳教育の目標を達成するために指導すべき内容項目が，次の4つの視点で分類されている。

　　A　主として自分自身に関すること
　　B　主として人との関わりに関すること
　　C　主として集団や社会との関わりに関すること
　　D　主として生命や自然，崇高なものとの関わりに関すること

　また，中学校では，これが22の項目でまとめられている。

　　A：自主，自律，自由と責任／節度，節制／向上心，個性の伸長／希望と
　　　　勇気，克己と強い意志／真理の探究，創造
　　B：思いやり，感謝／礼儀／友情，信頼／相互理解，寛容
　　C：遵法精神，公徳心／公正，公平，社会正義／社会参画，公共の精神／
　　　　勤労／家族愛，家庭生活の充実／よりよい学校生活，集団生活の充実／
　　　　郷土の伝統と文化の尊重，郷土を愛する態度／我が国の伝統と文化の尊
　　　　重，国を愛する態度／国際理解，国際貢献
　　D：生命の尊さ／自然愛護／感動，畏敬の念／よりよく生きる喜び

（3）道徳科の指導計画

　道徳科の年間指導計画は，道徳科の指導が，道徳教育の全体計画に基づき，各教科等の年間指導計画との関連をもちながら，生徒の発達の段階に即して計画的，発展的に行われるように組織された全学年にわたる年間の指導計画のことである。具体的には，道徳科において指導しようとする内容について，学校独自の重点内容項目や生徒の実態や多様な指導方法等を考慮して，学年ごとに主題を構成し，この主題を年間にわたって適切に位置付け，配列し，学習指導過程等を示すなど授業を円滑に行うことができるように示したものである。

　年間指導計画を作成するにあたっては，前述した内容項目を，各学年におい
て全て取り上げ，生徒や学校の実態に応じて，3学年間を見通した重点的な指
導や内容項目間の関連を密にした指導，1つの内容項目を複数の時間で扱う指
導を取り入れるなどの工夫を行うことが必要である。

（4）道徳科における評価

　学習における評価は，生徒にとって自らの成長を実感し意欲の向上につなげ
ていくものであり，教師にとっては，指導の目標や計画，指導方法の改善・充
実に取り組むための資料となるものである。

　道徳教育における評価については，生徒自身の自己のよりよい生き方を求め
ている努力を評価し，それを勇気付ける働きをもつようにすることが求められ
ており，道徳科における評価についても，生徒の学習状況や道徳性に係る成長
の様子を教師が把握し，個人内評価として見取り，記述により表現することと
されている。

2　総合的な学習（探究）の時間

（1）総合的な学習（探究）の時間の目標

　総合的な学習の時間の目標について，中学校学習指導要領には次のように記
載されている。

第4章の第1

　探究的な見方・考え方を働かせ，横断的・総合的な学習を行うことを通して，よ
りよく課題を解決し，自己の生き方を考えていくための資質・能力を次のとおり育
成することを目指す。

⑴　探究的な学習の過程において，課題の解決に必要な知識及び技能を身につけ，
　課題に関わる概念を形成し，探究的な学習のよさを理解するようにする。

⑵　実社会や実生活の中から問いを見いだし，自分で課題を立て，情報を集め，
　整理・分析して，まとめ・表現することができるようにする。

⑶　探究的な学習に主体的・協働的に取り組むとともに，互いのよさを生かしな
　がら，積極的に社会に参画しようとする態度を養う。

　中学校学習指導要領の「第1の目標」は2つの要素で構成されており，1つは主文において，①探究的な見方・考え方を働かせること，②横断的・総合的な学習を行うこと，③よりよく課題を解決し，自己の生き方を考えていくための資質・能力を育成することが示されている。もう一つは，総合的な学習の時間での学習を通して，生徒に育成する資質・能力である。この資質・能力は学習指導要領の示す資質・能力と対応しており，他教科と同様に(1)は「知識及び技能」，(2)は「思考力，判断力，表現力等」，(3)では「学びに向かう力，人間性等」を示している。

　また，高等学校学習指導要領においては，次のように記載されている。

第4章の第1
　探究の見方・考え方を働かせ，横断的・総合的な学習を行うことを通して，自己の在り方生き方を考えながら，よりよく課題を発見し解決していくための資質・能力を次のとおり育成することを目指す。
　(1)　探究の過程において，課題の発見と解決に必要な知識及び技能を身につけ，課題に関わる概念を形成し，探究の意義や価値を理解するようにする。
　(2)　実社会や実生活と自己との関わりから問いを見いだし，自分で課題を立て，情報を集め，整理・分析して，まとめ・表現することができるようにする。
　(3)　探究に主体的・協働的に取り組むとともに，互いのよさを生かしながら，新たな価値を創造し，よりよい社会を実現しようとする態度を養う。

　中学校学習指導要領と異なる点は，自己の在り方生き方を考えながら，実社会や実生活と自己との関わりから問いを見いだし，よりよい社会を実現しようとする態度を養うことにある。

　各学校における総合的な学習（探究）の時間の目標については，この学習指導要領の「第1の目標」と各学校の教育目標を踏まえ，定めることとされている。これは，他教科では言及されていない，総合的な学習（探究）の時間の特徴である。

（2）総合的な学習（探究）の時間の内容

　総合的な学習（探究）の時間の内容については，各教科等のように，どの学

年で何を指導するのかという内容は学習指導要領に明示されていない。これは，各学校が，学習指導要領「第1の目標」の趣旨を踏まえて，地域や学校，生徒の実態に応じて，創意工夫を生かした内容を定めることが期待されているからである。

内容の設定においては，「目標を実現するにふさわしい探究課題」「探究課題の解決を通して育成を目指す具体的な資質・能力」の2つを定める必要がある。目標の実現に向けて，児童生徒が「何について学ぶか」を表した探究課題と，各探究課題との関わりを通して，具体的に「どのようなことができるようになるか」を明らかにしたものが，具体的な資質・能力という関係となる。

以下が，「目標を実現するにふさわしい探究課題」の例示である。

・現代的な諸課題に対応する横断的・総合的な課題

国際理解，情報，環境，福祉・健康など

・地域や学校の特色に応じた課題

地域の人々の暮らし，伝統と文化など

・生徒の興味・関心に基づく課題

・職業や自己の将来に関する課題（中学校）

・職業や自己の進路に関する課題（高等学校）となっている。

（3）総合的な学習（探究）の時間の指導計画

各学校において，総合的な学習（探究）時間が実効性のあるものとして実施されるためには，地域や学校，生徒の実態や特性を踏まえ，各教科等を視野に入れた全体計画（学校として，総合的な学習（探究）の時間の教育活動の基本的な在り方を示すもの）と年間指導計画（全体計画を踏まえ，その実現のために，どのような学習活動を，どのような時期に，どのくらいの時数で実施するのかなどを示すもの）の2つを作成する必要がある。

年間指導計画の作成にあたっては，

①生徒の学習経験に配慮すること

②季節や行事など適切な活動時期を生かすこと

③各教科等との関連を明らかにすること

④外部の教育資源の活用及び異校種の連携や交流を意識すること

「中学校学習指導要領　解説　総合的な学習の時間編」（95頁）によれば，単元とは，「課題の解決や探究的な学習活動が発展的に繰り返される一連の学習活動のまとまりである」とされ，その単元についての指導計画が単元計画である。

単元計画を立てるにあたっては，中学校学習指導要領　第4章第3の1の(1)を踏まえることが重要であるとされている。

第4章第3の1の(1)

　年間や，単元など内容や時間のまとまりを見通して，その中で育む資質・能力の育成に向けて，生徒の主体的・対話的で深い学びの実現を図るようにすること。その際，生徒や学校，地域の実態等に応じて，

　【中学校】生徒が探究的な見方・考え方を働かせ，教材等の枠を超えた横断的・総合的な学習や生徒の興味・関心等に基づく学習を行うなど創意工夫を生かした教育活動の充実を図ること。

　【高等学校】生徒が探究の見方・考え方を働かせ，教科・科目等の枠を超えた横断的・総合的な学習や生徒の興味・関心等に基づく学習を行うなど創意工夫を活かした教育活動の充実を図ること。

総合的な学習（探究）の時間では，生徒自身が学びの意味を感じ，主体的に追究できる探究的な学習を重視している。このような総合的な学習（探究）の時間の趣旨を生かした学習活動を行うためには，生徒の興味や疑問を重視し，課題の解決や探究的な学習活動の展開において，いかに教師が意図した学習を効果的に生み出していくのかが重要となってくる。

総合的な学習（探究）の時間の授業時数は，

　・中学校：第1学年　50単位時間，第2・3学年　各70単位時間

　・高等学校：卒業までに3から6単位（105〜210単位時間）

探究的な学習とするために重要なこととして，

　①課題の設定：体験活動などを通して，課題を設定し課題意識をもつ

　②情報の収集：必要な情報を取り出したり収集したりする

　③整理・分析：収集した情報を，整理したり分析したりして思考する

　④まとめ・表現：気づきや発見，自分の考えなどをまとめ，判断し，表現する

　この①から④の課程の順番が前後することもあるし，1つの活動の中に複数のプロセスが一体化して同時に行われることもあるが，教師がおおよその流れとしてこのイメージを持つことが大切である。

（4）総合的な学習（探究）の時間の評価

　総合的な学習（探究）の時間の評価については，この時間の趣旨，ねらい等の特質が生かされるよう，教科のように数値的に評価することはしない。活動や学習の過程，学習の状況や成果などについて，生徒の良い点や学習に対する意欲や態度などを踏まえて適切に評価することとし，指導要録の記載においては，評定は行わず，所見等を記述する。そのために，多様な評価方法をとることがあるが，次の評価方法の3原則を踏まえ，適切に評価することが必要である。

　①　信頼される評価方法であること

　　教師間で著しく異なったり偏ったりすることなく，およそ同じように判断できるよう，あらかじめ指導する教師間で評価の観点や評価規準を確認しておく。

　②　多面的な評価の方法であること

　　生徒の成長を多面的に捉えるために，多様な評価方法や評価者による評価を適切に組み合わせることが重要となる。成果物の出来映えをそのまま評価とするのではなく，その成果物から，生徒がどのように探究の過程（課題の設定，情報の収集，整理・分析，まとめ・表現）を通して学んだかを見取ることが大切である。例えば，発表などの表現による評価，学習活動の状況の観察による評価，レポートなどの制作物による評価，ポートフォリオを活用した評価，学習記録などによる生徒の自己評価や相互評価，地域の人々による他者評価などがある。

　③　学習状況の過程を評価する方法であること

　　学習状況の結果だけでなく過程を評価するためには，学習活動の終末だけでなく，事前や途中に適切に位置づけて実施することが大切である。学習活動前，学習活動中，学習活動終末に，それぞれの生徒の実態や学習状況を把握し改善することで，適切な指導に役立てることもできる。

　総合的な学習の時間では，その生徒の内に個人として育まれるよい点や進歩

の状況などを積極的に評価することや，それを通して，生徒自身も自分のよい点や進歩の状況などに気付くようにすることも大切である。グループでの活動を行う場合であっても，一人一人の学びの成長の様子を捉えることができるよう，一人一人が学習を振り返る機会を設けるなど工夫することが重要となる。

3　特別活動

（1）特別活動の目標

特別活動の目標について，中学校学習指導要領に次のように記載されている。

第5章　第1

　集団や社会の形成者としての見方・考え方を働かせ，様々な集団活動に自主的，実践的に取り組み，互いのよさや可能性を発揮しながら集団や自己の生活上の課題を解決することを通して，次のとおり資質・能力を育成することを目指す。

　(1)　多様な他者と協働する様々な集団活動の意義や活動を行う上で必要となることについて理解し，行動の仕方を身に付けるようにする。

　(2)　集団や自己の生活，人間関係の課題を見いだし，解決するために話し合い，合意形成を図ったり，意思決定したりすることができるようにする。

　(3)　自主的，実践的な集団活動を通して身に付けたことを生かして，集団や社会における生活及び人間関係をよりよく形成するとともに，人間としての生き方についての考えを深め，自己実現を図ろうとする態度を養う。

高等学校学習指導要領においては，中学校の(3)が以下になっている。

第5章　第1

　(3)　自主的，実践的な集団活動を通して身に付けたことを生かして，主体的に集団や社会に参画し，生活及び人間関係をよりよく形成するとともに，人間としての在り方生き方についての自覚を深め，自己実現を図ろうとする態度を養う。

（2）特別活動の各活動とその内容

　中学校：学級活動，生徒会活動，学校行事

　高等学校：ホームルーム活動，生徒会活動，学校行事

① 学級活動（中学校），ホームルーム活動（高等学校）の目標・内容

> 第5章　第2の（学級活動・ホームルーム活動）
> 　学級（ホームルーム）や学校での生活をよりよくするための課題を見いだし，解決するために話し合い，合意形成し，役割を分担して協力して実践したり，学級（ホームルーム）での話合いを生かして自己の課題の解決及び将来の生き方を描くために意思決定して実践したりすることに，自主的，実践的に取り組むことを通して，第1の目標に掲げる資質・能力を育成することを目指す。

　また，学習指導要領第5章の第2の［学級活動・ホームルーム活動］の2「内容」で，それぞれの特質に応じて，次のア～ウの活動内容に分類され，それぞれの活動内容については，いずれの学年においても取り扱うものとされている。

　　ア　学級・ホームルームや学校における生活づくりへの参画
　　イ　日常の生活や学習への適応と自己の成長及び健康安全
　　ウ　一人一人のキャリア形成と自己実現

② 生徒会活動の目標・内容

> 第5章　第2の（生徒会活動）
> 　異年齢の生徒同士で協力し，学校生活の充実と向上を図るための諸問題の解決に向けて，計画を立て役割を分担し，協力して運営することに自主的，実践的に取り組むことを通して，第1の目標に掲げる資質・能力を育成することを目指す。

　また，学習指導要領第5章の第2の［生徒会活動］の2「内容」で，次のア～ウの各活動を通して，それぞれの活動の意義や活動を行う上で必要となることについて理解し，主体的に考えて実践できるよう指導することとされている。

　　ア　生徒会の組織づくりと生徒会活動の計画や運営
　　イ　学校行事への協力
　　ウ　ボランティア活動などの社会参画

③　学校行事の目標・内容

第5章　第2（学校行事）【中学校】
　全校又は学年の生徒で協力し，よりよい学校生活を築くための体験的な活動を通して，集団への所属感や連帯感を深め，公共の精神を養いながら，第1の目標に掲げる資質・能力を育成することを目指す。

第5章　第2（学校行事）【高等学校】
　全校若しくは学年又はそれらに準ずる集団で協力し，よりよい学校生活を築くための体験的な活動を通して，集団への所属感や連帯感を深め，公共の精神を養いながら，第1の目標に掲げる資質・能力を育成することを目指す。

　また，学習指導要領第5章の第2の［学校行事］の2「内容」で，次のア～オの各行事を通して，それぞれの活動の意義や活動を行う上で必要となることについて理解し，主体的に考えて実践できるよう指導することとされている。
　　　ア　儀式的行事　　　イ　文化的行事　　　ウ　健康安全・体育的行事
　　　エ　旅行・集団宿泊的行事　　　オ　勤労生産・奉仕的行事

（3）指導計画
　特別活動の目標は，特別活動の各活動・学校行事の実践的な活動を通して達成されるものである。その指導計画は，学校の教育目標を達成する上でも重要であり，学校の創意工夫を生かし，生徒や地域の実態や特性等も考慮し，各教科，道徳，総合的な学習（探究）の時間との指導の関連を図りながら，全教職員の共通理解と協力の下で作成することが大切である。加えて，家庭や地域の人々との連携や社会教育施設等の活用などを工夫することも大切である。
　指導計画の作成にあたっては，集団や社会の形成者としての見方・考え方を働かせ，自主的，実践的に取り組む中で，互いのよさや個性，多様な考えを認め合い，等しく合意形成に関わり役割を担うようにすることを重視する。

（4）評価
　特別活動の評価において，最も大切なことは，生徒一人一人の良さや可能性

を生徒の学習過程から積極的に認めるようにするとともに，育成を目指す資質・能力がどのように成長しているかを，各個人の活動状況を基に評価することである。

　そのために，活動の結果だけでなく，活動の過程における生徒の努力や意欲などを積極的に認めることや，生徒のよさを多面的・総合的に評価することが大切である。また，生徒が自らの学習状況やキャリア形成を見通したり，振り返ったりできるような教材等を活用し，自己評価や相互評価するなどの工夫が求められる。生徒の自己評価や相互評価は学習活動であるため，そのまま学習評価とすることは適切ではないが，生徒の学習意欲の向上につなげるよう活用することが考えられる。

学習の課題

① 　それぞれの実践事例等を収集し，具体的にどのように実践されているかを学ぶとともに，その活動を指導するにあたって必要となる教師の資質や指導力などについて考えてみましょう。

広く学ぶための文献紹介

○木原俊行・馬野範雄編（2021）『生活科・総合的な学習の時間の理論と実践』あいり出版

　生活科・総合的な学習の時間の授業づくりに関する手引き書となるもの。理論と実践で構成されており，実践例が体系的，校種別に整理されている。

○西岡加名恵編（2016）『資質・能力を育てるパフォーマンス評価』明治図書

　教育評価の基本的な考え方を踏まえ，「主体的な学び」「対話的な学び」「深い学び」を両立させる「パフォーマンス評価」の進め方をまとめたもの。「資質・能力」の目標の位置づけや，各教科における実践例を踏まえた指導上の工夫が記されている。

引用・参考文献
文部科学省（2018）『中学校学習指導要領（平成29年告示）』東山書房。
文部科学省（2018）『中学校学習指導要領（平成29年告示）解説　特別の教科道徳編』

教育出版。

文部科学省（2018）『中学校学習指導要領（平成29年告示）解説　総合的な学習の時間編』東山書房。

文部科学省（2018）『中学校学習指導要領（平成29年告示）解説　特別活動編』東山書房。

文部科学省（2019）『高等学校学習指導要領（平成30年告示）』東山書房。

文部科学省（2019）『高等学校学習指導要領（平成30年告示）解説　総合的な探究の時間編』学校図書。

文部科学省（2019）『高等学校学習指導要領（平成30年告示）解説　特別活動編』東京書籍。

第13章

生徒指導について

　2022（令和4）年12月に「生徒指導提要」が12年ぶりに改訂された。生徒指導提要とは，小学校段階から高等学校段階までの生徒指導の理論・考え方や実際の指導方法等について，時代の変化に即して網羅的にまとめ，生徒指導の実践に際し教職員間や学校間で共通理解を図り，組織的・体系的な取組を進めることができるよう，生徒指導に関する学校・教職員向けの基本書として作成したものである。

　2010（平成22）年に初めて作成して以降，いじめ防止対策推進法等の関係法規の成立など学校・生徒指導を取り巻く環境は大きく変化するとともに，生徒指導上の課題がより一層深刻化している状況にある。これらを踏まえ，生徒指導の基本的な考え方や取組の方向性等を再整理し，今日的な課題に対応していく指針である。

　この章では生徒指導について，生徒指導提要をもとに新旧の比較，保健体育科教員としての心構え，学校行事と運動部活動に関する生徒指導に分け解説する。

1　改訂後の生徒指導提要について

　生徒指導は教科指導と並ぶ学校教育運営の両輪である。生徒指導と聞くと，保健体育科の先生を思い浮かべることが多いであろう。スポーツを経験し，礼儀や挨拶，けじめを身につけ，協調性に長け存在感を醸し出し，統率力を磨いてきた保健体育科の先生は，教員の個性として生徒指導に関わる業務として一つの活躍の場となり，その教師力を期待されて学校の中心となる先生は多い。

　反面，生徒指導は体育科の先生の仕事と消極的な先生も多い。生徒指導はすべての教員が教師としての人間性を駆使し生徒に心から情熱をかけて寄りそい，成長させるための学校全体で教育目標を達成していくものである。教育は今後の変化の激しい社会で強く生きていくための善悪の判断や生徒一人ひとりの個性を尊重し，生徒の言葉を最後まで傾聴し寛容な心で受け入れ，人としての在

り方を教える仕事である。人と人との関係やそのバランスの取り方を学んでほしい。

　生徒指導は生活指導と直結する。そのためには生徒理解が必要になる。教育実習は学校教育現場で初めて教員という立場で本物の生徒と接することができる機会なので，生徒理解という点において大変貴重な場となる。自分が過ごした中学校や高等学校時代を回想し，時代の変化に伴う現代の生徒の変容による差を肌で感じ，自らの働きかけで会話をすることで生徒観も見えてこよう。また，価値観の違いや個性のある生徒の考え方に触れることができるのは現場経験として最適である。生徒たちは年齢が上がるにつれて成長し，将来の目標が少しずつ明確になるにつれ，基本的な生活習慣が安定してくる時期ではあるが，思い悩んでいる生徒たちも多い。中には家庭環境の恵まれない生活を送っている者や特別に支援を必要とする生徒も少なくない。思春期における生徒は居場所を求めて活動場所によってさまざまな顔を持っている。一人ひとりの生徒を理解するには授業だけでなく，部活動や学校外の活動，家庭での様子などにも気配りが必要であり，チーム学校としての他教科の先生方との情報共有が必須となる。

　次に今回の生徒指導提要の改訂のポイントを挙げておく。まず内容量が増えた。特に個別案件について具体的な理解と対応が示された。時代の流れと共に多様な背景を持つ生徒が増えており，かつ個別最適化の指導が成されてきているので当然のことである。具体的には発達障害や精神疾患，健康課題，支援が必要な家庭状況，経済的な困難，ヤングケアラーなどの家庭での過重負担，社会的養護の対象生徒，外国人生徒などが挙げられている。これらについては，対応の前にまずは現状の理解を本人と本人を取り巻く状況の把握に努めなければならない。

　項目では，改訂前の生徒指導事例はあまり変わってはいないが，12年を経過して対策がなされており，件数の多いいじめや不登校，自殺，インターネットや携帯電話に関する諸問題は継続した課題として捉えている。新たな課題として，性に関する課題の中に性的マイノリティに関する記述が含まれた。

　また，指導の方法として「チーム学校による生徒指導」と示され，専門家や地域の人々と連携や協働をすることや校則の見直しについても言及がある。

2　保健体育科教育と生徒指導

　現代社会では，先行きの不透明な社会背景や価値観の大きな変化に伴い，「自分最優先」の考え方や刹那的，排他的な考え方をする人が多くなっているように言われている。この風潮が社会には閉塞感や不寛容が目立ち，生きづらい世の中へと進んでいるように感じられる。日本には世界中に誇れる素晴らしい「伝統美」がある。それは歴史的な大震災や津波に襲われ，かけがえのない大切な人やものを失ってしまったにもかかわらず，健気にふるまい困難に立ち向かう被災者の方々の心模様である。また，過去のオリンピック大会やワールドカップなどで世界から注目を浴びた，ごみを一つも残さず拾って帰るという感謝の気持ちを示す清掃行動も同様である。このような「美しい心」という日本の伝統を再認識し，これから先の未来に向けて，美しい人を育てる「心の教育」をどのように再構築していくかという大きな課題に直面している。このような中で生徒指導に与えられた使命は大きい。

　保健体育教員が学校現場においては学校運営の中心的な立場に立つことが求められ，特に生徒指導についてはリーダー的存在として重要な役割を担っている現実がある。このことは保健体育科教員に備わっているスポーツによって培われた人間力に期待されている部分が多いように思われる。

　生徒指導は，学校の教育目標を達成する上で重要な機能を果たすものであり，学習指導と並んでその意義は大きい。生徒や保護者が学校に対して抱く願いや期待に応えることができるかどうかは，生徒指導の在り方一つにかかっているといっても過言ではない。

　実際に高等学校の校長を経験した筆者にとって，保健体育科教員の方々には，学校の太い柱として活躍いただいた経験があり，学校にとってなくてならない貴重な存在であった。多くの先生方は労をいとわず生徒に深い愛情を持ってかかわり，生徒や保護者からの信頼が絶大であった。また，周辺視野が広く心配りに長け，人間的な魅力が溢れたタフでエネルギッシュな姿が印象深く残っている。

　「21世紀型能力」という言葉が注目を浴びているが，「無難な選択」や「安全

志向」を良しとする若者が増加する中で，人間形成の場である学校教育に求められる内容も大きく変化してきている。今後ますます多様化が進む中で，従来型の教育の踏襲ではなかなか的確に対応することが困難になってきており，とりわけ生徒指導の在り方については大きな転換期を迎えている。

　昨今の激しい社会の変化に伴い，学校教育においても大きな変革の波が急激に押し寄せている。特に学校運営の両輪である「学習指導」や「生徒指導」にそれは如実に現れている。とりわけ現在の学校には，「いじめ」や「虐待」，「不登校」，「貧困」，「発達障害」，「ジェンダー」など生徒指導上の課題がより一層深刻化・複雑化しており，旧来の指導体制や指導方法では対応することが困難な状況が多々見受けられるようになってきている現実がある。

　生徒指導提要改訂の「まえがき」において，『子供たちの多様化が進み，様々な困難や課題を抱える児童生徒が増える中，学校教育には，子供の発達や教育的ニーズを踏まえつつ，一人一人の可能性を最大限伸ばしていく教育が求められています。こうした中で，生徒指導は，一人一人が抱える個別の困難や課題に向き合い，「個性の発見とよさや可能性の伸長，社会的資質・能力の発達」に資する重要な役割を有しています』と生徒指導について基本的な考え方が記されている。

　また，生徒指導の定義を『生徒指導とは，児童生徒が，社会の中で自分らしく生きることができる存在へと，自発的・主体的に成長や発達する過程を支える教育活動のことである。なお，生徒指導上の課題に対応するために，必要に応じて指導や援助を行う』とし，目的については『生徒指導は，児童生徒一人一人の個性の発見とよさや可能性の伸長と社会的資質・能力の発達を支えると同時に，自己の幸福追求と社会に受け入れられる自己実現を支えることを目的とする』と定めている。

　「あれがだめ，これがだめ」という従来からの指導型生徒指導から新たに生徒指導提要の改訂によって示された「子どもたちの人権を尊重しながら支える生徒指導」を学校がいかにして共通理解を深め，生徒を育てる体制をどのように構築していくのかという課題に向けて日本中の学校で前向きに取り組んでいくことが求められている。

　しかし，時代が平成から令和になっても，特に生徒指導において，児童生徒

からすれば理不尽と感じる指導がまかり通っている現実が少なからず残っているように感じる。そこで，大阪府教育庁が府立高校全校に実施した「校則についての見直し」の動きを皮切りに全国的な広がりを見せ，「社会の状況」や「子供の人権」に照らし合わせた見直しを多くの学校が行っている。形やうわべだけにとらわれた指導や，ルールだから，校則だからという生徒指導では決して生徒の心に響くわけはなく，心の通った教育などできようはずもない。学校秩序の維持，非行防止という大義名分のもとに繰り広げられた旧来の生徒指導では現代の課題を的確に解消することは困難であり，大きな変革の局面を迎えている。

　社会の変化のスピードがとてつもなく早くなっている今，変化の風を読み適切に対応することは非常に大切なことである。しかしながら，このような時代であるからこそ教育の「不易」を見失うことなく，教師は信念と自信をもって生徒の内面に切り込んでいくことが大切なのではないかと考える。生徒と真正面から向き合い，教育のプロとして深い愛情のもとに全力で褒め，全力で叱るという「人として」を問い続ける人間教育を実践していくことが生徒指導の本質であり，何より大切なことである。

　過去に比べて現在の学校現場では，どちらかと言えば「全体」や「集団」よりも「個」にスポットが当たり，学校は生徒一人一人の多様性に適切に対応することを求められることが多くなってきた。個々の興味・関心や学ぶことへの意欲喚起のための工夫，生徒たちへの質の高い学びの提供など「教育のICT化」など授業改善が大きくクローズアップされている。生徒指導においても多様な生徒を理解することを基盤に自らの生きる力を高め，未来へ希望をもって立ち向かうたくましさを育む教育実践が求められている。

　生徒と関わるという教育の営みにおいて大切なことは「どのように児童生徒と関わるのか」である。それは，児童生徒を思う教員の熱いハート（思い）であり，この生徒を何とかしてやりたいという心意気である。

　これまでの教員経験の中でとても印象深く残っている次のような言葉がある。

　『「匠」といわれ最高の仕事をする人には共通して「3つの念」がある。「なさずんばやまず」という「執念」，これ以上ないくらいの真心を込める「丹念」，そして人を思う「情念」であると。そして，すべからずこの人たちには，不思

議と人を引き付ける大きな魅力がある。』

　また，「教育は人なり」という言葉があるが，これから教師という素晴らしい職に就く若者には「教育は心」と肝に銘じながら，生徒と一面的，形式的に向き合うのではなく，生徒の可能性を信じ，人間的な魅力・迫力をもって「心に響く教育」を実践する教師を目指していただきたい。

　教育においては，「できる人間」を育てることはもちろん大切なことである。しかしながら私は，「できた人」を育てることの方が教育にとってより重要なことだと考えている。まさしくここに生徒指導の本質が存在しており，これから先の教育において，この視点は重要なことではないだろうかと考えている。

3　学校行事と運動部活動からみた生徒指導

　2022（令和4）年12月に改訂された「生徒指導提要」には「生徒指導の目的」が次のように示されている。

　　「生徒指導は，児童生徒の個性の発見とよさや可能性の伸長と社会的資質・能力の発達を支えると同時に，自己の幸福追求と社会に受け入れられる自己実現を支えることを目的とする。」

　本項は，学校における「児童生徒の個性の発見とよさや可能性の伸長と社会的資質・能力の発達を支える」及び「自己の幸福追求と社会に受け入れられる自己実現を支える」ことに資する教育活動のうち，「学校行事」及び「運動部活動」の指導について，それらに関する筆者の体験とそれに基づく考えを述べる。「学校行事」や「運動部活動」は，集団活動を通して，前述の生徒指導の目的に直接迫る教育活動であり，保健体育科教員への期待が極めて高い活動といえよう。

　なお，高等学校学習指導要領には，学校行事の目標が以下のように示されてる。

　　「全校若しくは学年又はそれらに準ずる集団で協力し，よりよい学校生活を築くための体験的な活動を通して，集団への所属感や連帯感を深め，公共の精神を養いながら，第1の目標に掲げる資質・能力を育成することを目指す。」

表13-1　令和2年度静岡市内高校における修学旅行の実施状況

	全日制課程	校長判断	行先
1	A高校	実施	九州
2	B高校	実施	三重
3	C高校	実施	九州
4	D高校	中止	
5	E高校	中止	
6	静岡東高校	実施	九州
7	F高校	実施	九州
8	G高校	実施	長野
9	H高校	実施	九州
10	I高校	実施	九州
11	J高校	中止	

出所：筆者作成。

　まず初めに，「学校行事」に関する筆者の体験とそれを踏まえた生徒指導の考えについて述べる。

　今般のコロナ禍における学校行事の実施については，各学校は大いに頭を悩ませた。特に，高校生活において，生徒が最も楽しみにしており，学校の教育目標の具現化につながり，学校の特色を最も端的に表す学校行事である修学旅行は，実施をするにしても，中止とするにしても，全ての生徒や保護者の共通理解を得られる状況ではなかった。実施を決めた場合には「なぜ，このような感染状況の時に実施するのか」との声が上がる一方で，中止にしたときには，「生徒たちの高校生活における貴重な体験機会を剥奪して良いのか」という声が上がる状況であった。

　表13-1は，2020年（令和2年度）における静岡市内の県立高等学校（全日制課程）の修学旅行実施状況である。静岡市内（全日制課程）11校のうち，8校が実施をし，3校が中止とした。生徒からすると，同じ静岡市内の県立高校であっても通った高校によって，修学旅行を体験できた生徒と体験できなかった生徒がいたことになる。

　筆者が校長を務めた静岡東高校は，持続可能な社会の創造に努める企業を訪問するなどのプログラムを準備し，「多様な人々と協働しながら，課題解決する力を育成する」という学校の教育目標の実現を目指し，3泊4日の行程で九州を目的地として計画を立てていた。

　修学旅行に出発する時期の新型コロナウイルス感染症の感染状況を見通すことは極めて困難であった。学校の教育目標の実現を図り，生徒が高校生活の思い出をつくる機会を確保したいと願いつつ，出発地や現地の感染が拡大，継続する状況や行政から移動制限の指示が出ると見越せば，旅行のキャンセル料が発生する前に中止を決断する必要があった。また実施をするにしても中止とす

るにしても，保護者や生徒にその判断の理由を合理的に説明するということが求められていた。

　結果的には，修学旅行出発の１か月前に，３泊４日の日程を２泊３日に短縮し実施すると決断し，行事の目玉であった企業訪問は見送らざるを得なくなった。それにより学校の教育目標の達成を目指すというより，修学旅行を実施すること自体が目的となり生徒の思い出をつくるという色合いの濃い行事として実施することとなった。実施に当たっては，実施のねらいや体調不良者が出た際の家庭と連携方法，危機管理の観点から学校の最高責任者である校長が団長を務めること，旅行の参加に不安がある場合には，参加をしなくても全く問題はないこと，実施までの間に状況が悪化した場合には中止とすることもあり，その場合には，キャンセル料が発生することなどの説明を保護者と生徒に行った。

　筆者は，よりよい学校生活を築くための体験的な活動である修学旅行を，コロナ禍において何故実施するのか，修学旅行で何を学んでほしいのかを出発直前の「結団式」と称する集会において，修学旅行実施の最高責任者として生徒全員を前にして語りかけた。

　主な内容は，学校を離れて友人と寝食を共にする中で，これまで気付かなかった友人の新たな面を発見したり，これまで会話をしたことのなかった人が生涯の友人となったりし，集団への所属感を深める貴重な機会となることとともに，現代社会で注目されている「レジリエンス」について，その意味や注目されている理由，そしてその資質を磨く絶好の機会となることなどを語った。

　修学旅行は，感染者が発生するなどの混乱もなく実施することができた。

　その後，当該生徒たちは残りの約１年半の高校生活を過ごし，大学受験などを経て高校を卒業した。

　その卒業生のうち，陸上部に所属していた生徒から筆者に送られてきた手紙の一部を紹介する。

> 　「レジリエンス」という言葉をあの日初めて知りました。それ以来，ことある事に思い出しながら過ごしてきました。この言葉と意味を知ってからこそ乗り越えられたと思う場面が幾度となくあります。勉強も競技も思い通りにいかないことばか

りで，積み上がる課題を一つずつ解決していくのには気力と忍耐が必要でした。しかしその過程で発想を転換したり，なぜそれをやっているのか原点に戻ってみたり，自分に向き合い，じっくり考える時間を持てました。困難に直面した際は，楽を選ばず冒険をしてみること，小さくならず大きな人間でいることを実践してこれました。こうして進んでこれたから，ぶれない自分でいられた，それが逆境に立ち向かう力となったのだと思います。また，昨年はラストシーズンを目前に顧問が変わるという大きな変化にも適応しなければなりませんでした。自分の競技だけでなく，陸上部のあり方についても沢山悩み考えて過ごす日々でした。こんな時も「レジリエンス」という言葉にたくさんたくさん助けられました。こんなに力のある言葉を紹介してくださり，ありがとうございます。……以下略……」（原文のまま）

　紹介した事例は，学校行事において学校の教育目標の達成を意図したプログラムは割愛せざるを得なかったものの，事前の集会時の生徒集団への語りかけによって，学校の教育目標である課題解決する力を培う契機となったのではないかと思われる筆者の体験である。

　保健体育科教員は学校行事の際，集団に対して語りかける場を用意されることが多い。当該行事に関するエピソードや行事の歴史，自身の体験を交えながら，そのねらいや身につけて欲しい力を自分自身の言葉で語って欲しい。その言葉は，全ての生徒とは言わないが，必ず生徒の誰かに届き，「生徒指導の目的」の達成につながるものである。

　次に，「運動部活動」と生徒指導について，コロナ禍における筆者の体験に基づく考えを述べよう。

　筆者は，校長を務めていたことから静岡県高等学校体育連盟バスケットボール専門部の部長（競技の最終責任者）の任に就いていた。2020年（令和2年度）は，周知のとおり全国高等学校総合体育大会（インターハイ）が中止となり，静岡県においても県教育委員会から「6月21日まで部活動は自粛をする」との指示が出され，通常，5月から6月にかけて行われる静岡県高等学校総合体育大会も中止となった。

　そこで，静岡県高等学校体育連盟では，「部活動の実施が可能となる6月22日以降に，各競技の専門部として静岡県高等学校総合体育大会に代わる大会（以

下「代替大会」という。）を開催することは可能とする」としたことから，各競技の専門部では，代替大会の開催可否について検討する必要が生じた。

　表13－2は，2020（令和2）年度静岡県高等学校総合体育大会代替大会の結果である。32競技のうち，代替大会を実施したのが陸上競技，水泳など16競技，実施しなかったのがバスケットボールやテニスなど16競技であった。それらは，各競技の専門部長の最終判断によって決定されたもので，各競技専門部長（校長）によって判断が分かれたことを物語っている。

　筆者がバスケットボール競技の代替大会を行わなかった最大の理由は，部活動が再開されて，代替大会の開催を可能とする日までの期間があまりにも短く，十分な練習時間の確保が困難で，公式試合を強引に実施することにより，生徒がその後の競技生活に支障を来すような重大な傷害を負う危険があると考えたためである。バレーボールなどの競技が代替大会を実施する中，「何故，バスケットボールは行わないのか」といった一般県民の方からの指摘もあったが，身体の激しい接触こそがバスケットボール競技の魅力であり，感染対策を十分に講じつつ，その魅力を味わうための試合環境の整備や選手のコンディションの調整が極めて厳しい状況にあると判断したためである。

　2020年（令和2年度）に静岡県の高校バスケットボール部に3年生として所属していた生徒は，静岡県高等学校総合体育大会及びその代替大会が中止となり，静岡県高等学校総合体育大会を高校3年間の部活動の集大成の大会として努力してきた高校生にとっては，実に空虚な高校時代の部活動となってしまったのかもしれない。

　そうした状況の中，県内の一部地域では，近隣地域の学校同士で，公式試合用のユニホームを着用し，公式審判員を依頼するなどし高校3年生の集大成として位置付けた非公式な試合が自主的に企画，運営された。公式試合がないという前代未聞の事態が，県下ナンバーワンを決めることのない高校3年生が節目としてバスケットボールを楽しむという場が自発的に設定されたということになるが，運動部活動の意義を改めて認識する機会ともなった。

　そうした活動は，前述の生徒指導提要の生徒指導の目的を達成するために効果的な活動といえる。運動部活動は生徒指導の目的を達成するために，極めて意義深い活動である。保健体育教員として，生徒指導の目的を達成すべく運動

表13-2　2020年（令和2年度）静岡県総合体育大会代替大会結果

種　目		男　子			女　子		
		1　位	2　位	3　位	1　位	2　位	3　位
1　陸上競技	総合	順位決定なし（7/18～7/19）エコパスタジアム					
	トラック						
	フィールド						
2　水泳	競技	順位決定なし（7/19）					
	飛込	大会未実施					
	水球	順位決定なし（7/11～7/12）磐田南高校					
3　バレーボール		聖　隷	清水桜が丘	島田樟誠 / 浜松日体	富士見	島田商	駿河総合 / 浜松市立
4　バスケットボール		大会未実施					
5　ソフトテニス		富士宮西	富士宮北	浜松商 / 知徳	焼津	浜松商	三島南 / 静岡商
6　サッカー		順位決定なし（7/4～7/26）※市町単位で開催			順位決定なし（7/12～7/26）※東西に分けて開催		
7　テニス		大会未実施					
8　体操	競技	大会未実施					
	新体操	島田工	稲取		順位決定なし（7/4）このはなアリーナ		
9　卓球		大会未実施					
10　ラグビー		大会未実施					
11　ハンドボール		大会未実施					
12　軟式野球		浜松商	静岡商	浜松啓陽			
13　ソフトボール		飛龍	星陵	掛川工	飛龍 ※雨天中止の / 加藤学園 為両校優勝		藤枝順心 / 浜松市立
14　バドミントン		大会未実施					
15　剣道		個人戦のみ実施（7/19）県武			個人戦のみ実施（7/19）県武		
16　柔道		大会未実施					
17　弓道		大会未実施					
18　登山		大会未実施					
19　相撲		大会未実施					
20　ボート		学校対抗なし（7/19）佐鳴湖漕艇場			学校対抗なし（7/19）佐鳴湖漕艇場		
21　ウエイトリフティング		科学技術					
22　フェンシング		学校対抗なし（7/23）沼津プラザヴェルデ			学校対抗なし（7/23）沼津プラザヴェルデ		
23　レスリング		大会未実施					
24　自転車競技		大会未実施					
25　ヨット		大会未実施					
26　ホッケー		御殿場西	清水国際	沼津東			
27　ボクシング		学校対抗なし（8/22～8/23）御殿場市体育館					
28　アーチェリー		知徳	浜松北	浜松湖東	浜松商	浜松北	知徳
29　空手道		大会未実施					
30　なぎなた		大会未実施					
31　カヌー		学校対抗なし（8/9）奥大井接岨湖カヌー競技場			学校対抗なし（8/9）奥大井接岨湖カヌー競技場		
32　少林寺拳法		大会未実施					

部活動の指導や運営に積極的に関わるべきであろう。

　しかしながら運動部活動について，「学校の業務だが，必ずしも教師が担う必要のない業務」と位置付けられ，「学校部活動及び新たな地域クラブ活動の在り方等に関する総合的なガイドライン」が策定されるなど，その運営や指導の在り方について，地域連携や地域クラブ活動への移行が図られており，現在は部活動の改革推進期間の真っ只中である。ここ数年間は全国的に様々な変化が予想され，国や地方自治体の動きを注視していく必要がある。

　そうした中にあって，保健体育科の教員には運動部活動の指導や運営に関し，学校からの期待は大きく，学校における部活動改革の役割において一層重要性を増していくことになるであろう。運動部活動の指導や運営において，高等学校体育連盟や中学校体育連盟などの学校体育団体や，競技団体が主催する試合に勝つことだけを目標とすることはあってはならない。

　運動部活動は，生徒指導の目的を達成するために極めて効果的な活動であるからこそ，保健体育科の教員は，現在主に中学校で進められている部活動改革について理解を深め，学校における部活動改革の中心的な存在となることが求められよう。

　「スポーツを通して交流をする」や「スポーツの楽しさや喜びを味わい，豊かな学校生活を経験する」，「体力の向上や健康の増進を図る」，「運動部活動を通じて，学校の教育目標の実現に寄与する」といった運動部活動の本質を踏まえて指導や運営に携わるとともに，部活動改革の推進者として力を発揮することが大いに期待されている。

学習の課題

① 「全国高等学校総合体育大会」及び「全国中学校体育大会」の目的を調べてみよう。
② 「運動部活動」は法律などにおいて，どのように位置付けられているのか調べてみよう。

広く学ぶための文献紹介

○渋谷正樹・中澤静男・金子光夫・井深雄二編著（2015）『集団を育てる特別

活動』ミネルヴァ書房

　特別活動を学ぶには必読の書。

○杉本直樹（2019）『部活動指導の心得——現場教師による現場サイズのブカ
　ツ論』明治図書

　地域移行が叫ばれる運動部活動に教員としてどう関わっていくべきかヒント
が得られる。

引用・参考文献

中央教育審議会（2019）「新しい時代の教育に向けた持続可能な学校指導・運営体制
　　の構築のための学校における働き方改革に関する総合的な方策について（答申）」
　　https://www.mext.go.jp/component/b_menu/shingi/toushin/__icsFiles/afieldfile/
　　2019/03/08/1412993_1_1.pdf（2023年5月15日閲覧）。

小林朋子（2021）「学校教育を活かした子どものレジリエンスの育成」『日本教育心理
　　学学会教育心理学年報』60，155-174頁。

文部科学省（2018）『高等学校学習指導要領（平成30年告示）解説　保健体育編体育
　　編』東山書房。

文部科学省（2022）「生徒指導提要（改定版）」https://www.mext.go.jp/content/
　　20230220-mxt_jidou01-000024699-201-1.pdf（2023年5月15日閲覧）。

静岡県高等学校体育連盟（2020）「第70号高校の体育令和2年度2020」。

スポーツ庁文化庁（2022）「学校部活動及び新たな地域クラブ活動の在り方等に関す
　　る総合的なガイドライン」https://www.mext.go.jp/sports/content/20221227-spt_
　　oripara-000026750_2.pdf（2023年5月15日閲覧）。

あとがき

　情報の変化するスピードが著しく速い現代社会において，体育・保健体育科教員を目指す皆さんが何を基準に教育内容や指導方法を組み立てれば良いかに迷うことも多いのではないでしょうか。

　そのような課題に取り組むべく，教員養成大学や若手の体育・保健体育科教員の先生方に，日々変化する社会的背景の中で指導者に求められるもの，先端技術の利活用方法などもご紹介しつつ，生徒たちの明るく豊かで活力のある生活を促進する教育のヒントを集めました。

　今回の教本は小学校・中学校・高校・特別支援学校（学級）の体育・保健体育科教員の育成や養成をベースに学習指導要領のもと「第1部　保健体育の授業づくり」，「第2部　教育実習に向けて」の2部構成になっています。

　「第1部　保健体育の授業づくり」では，保健体育科教員にとって必要な視点に関して原点に立ち返りつつも，新たな観点や潮流を取り入れられるような構成になっています。具体的には，これまでの学習指導要領の歴史的変遷にはじまり，現在の学習指導要領の目標に基づいた評価について最初に解説しました。これは，指導対象者が代わっても普遍的な基準を持ち続けることと，現代の社会的背景を踏まえて生徒・学生という指導対象者及びその保護者を含めた社会から教員が評価されることを，教員自身が理解する必要性があることを踏まえてのことです。また各学習時期や生徒の成長に合わせ，体育・保健体育科教員に今後求められるインクルーシブ教育を見据えた国際的な視点も取り入れるというチャレンジングな内容も含まれています。

　「第2部　教育実習に向けて」では，教育者としての立場や理想を基に，どのような想いと行動が現場で必要であるか，実践力をどのように身につけ学生指導に役立てるかについて，理論的な視点のみならず「現場の声」に基づいて書かれています。指導については，受け身ではなく現場の教育的必然性から，

教師自身が「主体的・対話的で深い学び」を常に意識し，教師自身も能動的に考え発展させることが求められている現在における「行動指針」の一助になるのではないかと考えます。学生が教師を目指す上で，学校側が求める新規採用教員に求められる資質・能力についても具体的な例を挙げているため，目指すべき教育者像がイメージしやすくなっています。さらに保健体育の授業内容以外にも，保健体育に求められている道徳や総合的な学習（探究）の時間の指導，GIGA スクール構想に関連し積極的かつ効果的な活用が望まれる ICT 教育の導入や，基本となる生徒指導の現場実践である部活動等について，校種を超えて幅広く保健体育科教員に求められる素養もこの章で整理できる構成になっています。

多様化する子供たちを誰一人取り残すことなく学ぶ機会をつくるための「個別教育」の実践が叫ばれる中で，「集団としての活動」をどのように教育するかについては，保健体育に限らず教育全般に関わる「学習前の準備」や「学ぶ姿勢」についての理解や考察の重要性をあらためて感じていただけるのではないでしょうか。これらの内容は現職の教員のみならず，管理職を含む現場経験の豊富な先生方の視点を取り入れることで，教育現場の具体的な実践に結び付き，さらには教員自身の力により「より良い教師」となるための実践的なアドバイスとして活用することにも繋がっていくでしょう。

本書が教育経験に関わらず，教員・管理職にある先生方にとって，新しい視点で保健体育教育科を考えるきっかけとなり，読者の皆さんにとって「これからの保健体育科教育をどのように進めるか」について新しい視点を芽生えさせ，実践するための手助けになりましたら幸いです。

索　引

執筆者紹介 (所属，執筆分担，執筆順，＊は編者)

＊大 畑 昌 己 （編著者紹介参照：はじめに・第1章・第2章・第5章・第6章・第7
章・第13章）

＊清 野 宏 樹 （編著者紹介参照：はじめに・第3章・第4章）

市 谷 浩 一 郎 （大阪電気通信大学医療健康科学部准教授：第5章・第8章）

乾　　匡 （桃山学院教育大学人間教育学部准教授：第5章・第13章）

山 田 雅 敏 （常葉大学経営学部准教授：第8章）

鈴 木 慶 太 （桃山学院教育大学人間教育学部非常勤講師：第8章（コラム）・第11章）

舞　　寿 之 （桃山学院教育大学人間教育学部准教授：第9章）

笠 井 義 明 （静岡産業大学スポーツ科学部准教授：第10章・第13章）

網 代 典 子 （桃山学院教育大学人間教育学部教授：第12章）

渡 邊 正 光 （帝京平成大学ヒューマンケア学部教授：あとがき）

《編著者紹介》

大畑昌己（おおはた・まさき）

1962年　静岡県生まれ
2015年　兵庫教育大学大学院学校教育研究科教育内容・方法開発専攻修士課程修了
現　在　桃山学院教育大学人間教育学部人間教育学科教授
専　門　保健体育科教育学，コーチング学，バスケットボール
主な著書　『保健体育指導法（中学校・高等学校）』ERP
　　　　　『教育フォーラム61　各学習領域における基本的な見方・考え方』金子書房
　　　　　『教員養成カリキュラムの持続的構築』銀河書籍

清野宏樹（せいの・ひろき）

1978年　北海道生まれ
2004年　札幌国際大学大学院地域社会研究科地域社会専攻修士課程修了
2016年　北海道教育大学大学院教育学研究科学校教育専攻学校教育専修修了
現　在　桃山学院教育大学人間教育学部人間教育学科准教授
専　門　体育科教育学，スポーツ史，障害者スポーツ論
主な著書　『中学校・高校の体育授業づくり入門』学文社
　　　　　『特別支援学校　新学習指導要領授業アシスト資質・能力を育む国語』明治図書

保健体育科教育法
——教育実習に向けて——

2024年4月30日　初版第1刷発行　　　〈検印省略〉

定価はカバーに
表示しています

編 著 者　大　畑　昌　己
　　　　　清　野　宏　樹
発 行 者　杉　田　啓　三
印 刷 者　中　村　勝　弘

発行所　株式会社　ミネルヴァ書房

607-8494　京都市山科区日ノ岡堤谷町1
電話代表（075）581-5191番
振替口座　01020-0-8076番

ISBN978-4-623-09718-0
Printed in Japan

教師のための授業実践学
──学ぶ力を鍛える創造的授業の探究
梅野圭史 編著
Ａ５判二八八頁
本体二八〇〇円

授業づくりの深め方
──「よい授業」をデザインするための５つのツボ
石井英真 著
四六判四〇四頁
本体二八〇〇円

よくわかる授業論
田中耕治 編
Ｂ５判二三二頁
本体二六〇〇円

よくわかるスポーツ文化論 [改訂版]
井上俊
菊幸一 編著
Ｂ５判二三二頁
本体二五〇〇円

━━━━━━ ミネルヴァ書房 ━━━━━━
https://www.minervashobo.co.jp/